Hermann Jäger

Die Boden- und Düngerkunde

Hermann Jäger

Die Boden- und Düngerkunde

ISBN/EAN: 9783742897015

Hergestellt in Europa, USA, Kanada, Australien, Japan

Cover: Foto ©Lupo / pixelio.de

Hermann Jäger

Die Boden- und Düngerkunde

Die
Boden- und Düngerkunde,

mit besonderer Berücksichtigung

des Gemüse-, Obst- und Weinbaues.

Nebst

Kalender der Nutzgärtnerei,

enthaltend alle beim Gemüse- und Obstbau vorkommenden monatlichen Verrichtungen.

Eine Vorschule des landwirthschaftlichen Gartenbaues.

Herausgegeben

von

H. Jäger,

Großhgl. Sächs. Hofgärtner und Inspektor von Gemeindebaumschulen rc.

Mit in den Text gedruckten Abbildungen.

Illustrirte Bibliothek

des

landwirthschaftlichen Gartenbaues

für

Gärtner, Landwirthe und Gartenbesitzer.

Mit besonderer Berücksichtigung

des Obst= und Gemüsebaues und des Gartenbetriebes
in Frankreich und England.

Herausgegeben

von

H. Jäger,

Großhzgl. Sächs. Hofgärtner u. Inspektor von Gemeindebaumschulen ꝛc.

Vorschule
des landwirthschaftlichen Gartenbaues.

Eine Ergänzung sämmtlicher Bändchen dieser Bibliothek.

Leipzig,

Verlag von Otto Spamer.

1860.

Vorwort.

Boden- und Düngerkunde ist die nothwendige Vorschule für alle besondern Fächer und ihre Lehre gilt allen gemeinschaftlich. Aus diesem Grunde ist eigentlich dieser Schlußband unserer Bibliothek als der erste zu betrachten. Dem ursprünglichen Plane nach sollte auch die Lehre von der Bewässerung, Entwässerung und Bodenbearbeitung in diese „Vorschule" aufgenommen werden; es fand sich aber bei der Ausarbeitung, daß bloße Andeutungen über diese Dinge in den einzelnen Bändchen nicht genügten, daß diese somit mangelhaft geworden wären, daß sich allgemein Gültiges wenig sagen ließ. Es wurden demnach diese Gegenstände an dem gehörigen Platze genügend abgehandelt, und ein nochmaliges Zusammenfassen aller Grundsätze würde nur eine Wiederholung gewesen sein. Die Lehre von der Entwässerung wurde im ersten Bande vom „Gemüsebau" ausführlich erklärt, an andern Orten aber nur angedeutet.

Anders war es mit der Boden- und Düngerkunde, für deren besondere Behandlung nach allgemeinen Grundsätzen viele Gründe sprachen. Wenn auch in den verschiedenen Bänden der einzelnen Fächer stets das Nothwendigste erwähnt wurde, so mußte ich doch immer von der Voraussetzung ausgehen, daß Diejenigen, welche Belehrung in den einzelnen Fächern suchten, die nöthigen Vorkenntnisse hätten, damit ich nicht bei jeder Einzelnheit genöthigt war, die ausführlichste Belehrung über die Grundbedingungen des Pflanzenlebens zu geben und dieselbe in jedem Bändchen zu wiederholen. Aber wohl wissend, daß die Wenigsten diese Kenntniß wirklich besitzen, und daß selbst erfahrene Praktiker in dieser Hinsicht noch viel zu lernen haben, wurde schon bei Beginn des Unternehmens der Plan zu einer besondern Boden- und Düngerkunde gefaßt. Hierzu mußte noch der Umstand bestimmen, daß dieser Gegenstand in allen Gartenschriften höchst ungenügend, in den meisten unwissenschaftlich, in vielen auf eine jämmerliche Weise behandelt ist.

Es soll daher den Verfassern der Bücher, welche Ungenügendes, aber doch Richtiges sagten, kein Vorwurf sein, welcher auch die einzelnen Bändchen dieses Werkes treffen würde; denn es liegt in der Sache selbst, daß in einem Werke über Obst-, Gemüse- oder Weinbau oder gar über allgemeinen Gartenbau eine vollständige Boden- und Düngerlehre nicht gegeben werden kann. Es bleiben also dem Gärtner, dem Gemüse-, Obst- und Weinzüchter nur die allgemeinen Werke über Boden- und Düngerkunde oder vielmehr Agrikulturchemie, unter welchem unpassenden Namen man beides zusammenfaßte, weil man sich fast nur mit dem chemischen Theile beschäftigte. Aber Agrikulturchemie ist nicht, was wir brauchen, wenigstens nur ein Theil der Boden- und Düngerkunde. Sucht man aber in den größern landwirthschaftlichen Werken Belehrung, so findet man zwar mehr, aber es ist natürlich zu wenig Rücksicht auf diese besondern Fächer genommen. Auch sind die meisten derartigen Werke viel zu gelehrt gehalten, als daß sie wahrhaften Nutzen bringen könnten, wenn auch einzelne das Mögliche gethan haben, die verwickelten Lehren der Chemie dem Laien begreiflich zu machen, wie z. B. Stöckhardt's „Chemischer Ackersmann". Zugegeben, daß unter den Gemüse- und Obstbauenden weniger wissenschaftliche Vorbildung ist, als bei den jetzt besonders geschulten Land- und Forstleuten, was jedoch, wenn man die große Zahl von Gartenfreunden aus den gebildeten Ständen mitzählt, nicht einmal der Fall ist, so ist es doch eine überall zu beobachtende Thatsache, daß fast alle von Gelehrten geschriebenen Werke über Boden und Dünger selbst von der Mehrzahl Derjenigen, welche eine land- oder forstwirthschaftliche Akademie besuchten, großentheils nicht verstanden werden, daß alle für Laien geschriebenen Anleitungen zur chemischen Bodenuntersuchung diesen völlig nutzlos sind. Ueberdies sind die leidigen Widersprüche, in welche zur Zeit die ersten Agrikulturchemiker unter einander gerathen sind, und die rasch auf einander folgenden Entdeckungen im Gebiete der Chemie, Physik und Physiologie, wodurch eben als Wahrheiten bezeichnete und angenommene Sätze wieder gänzlich verworfen werden, nicht geeignet, Zutrauen zu erwecken und den Laien zum besondern Studium anzuregen.

Es fehlt daher ein Buch über Boden und Dünger in jeder
Beziehung (nicht blos chemisch) für Ungelehrte für die besonders
angeführten Fächer, für Gemüse, Obst und Wein bauende Land-
besitzer und Gärtner, und ein solches verständliches Buch soll
diese Schrift sein. Was ihr an Gelehrsamkeit abgeht, wird sie,
wenn meine Bemühungen nicht ganz vergeblich waren, an Ver-
ständlichkeit voraushaben. Ich bin der Meinung, man solle dem
Nichtgelehrten blos Erfahrungen bieten, um so mehr in einer Zeit,
wo die Theorie in fortwährender Gährung begriffen ist.

Vor den Augen der eigentlichen Gelehrten und Derjenigen,
welche sich den Schein der Gelehrsamkeit geben, wird mein Buch
schwerlich Gnade finden. Sollte aber dennoch einer oder der andere Kenner meine Arbeit in dem von mir angedeuteten Sinne
auffassen, so bitte ich um gütige Nachsicht mit den Fehlern, die
einem gelehrten Auge leicht aufstoßen, die aber gewiß der Art
sind, daß sie den Lernenden nicht auf falsche Wege führen.

In dieser Zeit der Gegensätze etwas über Boden und Dünger
zu schreiben, ist eigentlich eine gewagte Sache. Die alten Ansichten
wollen nicht mehr halten und schwanken hin und her, sind er-
schüttert oder verdächtigt durch die neuen. Die neuen dagegen stehen
zum Theil noch auf so schwachen Füßen, daß noch eine lange
Zeit vergehen wird, ehe sie denjenigen festen Stand erobern, welchen sie schon einzunehmen glauben, woran sicher nicht nur die
Unwissenheit, das starre Festhalten am Hergebrachten schuld sein
wird. Wer daher etwas über diesen Gegenstand schreibt, kommt
stets in den Fall, es mit der einen oder andern Partei zu verderben. Ich habe zwar den eigentlichen Zankapfel ziemlich fern
zu halten gesucht, da gar nichts (wenigstens für die Praxis) darauf ankommt, ob ein Düngstoff durch seine mineralischen Bestandtheile oder durch den Stickstoff wirksam wird, wenn er nur
wirkt, ob der Humus wirkliche Pflanzennahrung giebt, wie allgemein angenommen wurde, oder ob er blos die Aufnahme wirklicher Nährstoffe vermittelt; ich habe, sage ich, jedes tiefere Eingehen
auf die Ernährung der Pflanzen, um den Folgen der herrschenden
Widersprüche zu entgehen, vermieden und mich begnügt, anzugeben,
welche Stoffe und in welchem Maße sie wirken: aber den-

noch werde ich Denjenigen, welche einen unbedingten Anschluß an ihre Meinung verlangen, ebenso mißfallen, als ob ich mich zu den Gegnern hielte. Es ist hart und egoistisch, daß man eine so strenge Scheidung der Ansichten verlangt, daß man nicht zugeben will, daß eine Zusammenwirkung möglich ist. Sicherlich ist doch derjenige Stoff, welcher, wenn er auch nicht selbst Nahrung giebt, die Nahrung zubereitet, welche ohne ihn ungenießbar sein würde, ebenso wichtig wie der Nährstoff selbst. Stickstoff allein, ein luftiger Bestandtheil, kann freilich keinen Pflanzenleib aufbauen, aber die mineralischen Bestandtheile des Bodens und Düngers können es eben so wenig ohne ihn, für sich allein, wenn auch die festen unverbrennlichen Pflanzentheile daraus gebildet werden. Hier kann die Stimmenmehrheit nicht den Ausschlag geben, denn tausend können irren und einer kann Recht haben. Die Zeit aber wird vielleicht entscheiden, wer Recht hatte, vielleicht auch nicht, denn Liebig's Bemühungen, den Mist als Normaldünger zu verdrängen, sind dankenswerth, wenn es ihm gelingt, einen bessern, bequemern und vor Allem wohlfeilern Dünger künstlich darzustellen. Der große Chemiker ist ja von der vorzüglichen Wirkung des Stallmistes ebenso überzeugt als der Bauer und tadelt nur die allzutheure Production durch vermehrte Viehhaltung blos zur Mistgewinnung, will nur dabei auch an Mineralstoffen reichen Dünger angewendet wissen. Wenn der Stellvertreter des Mistes und anderer schon längst gebräuchlichen Düngstoffe gefunden sein wird, wird sich Niemand mehr freuen als der so viel Dünger verschwendende Gemüsebauer, der Obst- und Weinzüchter, dem der Dünger von der Feldwirthschaft kaum gegönnt wird.

Der praktische Pflanzenzüchter thut am besten, sich um den Streit der Gelehrten gar nicht zu kümmern, und halte sich an Versuche. Versuche, lange fortgesetzte Versuche unter allen Verhältnissen sind das einzige sichere Mittel zur Erkenntniß des Besten. „Prüfet Alles und das Beste behaltet." Dazu findet der Leser in diesem Buche selbst Anregungen genug.

Eisenach, im August 1859.

Der Verfasser.

Inhalt.

Zweite Abtheilung.
Die Düngung oder chemische Bodenverbesserung.

Zehnter Abschnitt.

Düngermenge und Anwendung des Düngers.

Elfter Abschnitt.

Düngung für besondere Zwecke.

Zwölfter Abschnitt.

Anweisung zu Düngungsversuchen 196

Anhang.
Obst- und Gemüse-Kalender.

Erste Abtheilung.

Bodenkunde.

Einleitung.

Der Boden als Träger und Ernährer der Pflanze ist die Grundlage des Gartenbaues und seine Kenntniß die erste, unerläßlichste Bedingung, sei es bei der Neuanlage von Gärten, Gemüsefeldern und Obstpflanzungen, oder bei Uebernahme und Abschätzung schon gärtnerisch bebauter Grundstücke. Bodenkunde in unserm Sinne ist die Kenntniß des Bodens nach seiner Beschaffenheit in denjenigen Beziehungen, welche auf das Gedeihen der Pflanzen von Einfluß sind. Unter Boden verstehen wir zunächst allerdings die oberste kultivirte oder kulturfähige Erdschicht, die sogenannte Ackerkrume oder Ackererde, die ich Kulturerde nennen will. Aber mit deren Kenntniß ist es nicht abgethan; denn schon beim Gemüsebau, noch mehr aber bei dem Obstbau macht sich der Untergrund und die Lage, das ist Höhe, Tiefe und Neigung geltend. Endlich müssen wir die Gesteine, aus welchen die Erden sich bilden, in ihren Zerkleinerungsformen und nach ihren Bestandtheilen kennen lernen.

Wir betrachten demnach den Boden:

1. nach seiner Lage und Oertlichkeit, geologisch;
2. nach seiner Beschaffenheit, geognostisch, physikalisch und chemisch-mineralogisch;
3. nach seiner Eintheilung und seinem Werth für allgemeine und besondere Zwecke des Gartenbaues.

Erster Abschnitt.
Die Zerkleinerungs= und Zersetzungsformen des Bodens.

Der Boden besteht aus folgenden Formen:

1. **Felsen** oder der harte Kern der Erde, im unzersetzten Zustande. Dieser kommt beim Gartenbau nur als Untergrund und als Erhebungsmittel örtlicher Lagen in Betracht, seine Kenntniß ist aber allerdings als die der Mutter aller übrigen Theilungsformen des Bodens und der Erden von großer Wichtigkeit. Der Fels ist nur dann zur Pflanzennahrung geeignet, wenn er zerklüftet oder sehr porös ist, so daß die Wurzeln, namentlich Baumwurzeln, eindringen können, was besonders bei Tuff und Schiefergestein der Fall ist. Als Untergrund ist er in geringer Tiefe immer schädlich, und wird es noch mehr, wenn die Schichtung so ist, daß er undurchlassend wird.

2. **Schutt** oder **Trümmergestein** besteht aus mechanisch durch Naturereignisse in Stücke der verschiedensten Größe zertrümmerten Felsen. Da hier das Eindringen der Wurzeln viel leichter ist, die Zwischenräume auch mehr oder minder mit zersetzten, vom Gestein abgebröckelten oder herbeigeschwemmten erdigen Theilen angefüllt sind, so wird es schon fähiger für die Kultur besonders der Obstbäume und Weinreben. Als Untergrund ist diese Zertrümmerungsform der Felsen immer Wasser durchlassend und dennoch die Feuchtigkeit lange mäßig haltend, daher in den meisten Bodenverhältnissen sehr willkommen. Für den Weinbau sind die mit Trümmergestein angefüllten Bodenarten oft die besten, wie die vorzüglichen Weinlagen aller Gegenden beweisen, für den Obstbau sind sie häufig benutzbar. Man findet sie selbstverständlich meist am Fuße noch vorhandener oder als Reste ehemaliger Felsen auf Höhen, zuweilen aber durch große Wasserfluten in Thäler geschwemmt, endlich auch in der Ebene als Rest ehemaliger Berge. Man nennt **Grundschutt** jede Felsenzertrümmerung und endliche Zerkleinerung zu Erde, welche oberhalb des höchsten Wasserstandes vorweltlicher Fluten und nach deren Verlaufen sich noch bis heute durch Abbröckelung und Abschwemmung gebildet hat. **Flutschutt** dagegen ist das Alluvium und Diluvium oder aufgeschwemmte Land der Geologen; demnach gehören auch Sand, Erden ꝛc. dazu, und ich erwähne Letzteres blos wegen des gleichlautenden Namens. Die Grenz-

linie zwischen Grund- und Flutschutt liegt in verschiedener Höhe, hält sich aber in Deutschland, mit Ausnahme der Alpenthäler, meist zwischen 1000 und 200 Fuß Meereshöhe. In den tiefern Regionen überdeckt Flut-schutt die ursprünglichen Gebirge.

3. Geröll, Grand, Kies. Wir verstehen darunter die durch das bewegende Wasser mehr oder weniger abgerundeten Trümmergesteine ehe-maliger Seebecken und Flußbetten in dem Flutschuttbezirk. Es finden sich diese Formen vorzugsweise in den Niederungen, zuweilen dort Hügel bildend, weil andere Lager vom Wasser abgeschwemmt wurden, oder auch von starken Strömungen aufgeschwemmt. Aber auch auf größern Höhen kommen sie als Conglomerat oder Breccie in gehobenen, mehr oder minder harten Felsen vor, an ihrem Fuße fortwährend neue lockere Anhäufungen bildend. Man unterscheidet nach der Größe die Geröllsteine als Grand oder grobes Geröll, wenn die Mehrzahl der Rundsteine über einen Zoll stark ist, als Kies, wenn sie meist die Größe einer Haselnuß bis zu einer Erbse haben. Man nimmt es jedoch mit diesen Ausdrücken nicht genau und nennt Alles, was gröber ist als Sand, in Mittel- und Süddeutsch-land Kies, in Norddeutschland Grand. Die Ablagerungen von Geröllen stehen in Bezug auf Fruchtbarkeit den Trümmergesteinen nach, denn diese sind meistens der Verwitterung sehr stark unterworfen und haben viele für die Wurzeln durchdringliche Zwischenräume, während das Geröll meist so hart ist, daß es vom Wasser nicht mehr zerkleinert werden konnte und wegen der glatten Flächen, auf welchen kein Wasser haften und bleibend wirken kann, auch an der Luft selten verwittert und zu Erde wird. Auch ist es, wenn es nicht aus ganz neuen Anschwemmungen besteht, fast immer durch einen mehr oder weniger festen Mörtel von Eisenthon, Lehm, Letten zc. verbunden und, wenn auch für die Wurzeln durchdringlich, doch meist sehr unfruchtbar, oft sogar schädlich. Als Bodenmischung ist Kies um so nachtheiliger, je gröber er ist, und selbst seine mechanische Wirkung auf die Lockerheit des Bodens ist sehr gering. Als Untergrund ist er stets ungünstig, wenn er in geringer Tiefe liegt, nützlich dagegen, wenn er in tiefen Lagen zum Abzug des überflüssigen Wassers dient, zu welchem Zwecke er auch künstlich zum Untergrunde gemacht werden kann, um nasse Stellen trocken zu legen. Obschon der Kies aus den verschiedensten Fels-arten besteht, so sind doch die quarz- oder kieselhaltigen Gesteine vorherr-schend, woher auch der gebräuchlichste Name.

4. **Grus** oder **Gries** find Anhäufungen zu Sand zerbröckelter Gesteine, zwar meist vom Wasser ab- und angeschwemmt, aber nicht mechanisch wie Sand abgerundet, sondern nur in unendliche Theilchen zerfallen, daher meist eckig, splitterig oder bruchig, zuweilen schon erdig. Es ist der Uebergang von Fels zu Erde ohne mechanische Beihülfe des Wassers, und verhält sich zum Trümmergestein wie der Sand zum Kies. Der Grus, auch Grussand genannt, ist als der Erde nahe stehende Form in seiner Lockerheit den Wurzeln leicht zugänglich und verwandelt sich, der Luft ausgesetzt, meist sehr bald in Erde, die je nach den Grundbestandtheilen mehr oder weniger fruchtbar ist. Je härter und feiner der Grus ist, desto mehr nähert er sich dem Sande und kann diesen vertreten; je gröber und härter, desto mehr ist er dem Kies ähnlich. Bei leicht zersetzbarem Grus hört die physikalische Wirkung bald auf, weil er zu Erde wird. Grus findet sich nur neben dem Muttergestein unvermischt, gewöhnlich aber als Gemengtheil von Sand, Kies, Lehm ꝛc.

5. **Sand** ist bekanntlich eine Anhäufung von zahllosen Geschieben von hartem Gestein in kleinster Form, vom Wasser meist mechanisch abgerundet. Bei fortwährender mechanischer (bewegender) Einwirkung des Wassers wird aus dem Kies Sand. Es sind kleine Körner, welche als solche noch zu unterscheiden sind, mögen sie auch noch so klein sein, wie es bei dem Flug- und Mehlsand der Fall ist, oder die Größe eines Rübsamen- oder Hanfkornes erreichen. Er findet sich lose auf Boden, welcher durch Anschwemmung gebildet ist (Diluvial- und Alluvialboden), vorzugsweise in der Tieflandschaft und den darin verbreiteten kleinen Höhen, ehemaligen Dünen, überall im Bereich der Sandsteingebirge, dann aber immer mit den erdigen Bindemitteln der Sandsteine (Thon, Eisen, Kalk u. s. w.) vermischt. Die Sandsteingebirge der verschiedenen Perioden sind bekanntlich nichts Anderes als durch einen schlammigen Kitt verbundene, ehemals lose Sandmassen. Als Untergrund kommt er selten vor, nämlich nur, wenn durch neue Fluten eine Uferumgebung oder ein Seebecken mit weit hergeführten Erden bedeckt worden ist. Der Sand ist vorzugsweise Quarz- oder Kieselsand, indem die anfangs damit verbundenen Theile von geringerer Härte in Schlamm und Erde übergegangen sind. In geringer Verbreitung und oft mit Quarzsand untermischt, findet sich Sand von Feldspathgesteinen, Glimmer, Hornblende, Kalk, überhaupt von allen vorkommenden Felsarten, welcher mehr oder minder zur Ver-

witterung geeignet ist. Da der Sand ein Gemengtheil fast aller Bodenarten ist und als solcher vorherrschend eine allgemeine Bodenart ausmacht,
so wird von ihm noch ausführlich die Rede sein.

6. Mineralischer Staub. Wenn die Zerkleinerung und Verwitterung so weit gediehen ist, daß die Felstheile nicht mehr als Sand
erkennbar sind, so entsteht mineralischer Staub, der Grundbestandtheil
aller Erden, mit Ausnahme der reinen Humuserden. Manche Felsarten
scheinen sich ins Unendliche zu verkleinern, ohne im Boden jemals chemisch
zersetzt zu werden, wie z. B. der Glimmer.|

7. Erde. So entstehen aus den kleinsten Felstheilen endlich die
reinen oder mineralischen Erden, welche ohne alle organische Beimischung
sind, wenn man nicht die versteinerten Ueberreste vorweltlicher Thiere und
Pflanzen so nennen will. Sie finden sich im Naturzustande nie rein in
diesem vorgeschrittenen Zustande der Zersetzung, sondern immer mit den
vorhergehenden gröbern Formen vermischt. Endlich ist auch bei noch
nicht bearbeiteten Erden an der Oberfläche stets ein Gemengtheil organischer Reste von zufällig hineingekommenen Pflanzen- und Thierstoffen.
Jede Erde löst sich im Wasser mechanisch, bleibt in diesem Zustande einige
Zeit schwimmend und setzt nach und nach die schweren, nicht chemisch löslichen Theile auf dem Boden ab, die noch nicht zu Erde gewordenen Theile
sogleich, während die noch nicht zersetzten organischen Bestandtheile oben
schwimmen. Fallou (in seiner „Bodenkunde") nennt diese Erde Garerbe,
weil die felsigen Bestandtheile durch den tausendjährigen Prozeß der Verwitterung gleichsam gar, d. h. für die Pflanzen genießbar geworden sind,
ohne gleichwol chemisch völlig gelöst zu sein.

Zweiter Abschnitt.

Acker- oder Kulturboden und Untergrund.

---

8. Die fruchtbare Acker- oder Dammerde ist die letzte Stufe der
Verwandlung, indem sich der Urboden oder das zu Erde gewordene Gestein
mit ebenfalls erdigen organischen Ueberresten von Pflanzen und Thieren,
dem sogenannten Humus (§. 29), vermischt. Ihre Fruchtbarkeit hängt

von der Mischung der Grundstoffe und deren Verbindung, dem Verhalten zum Wasser und den zugeführten Nährstoffen ab.

Die Tiefe oder Mächtigkeit derselben wechselt von der Stärke weniger Zolle bis zur Tiefe von 2 Fuß und darüber. In einzelnen Fällen finden sich sogar die mächtigsten Lager von guter Erde, welche nur der Berührung mit der Luft bedürfen, um fruchtbar zu werden. In diesem Falle hat dann der Untergrund dieselbe Beschaffenheit wie der Kulturboden.

9. Unter dem Kultur- oder Ackerboden liegt der Untergrund, dessen schon bei der Erklärung von Felsen, Schutt, Kies und Sand (1—3) der Zerkleinerungsformen öfter gedacht wurde.

Zunächst unter der bearbeiteten Erdschicht liegt der ruhende, rohe oder Mutterboden, welcher meist ganz dieselbe mineralische Beschaffenheit wie der Kulturboden hat, nur ohne Beimischung von Humus- und Düngertheilen und der durch Berührung mit der Luft und Düngung hinzugekommenen löslichen Salze. Je tiefer der Boden bearbeitet wird, desto mehr kommt vom Mutterboden in die Höhe, und desto tiefer wird der Kulturboden, desto tiefer bringen in Folge dessen auch die Wurzeln ein, lassen Reste ihrer in den Mutterboden eingedrungenen Wurzeln in diesem zurück und vertiefen denselben ebenfalls.

Dieser rohe Boden kann sich, wie wir gesehen haben, in gleicher Beschaffenheit in ansehnliche Tiefe erstrecken, hat jedoch häufiger geringe Mächtigkeit und liegt auf einem undurchlassenden oder durchlassenden Untergrund, das erstere, wenn er, wie es häufig der Fall ist, aus Thon besteht, das letztere, wenn poröse Gesteine, besonders aber wenn Schutt und Kies den Untergrund bilden.

Beim Gemüsebau kommt der Untergrund meistens nur als Unterlage in Bezug auf seine Durchlassungsfähigkeit in Betracht, indem die Bearbeitung selten tief eindringt. Die Obstbäume und andere holzartige Fruchtpflanzungen hingegen bringen, wo sie können, tief in den Untergrund selbst ein und gedeihen nur da, wo sie dieses im Stande sind. Zuweilen ist der Untergrund besser als die oberste Bodenschicht und dient dann zur Verbesserung desselben, indem man ihn durch Rigolen in die Höhe bringt. Da wir auf den Untergrund noch oft zu sprechen kommen, so mögen vorläufig diese Andeutungen und Begriffsbestimmungen genügen.

Dritter Abschnitt.
Der Boden nach seiner Lage und Oertlichkeit.

A. Höhe und Tiefe der Bodenlage.

10. Abgesehen von der absoluten oder Meereshöhe, welche das Klima einer Gegend bestimmt, uns aber hier nicht berührt *), ist bei dem Boden der Unterschied zwischen Ebene, Thal und Berg für die Güte und Fruchtbarkeit von größter Bedeutung. Auf Höhen sind die Bodenverhältnisse andere als im Thale und in der Ebene, weil dort sich meist der ursprüngliche (angestammte) Boden, d. h. die Abschwemmung und Verwitterungskrume der örtlichen Gebirgsart, hier dagegen weit herangeschwemmter Boden befindet, welcher sich einst als Schlamm absetzte, während sich die gröbern und unfruchtbaren Massen immer zunächst ihres Stammgebirges zu Boden setzten. Die Ebene und das Thal bereichern sich stets vom Gebirge, daher ihre Fruchtbarkeit im Gegensatz der meist an gutem Erdreich armen Gebirge. Es steht fest, daß Bodenarten von ganz gleichem Ursprunge, also auch gleichen mineralischen Bestandtheilen, von verschiedener Güte sind, je nachdem sie hoch oder tief vorkommen, daß die Erde am Fuße des Berges besser ist, als an seinen Abhängen, weil die Mineraltheile weiter in der Zersetzung und Zerkleinerung fortgeschritten sind und auf ihrem Wege von der Höhe zum Thale während einer hundert- bis tausendjährigen Wanderzeit schon viele organische Stoffe sich mechanisch verbunden haben.

Der Unterschied zwischen Flutschuttboden (§. 2), welcher sich unter dem Wasser gebildet hat und sich als Schlamm absetzte, und von Grundschuttboden, der sich über den Wasserfluten bildete und noch bildet, ist in Bezug auf seine Güte ganz auffallend. Letzterem fehlt fast

---

*) Die Meereshöhe bedingt die klimatische Lage, wovon schon in den frühern Theilen speziell die Rede war. Man vergl. „Gemüsebau", I. 65—70, „Obstbau", S. 14—17, „Baumschule", S. 7, „Winzerbuch", S. 35. Meine damals ausgesprochene Ansicht, daß der Obstbau auch in einer bedeutenden Meereshöhe noch mit Vortheil betrieben werden könne, wenn passende Sorten gewählt werden, ist durch neuere Beobachtungen vollkommen bestätigt worden. So berichtet unter Andern Herr Lucas, daß auf der Ursprünger Steige in der Schwäbischen Alp bei 2274' Meereshöhe noch Obstbau mit Gewinn betrieben wird.

immer das Bindemittel und er enthält oft nur 30 Proc. wirkliche Erde und 70 Proc. zerkleinerte Felstheile, während derselbe Boden in den Thälern bündig und mit Lehm vermischt erscheint und 70—90 Proc. Erde enthält. Mithin ist auch in dieser Hinsicht der Einfluß der Höhe bedeutend. Daß hierbei eine Menge der größten Ausnahmen vorkommen, ist allbekannt. Die Ebene ist oft als ehemaliger Meeresboden, wie es im ganzen nördlichen Deutschland bis an den Fuß der Sudeten, des Erzgebirges, die Lausitzer Gebirge, den Harz und die westfälisch-rheinischen Gebirge fast allgemein der Fall ist, höchst unfruchtbar, weil nur aus seinem Sand bestehend, nur in der Nähe der Flüsse mit mehr oder minder breiten fruchtbaren Auen und Marschen, sowie ehemaligen Sümpfen mit fruchtbarem Boden abwechselnd. Oder sie ist, wie in dem großen Becken von Oberbaiern und vieler ehemaliger Binnenseen, mit einer Lage von grobem, unfruchtbarem Kies überdeckt, unter welchem sich häufig Lager von besserem Boden befinden. Niedrige Berggegenden mit nicht steilen Abhängen, einst vom Wasser überflutet, haben oft in größter Ausdehnung die fruchtbarste Erde in großer Mächtigkeit.

Die Heimat der erdigen Theile ist oft sehr fern von der jetzigen Lagerstätte, so daß wir selbst in Gebirgen Bodenschichten finden, die aus einer fernern Gegend herbeigeschwemmt worden sind und durch lokale Ursachen, als Strömungen, Stauung, verminderter Fall 2c., als Schlamm abgesetzt wurden. Außerdem müßten sonst die Thäler und Ebenen am Fuße der Gebirge stets den unfruchtbarsten, nur aus noch wenig zerkleinerten Gebirgstheilen (Schutt, Kies) bestehenden Boden haben, weil diese sich zuerst absetzen, während die leichtern von den Fluten weiter fortgerissen, die feinsten Theilchen endlich in weiter Ferne als Schlamm abgelagert werden.

In der Hauptsache ist jedoch, trotz der vielen Ausnahmen, die Voraussetzung, daß sich der gute Boden im Tiefland befindet, richtig. Wir müssen aber hier die Bedeutung von Tiefland ganz örtlich nehmen und jedesmal den sich daraus erhebenden Bergen gegenüberstellen. Die bewässerte Hochebene und das Thalbecken im Gebirge sind Tiefland, alle umgebenden Höhen Bergland.

Aber nicht nur die Mächtigkeit des Bodens, sondern auch seine physikalische Beschaffenheit, besonders sein Verhalten zum Wasser hängt vorzugsweise von der Höhe der Lage ab. Im Allgemeinen ist der Boden der Anhöhe trocken, der des Tieflandes naß. Der Gartenbau zieht von beiden Vortheil, indem er seine Kulturen darnach richtet. Die meisten Quellen brechen am Fuße der Gebirge und Anhöhen heraus, wenn nicht zufällig die Schichtung der Felsen das Wasser zu einer Anhöhe leitet. Hat eine hochliegende Fläche eine noch höhere im Rücken, von welcher sie durch keine Tiefe getrennt ist, so ist auch diese in der Regel wasserreich und tritt an die Stelle der Ebene. Nun ist aber der Wassergehalt eines Bodens von größter Wichtigkeit für den Pflanzenbau, denn ein bei Mangel an Wasser gänzlich unfruchtbarer Boden kann durch hinreichendes Wasser in den fruchtbarsten umgewandelt werden, während umgekehrt Bodenarten, welche in einer tiefen Lage wegen Ueberfluß an Wasser fast unbrauchbar sind und nur Versumpfung herbeiführen, auf Anhöhen, wo das Wasser auf natürliche oder künstliche Weise entfernt werden kann, in den herrlichsten Boden umgewandelt werden. Als Beispiel für das Erstere ist der Sandboden zwar nicht allein dastehend, jedoch am auffallendsten, denn während selbst auf den kleinen Erhöhungen, welche sich im Tiefland wellenförmig zwischen Wiesen und Sümpfen hinziehen, nur mit größter Mühe bei hinreichendem Regen eine kärgliche Ernte möglich ist, erzeugt sich bei der gehörigen Menge von Wasser in den Niederungen auf dem dürftigsten Sande in kurzer Zeit üppiger Pflanzenwuchs, welcher nach und nach eine tiefe Schicht bester Kulturerde bildet. Für den andern Fall bieten sich die Thonboden als Beispiel, welche in tiefen, feuchten Lagen für den Pflanzenwuchs noch unbrauchbarer sind, als der Sand auf dürrer Höhe, in höhern Lagen dagegen, wenn der Wasserüberfluß sich entfernen kann, bekanntlich sehr kräftigen guten Boden bilden. Die Feuchtigkeit spielt bei dem Pflanzenbau eine fast eben so große Rolle wie der Boden selbst, und Wasser ist, wenigstens beim Gemüsebau, nothwendiger als natürliche Güte des Bodens, wie die ausgezeichnetsten Gemüsekulturen aller Gegenden beweisen.

Die Höhe wirkt endlich auf den atmosphärischen Niederschlag, indem es in Gebirgsgegenden, welche nicht ganz entwaldet sind, häufiger regnet, nebelt und stärker thaut, als im Tieflande. Dort ist es auch nothwendiger, weil der hochliegende Boden keine Grundfeuchtigkeit in die ausgetrocknete Oberfläche ziehen kann, während dieß im wasserreichen Tieflande der Fall ist, wenn die Himmelsfeuchtigkeit fehlt. Auf die fern von eigentlichen, den atmosphärischen Niederschlag regelnden Gebirgen liegenden

Anhöhen hat dieses Verhältniß freilich keinen Einfluß, und diese letztern sind jedenfalls am ungünstigsten daran, indem ihnen oft sowol das Ober- als das Unterwasser mangelt.

Im Allgemeinen eignet sich der Boden des Tieflandes mehr für krautartige Pflanzen, deren Wurzeln nicht tief eindringen, also vorzugs- weise Gemüse, Arzneipflanzen, Erdbeeren ꝛc., der trocknere Höhenboden für holzartige Pflanzen, nämlich Obstbäume, Sträucher und Wein. Letz- tere kommen zwar auch überall im Tieflande fort, wenn die Bodenfeuch- tigkeit das tiefere Eindringen der Wurzeln nicht verhindert, ihr Platz ist aber vorzugsweise die Erhöhung, während die Gemüse hauptsächlich auf die Tiefe angewiesen sind und einzelne Arten nur ausnahmsweise auf Höhen besser gedeihen. Für die holzartigen Pflanzen ist auch die auf Anhöhen so oft vorkommende Trockenheit des Bodens weniger von Ein- fluß, indem die Wurzeln, wo sie lockeres Erdreich und zerklüftete Felsen finden, tief eindringen und so der Trockenheit trotzen können.

B. Neigung oder Abdachung der Bodenfläche.

11. Die Neigung der Bodenfläche wurde schon bei der Lage in den speziellen Theilen mehrfach berührt, und es ist hier nur noch wenig All- gemeines zu erwähnen.

Die Neigung der Bodenfläche oder, was dasselbe ist, ihre Lage gegen den Horizont hat außer dem klimatischen Einfluß (als von den Einwir- kungen der Sonne und der Luft mehr oder weniger berührt) noch wichtige Einwirkungen auf den Feuchtigkeitsgehalt und die Austrocknungsfähigkeit des Bodens, die Neuanlage und Anpflanzung, Bearbeitung, Drainirung u. s. w. Je abhängiger das Land ist, desto mehr zieht sich das Wasser davon weg, desto mehr Erde wird nach unten geschwemmt, desto weniger hat sich überhaupt vom Anfang an bilden und ansetzen können. Ueber- steigt die Neigung 45 Grad, so kann kein Boden haften und die Kultur muß entweder aufgegeben oder die Abschrägung durch Terrassen und Aus- baue gebrochen werden.

Die Bodentechnik, welche sich bei dem Berg- und Straßenbau aus- gebildet hat, nimmt zwischen der wagerechten und senkrechten Lage sechs Stufen an, nämlich von

0 — 10 Grad flach geneigt oder lehnig,
10 — 20 „ abhängig,
20 — 30 „ abschüssig,
30 — 40 „ steil,
40 — 50 „ prallig,
50 — 90 „ schroff.

Die wagerechte Lage (0) heißt sohlig, die senkrechte (90) bei den Bergleuten saiger. Bekanntlich nimmt man es mit dieser Bezeichnung nicht so genau und hat in Bezug auf die Steilheit oft sehr abweichende, eigenthümliche Ansichten. Will man daher eine Bodenneigung bestimmt angeben, so ist es besser, den Neigungswinkel nach Graden auszubrücken.

12. Für den Anbau der krautartigen Gemüse ist überhaupt nur eine nach Süden gerichtete Bodenneigung wünschenswerth, um frühe Gemüse darauf zu ziehen, außerdem die Ebene jedem geneigten Boden vorzuziehen. Eine Neigung von 10 — 15 Grad ist hierzu schon stark, macht die Bearbeitung schwierig und durchdringende Bewässerung fast unmöglich. Man wird daher stets wohl thun, Terrassen anzulegen, wenn durchaus Gemüse an einem Abhange gebaut werden soll, welche aber nicht sohlig (wagerecht) zu sein brauchen. Kartoffeln kann man allerdings noch auf Gelände mit einem Winkel von 30 — 35 Grad bauen, natürlich nur mit der Hacke den Boden bearbeitend und Vorrichtungen gegen das Abschlämmen und für das Auffangen der Erde treffend. Verschiedene Apothekerpflanzen, welche lange auf demselben Plätze gezogen werden können und deren Wurzeln den Boden befestigen und das Abschlämmen der Erde verhindern, können an sehr steilen Gelände gebaut werden, wenn nur die zur Anpflanzung nothwendige Bodenlockerung möglich ist.

Für Obstbäume und diejenigen Obststräucher, welche an trocenen, sonnigen Bergen gut gedeihen, ist jede Lage, wo das Erdreich haften kann, gleich wie für Waldbäume noch brauchbar, obschon, wenn nicht förmliche Terrassen angelegt werden sollen, für die Obstbäume, ihrer Krone angemessen, halbrunde Ausbaue nothwendig und zur künstlichen Bewässerung besonders dienlich sind. Eine steile Neigung vertragen Zwergkirschen (Ostheimer Weichseln), Haselnüsse und Mispeln, die stärkste aber der Weinstock, welcher am Rhein an so steilen Gelände gezogen wird, daß man kaum hinanklimmen kann. Bei Obstpflanzungen ist etwas nach Süden oder Osten abhängiger Boden in Gegenden, welche nicht sehr

warm sind, immer vortheilhaft, bei Weinanlagen ist er zum Auffangen
der Sonnenstrahlen in Deutschland unumgänglich nöthig, und man giebt
selbst terrassirten Weinbergen fast immer eine dem Abhang und der Ter-
rassenhöhe und Breite angemessene Bodenneigung, um die gegenseitige
Beschattung zu vermeiden und gleiche Wärme zu bekommen, weil auf
wagerechten Terrassen die von der hintern Mauer oder Rasenwand entfernten Weinstöcke eine geringere Wärme genießen. Allerdings läßt sich
diese Verschiedenheit dadurch ausgleichen, daß man die ersten Reihen über
der Terrasse mit früher reifenden Sorten bepflanzt.

Da die Abdachung selten auf größern Strecken dieselbe ist und sich
an Abhängen meist weniger steile Flächen oder auch Einsenkungen befinden, so werden diese vorzugsweise zur Kultur benutzt. So kann auch an
Abhängen, welche sonst zu steil sein würden, stellenweise Baumkultur statt-
finden, und es haben solche Absätze und Einsenkungen noch den Vortheil
einer tiefern Erdschicht und größerer Feuchtigkeit.

Je steiler ein Abhang ist, desto enger können die Weinreben oder
Obstbäume gepflanzt werden, weil sie durch den stark aufsteigenden Boden
den Einwirkungen des Lichtes und der Sonne viel mehr ausgesetzt sind,
als in ebener oder sanft aufsteigender Lage, wo die gegenseitige Beschattung nur um die Mittagszeit im hohen Sommer aufhört.

13. Große Schwierigkeit macht an steilen Abhängen das Wasser.
Einestheils ist es zweckmäßig, das Regenwasser dem Boden zu erhalten,
um zur Zeit der Hitze und Dürre davon Gewinn zu ziehen, anderntheils muß dem Abschlämmen und Fortführen der Erde entgegengearbeitet
werden. Durch gut eingerichtete Terrassen wird das Entweichen des
Wassers und Bodens am besten verhindert; aber sie sind nicht immer
anwendbar und stets kostspielig anzulegen. Ist ein Abhang daher nicht
terrassirt, so ist es zweckmäßig, die im zweiten Bändchen (Obstbau) S. 22
angegebenen und abgebildeten Odenwalder Bewässerungsgräben anzulegen,
wodurch alles Regenwasser in Kreuzgräben aufgefangen und den Obstbäumen zugeführt wird, und zwar auch das oberhalb des Grundstücks sich
sammelnde, dieses berührende Wasser. Da bei anhaltendem oder sehr
starkem Regen sich mehr Wasser sammelt, als die Bäume brauchen und
die Gräben und Löcher fassen können, so sollte man überall in gleich-
mäßiger Vertheilung größere und tiefere Sammelgruben anlegen, um das
Ueberfließen und Abschwemmen von Erde zu vermeiden. — Will man sich

nach eingetretener Trockenheit auch nicht die Mühe geben, die Sammelgruben zu Gunsten der Bäume zu entleeren, was bei jungen Bäumen
jedoch nöthig werden kann, so kommt die in den Boden sickernde Feuchtigkeit dennoch den Wurzeln und Bäumen zu Gute. Auf diese Weise entstehen auch Schlammfänge, in welchen man, wenn auch Wasser von oberhalb herbeifließt, mehr Erde auffängt, als das Grundstück verliert. Auch
in Weinbergen sind solche Leitungsgräben, wenn auch nicht zur Bewässerung nothwendig, gewiß aber oft recht nützlich, und sie verhindern das in
den Weinbergen so gewöhnliche Abschwemmen des guten Bodens. Selbst
auf Terrassen läßt sich Wasser sammeln, und es ist dies, wenn darauf
Gemüse gezogen werden soll, sogar nothwendig, indem selten Wasser vorhanden und das Herbeischaffen meist zu beschwerlich ist.

14. Soll an einem mehr als 10 Grad geneigten Abhange Gemüsebau betrieben werden, welche Lage auf geschützten südlichen Anhöhen bekanntlich sehr günstig für den Anbau von Frühgemüsen ist, oder ist die
Abdachung selbst für Obstbäume und Weinreben zu steil, so muß der
Abhang durch Terrassen in viele kleinere obere oder wenig abhängige ebene
Flächen verwandelt werden. Da es sich hierbei nicht um regelmäßige
Schönheit handelt, so giebt man den Absätzen oder Terrassen die natürliche Biegung des Abhanges, entweder im Bogen wie dieser, oder in gebrochenen geraden Linien. Die Breite der Absätze oder Platten richtet
sich nach dem Böschungswinkel des Abhanges. Je niedriger derselbe ist,
desto breiter kann die Terrasse werden, je steiler, desto kleiner. Man kann
zwar sanfte Abhänge in schmale Terrassen verwandeln, wenn dies irgend
einen Zweck hätte, nicht aber einen steilen Berg in breite Terrassen, ohne
äußerst bedeutende Kosten und hohe Mauern. Breite Terrassen sind
natürlich für die Kultur bequemer, für Weinberge, wegen ungleicher
Wärme, jedoch nicht zweckmäßig, wenn sie nicht eine geneigte Fläche
behalten. Auch machen Terrassen von solcher Breite, daß die Erde nicht
geworfen werden kann und weiter gefahren werden muß, viel mehr Kosten,
als mehrere schmale. Will man wohlfeil bauen, so muß man an Abhängen von ungleichen Böschungswinkeln auf eine gleiche Breite aller
Terrassen und selbst auf gleiche Breite einer Terrasse verzichten und die
Breite stets so einrichten, daß das oben abgegrabene Erdreich unten zum
Auffüllen ausreicht. Wo man wohlfeil Steine haben kann, sind Futter-
oder Böschungsmauern den Rasenterrassen vorzuziehen, da erstere wärmer

sind, weniger Raum wegnehmen und, wenn sie hoch genug und solid gebaut sind, zu Spalier-Obstbaumzucht verwendet werden können. Wo nur hochstämmige Bäume angepflanzt werden sollen, sind Rasenterrassen genügend, und zwar solche mit niedrigem Böschungswinkel, wegen leichterer Benutzung zu Gras, vorzuziehen.

Vierter Abschnitt.
Die physische Beschaffenheit des Bodens.

15. Ehe wir zu den Grundbestandtheilen und der Zusammensetzung des Bodens übergehen, wollen wir die Eigenschaften der Kulturerden anführen und die dafür gebräuchlichen Ausdrücke erläutern. Diese Eigenschaften sind entweder wesentliche, welche in dem Boden selbst ihre Ursache haben und von diesem unzertrennbar und beständig sind, oder zufällige, indem sie aus den wesentlichen Eigenschaften in Folge äußerer Einwirkungen hervorgehen. Bei der wissenschaftlichen Untersuchung eines Bodens werden blos die wesentlichen Eigenschaften, nämlich Farbe, Schwere und Gefüge berücksichtigt, bei der praktischen Untersuchung und Einrichtung der Kultur dagegen nimmt man noch auf verschiedene andere Eigenschaften Rücksicht.

Wie wichtig die physischen Eigenschaften des Bodens für die Pflanzenkultur sind, möge folgende Stelle aus Hamm's „Grundzügen der Landwirthschaft" nach Girardin und Du Breuil bekräftigen. Es heißt dort S. 72: „In der That hat die physische Eigenthümlichkeit ihrer (der Bodenarten) Theilchen vielleicht einen weit unmittelbarern Einfluß auf ihr Verhalten gegenüber den Pflanzen, den atmosphärischen Kräften, dem Wasser, den Ackerwerkzeugen, als die chemische Beschaffenheit ihrer Bestandtheile. Die größere oder geringere Feinheit der mineralischen Stoffe, welche sie bilden, die Cohäsion, Zähigkeit und der Zusammenhang ihrer Theile, ihr Vermögen, Luft und Wasser durchzulassen, die Feuchtigkeit und die Gase zu absorbiren, ihre Wärme schluckende und Wärme haltende Kraft ꝛc. haben einen weit größern Einfluß, als man wol glaubt, auf ihre landwirthschaftliche Benutzung, und oft sind diese rein mechanischen oder physischen Merkmale eines Bodens von denjenigen eines andern, welcher doch dieselbe chemische Zusammensetzung zeigt, ganz und gar verschieden. Mehrere Beispiele mögen diesen Lehrsatz erläutern.

Der reine Thon bildet in seinem natürlichen Zustande einen allzuschweren und gebundenen Boden, welcher dem Pflanzenwachsthum nicht zusagt. Wenn aber der nämliche Thon geglüht und in ein feines Pulver verwandelt wird, so entsteht dadurch ein poröser, für die Vegetation höchst geeigneter Boden. — Kieselerde und Kalkerde, als gröberer Sand vermischt, machen, wenn sie vorherrschen, den Boden so trocken und hitzig, daß die Pflanzen darin aus Mangel an Feuchtigkeit verdorren und absterben. In einen feinen Staub verwandelt, bilden sie aber einen zu feuchten Boden, in welchem die Pflanzen gerade an dem entgegengesetzten Uebel leiden. — 100 Theile Kalkerde in sandigem Zustande, d. h. in harten Körnern, enthalten nur 29 Theile Wasser, während 100 Theile desselben Stoffs als feines Pulver bis 85 Theile davon einsaugen. — 100 Theile kieselerdigen Sandes enthalten blos 25 Theile Wasser, während 100 Theile feiner Kieselerde, wie sie auf mechanischem Wege in dem Laboratorium dargestellt wird, bis zu 280 Theilen Wasser aufzunehmen vermögen."

16. — 1) Die Farbe. Die Abwechselung der Farben ist bei dem Boden nicht groß, und in der Hauptsache braun und grau, in Gelb, Roth, Schwarz, Weiß, Blau, Grün ꝛc. übergehend, in unendlichen, nicht unterscheidbaren Abstufungen. Bei wissenschaftlicher Untersuchung gilt nur die Farbe der trocknen Erde, während man im gemeinen Leben die Farbe mehr in dem am meisten vorkommenden feuchten Zustande bestimmt, wo sie immer dunkler erscheint. Der Boden erhält seine Farbe theils durch mineralische Grundbestandtheile, theils durch organische Stoffe (Humus und Kohlenstoff). Je weiter die Verwitterung und Verwandlung in Erde vorgeschritten ist, desto normaler braun und grau wird jede Bodenart; doch wird die Urfarbe bei manchen Erdarten allerdings erst durch die fortwährende Beimischung von organischen Stoffen vertilgt und in das Braun der Kulturerde verwandelt. Die färbenden Stoffe sind besonders Eisen und Mangan, welche im oxydirten Zustande den Thon, Sand, Kalk und andere Erden roth, gelb und rost- bis schwarzbraun färben, während die übrigen Erdarten in der Verwitterung die Farbe des Gesteins mehr oder weniger beibehalten. Porphyr, Todtliegendes, Glimmerschiefer, Thonschieferarten, mancher bunte Sandstein u. s. w. geben eine mehr oder

weniger rothe Erde; Basalt giebt eine braune bis schwärzliche Erde, Serpentin grünliche, Klingstein (Phonolith) weißliche Erde, Sandstein, Gyps
und weißer Kalk weißgrauen Boden. Durch den Humus (Torf mit gerechnet) werden die Erden grau, braun bis schwärzlich gefärbt. — Glanz
ist mit der Farbe blos dann verbunden, wenn feuchter Thon scharf abgeschnitten oder durch ein glattes Eisen (Pflugschar, Spaten) abgeschliffen
wird. Solche Glanzstellen zeigen immer schlechten Kulturboden an, da
es ihm an Lockerheit und Humus fehlt. Bodenarten, wo die noch unzersetzten Gesteinstheile in der Sonne glänzen, als Glimmer, Keuper- und
Quadersand, sind zu den schlechtesten zu rechnen.

Die Farbe ist von größtem Einfluß auf die Wirkung der Sonne,
also auf die Wärme des Bodens, indem bekanntlich dunkle Farben die
Wärmestrahlen aufsaugen, helle zurückwerfen, dunkelfarbige Böden also
wärmer sind als hellfarbige. Die allgemein anerkannte Fruchtbarkeit des
schwarzen Bodens (mit Ausnahme von Moorboden) hat zwar andere
Ursachen, indem die schwärzliche Farbe meist die Anwesenheit von vielem
Humus und Dünger anzeigt, aber die Farbe trägt ebenfalls mit dazu bei,
und schwerlich würden die gerühmten Gemüseboden verschiedener Gegenden ein so frühes und treffliches Produkt liefern, wenn sie anstatt schwarzen weißlichen Boden hätten.

So wird dunkler Boden warm, heller kalt; trägt wenigstens viel
dazu bei, die Bodenwärme zu erhöhen oder zu vermindern, wenn auch
Warm- und Kaltgründigkeit noch andere Ursachen haben, nämlich Gebundenheit und Wasserhaltigkeit. Je rauher eine Lage oder Gegend ist, desto
wohlthätiger wirkt die dunkle Farbe. Diese auch durch wissenschaftliche
Versuche bestätigte Erfahrung wird daher auch schon längst von denkenden
Gärtnern und Landwirthen benutzt, um Früchte, welche sonst kaum gedeihen oder nicht reifen, zu ziehen und andere früher zu bekommen. Man
mischt schwarze Composterde, Moorerde, Kohlenstaub, Knochenkohle, Coaksasche unter kaltgründige Erden, breitet auf die Beete, Wege und zwischen
Weinstöcken dieselben Stoffe oder belegt sie mit schwarzen Schieferstücken,
wie dies an der Mosel, Nahe, Maas und am Rhein häufig geschieht.
Auf schwarzem Boden werden bei uns die Weine immer geistreicher und
zuckerhaltiger als in gleicher Lage auf hellem Boden.

Zahlreiche Versuche haben festgestellt, daß die Wärme einsaugende
Kraft des Bodens durch eine dunkle Farbe gegen einen sehr hellen Boden

um 50 Proc. vermehrt werden kann. Wenn kaltgrünbiger Thon sich in einem weißen Gefäß auf 16 Grad erwärmt, so erwärmt er sich in einem schwarzen auf 24 Grad. Nach Girardin wechselt die Reifezeit der Kartoffeln je nach der Farbe des Bodens um 8—14 Tage. Er fand von einem Sortiment Kartoffeln, welche zu gleicher Zeit gelegt wurden, in hellem Lehmboden 16 Sorten, in gelbem Lehmboden 19, in hellem Sand-boden 20, in dunklem, humosem Sandboden 26 Sorten reif.

Allerdings hängt die Wärme auffaugende und behaltende Kraft auch noch von andern Dingen ab, wie §. 25 zeigen wird.

17. — 2) Die Schwere des Bodens wird sehr verschieden ver-standen, und wir müssen hierbei die wissenschaftliche und wirkliche Bedeu-tung von der bei Landleuten, Gärtnern u. s. w. gebräuchlichen und bei ihnen und durch sie zum technischen Ausdruck gewordenen streng unter-scheiden.

Im gemeinen Leben versteht man unter Schwere den Druck, welchen ein Körper auf eine Unterlage ausübt, mit einem Worte das Gewicht, in der Wissenschaft vorzugsweise das specifische Gewicht. Die Bodenbe-arbeiter hingegen verstehen unter Schwere die Bündigkeit, die Fähig-keit des Zusammenhanges der Theile, die Schwere der Bearbeitung. Solcher Boden ist vorzugsweise von thoniger, klebriger Beschaffenheit, und man kann, wenn von schwerem Boden in der Gärtnerei, Land- und Forstwirthschaft die Rede ist, immer annehmen, daß Thonboden ge-meint ist. Dieser ist in dem Zustand, wie er in der Erde gefunden wird, zwar schwer von Gewicht, wegen des großen Wassergehaltes, und schwer zu bearbeiten, woher sein Eigenschaftsname gekommen ist, trocken aber specifisch leichter als Sandboden, den man leicht nennt. Die specifische Schwere wird durch den Grad der Dichtigkeit bedingt.

Die specifische Schwere des Bodens ist für die Praxis nur von ge-ringer Bedeutung. Nur in solchen Fällen, wenn ein Boden so lange dem Wasser ausgesetzt wäre, daß er sich zu einer breiartigen Masse verwandelt, könnte die Schwere von praktischer Bedeutung sein, indem die schwersten Theile, welche stets der Sand bildet, sich nach unten absetzen. Hierin könnte man die Natur der Schichtung von in schlammigem Zustand gebil-deten Erdlagern erkennen.

Dazu giebt es aber viel einfachere und sicherere Wege, und es bedarf nicht der Kenntniß des Gewichtes, um Sand, Thon, gute Kulturerde und

Humus zu unterscheiden; auch weiß Jedermann, daß bei Anschwemmun=
gen durch eine Flut stets die gute Erde obenauf liegt.

Obschon das specifische Gewicht von der Dichtigkeit der Körper ab=
hängt, so giebt es doch keinen Maßstab für die des Bodens ab, weil Boden
nur eine Gesammtheit, nicht einzelne Theile darstellt. Der schwere und
als einzelnes Korn dichte Sand macht den Boden locker, also das Gegen=
theil von dicht, Thonboden hingegen, welcher specifisch viel leichter ist,
macht den Boden dicht. So viel kann man als sicher annehmen, daß ein
specifisch schwerer Boden immer locker (nach der gewöhnlichen Bezeichnung
leicht) ist, ein leichtes Gewicht aber zwar meist dichten oder durch thonige
Erben gebundenen Boden anzeigt, doch wenn die Leichtigkeit durch vielen
Humus bewirkt wird, auch einen sehr lockern Boden anzeigen kann. Die
specifische Schwere hat daher auch nur bei der Untersuchung einzelner
Bodenbestandtheile praktischen Werth.

18. — 3) **Das Gefüge oder der Zusammenhang.** Da der
Boden aus einer zahllosen Menge einzelner Theilchen besteht, so kommt
sehr viel darauf an, wie und wodurch dieselben verbunden sind. Das
Gefüge ist bündig oder lose (schüttig, schütter), fest oder locker und
zeigt die verschiedensten Uebergänge von dem Einen zum Andern. Wie
schon im vorigen §. bemerkt wurde, ist bündiger, fester Boden allge=
mein als schwerer, lockerer als leichter Boden bekannt, indem man
auf die specifische Schwere keine Rücksicht nimmt.

Den höchsten Grad von Bündigkeit bezeichnet man mit den Worten
zähe, streng oder widerspenstig, z. B. zäher oder strenger Thon=
boden. Fest nennt man einen Boden, wenn seine Theilchen so innig
verbunden sind, daß sich einzelne trockene Bruchstücke nur mit Anstren=
gung mit der Hand zerbrechen lassen und die Masse bei leichten Strichen
auf Holz oder in der Hand nicht mehr abfärbt. Zäher Boden wird
trocken immer fest, und es ist daher zähe für feuchten, frischen, fest oder
hart für trocknen Boden zu gebrauchen. Derb oder bröcklig ist ein
Boden, wenn er sich trocken zwar leicht in der Hand zerbröckeln, aber nicht
zwischen den Fingern zerdrücken läßt, und die Stücken nicht leicht abfär=
ben. Die einzelnen Theilchen können dabei sehr fest sein. Der bröcklige
Boden ist meist ein durch die Einwirkung des Frostes oder den Druck des
Wassers aus seiner Gebundenheit gebrachter fester, strenger Boden und
kommt besonders bei schieferigen Ablagerungen vor. Wird harter, sehr

bündiger Boden mit Sand, Humuserde u. s. w. vermischt und auf die gewöhn=
liche Weise mit Spaten, Hacke oder Pflug bearbeitet, so wird er zunächst
bröcklig und nach oft wiederholter Bearbeitung und Zerkleinerung, sowie
durch Berührung mit der Luft und fortgesetzte Düngung — mit einem
Worte durch die Kultur erst locker. Was unter lockerem Boden zu ver=
stehen ist, bedarf nun keiner Erklärung mehr. Locker wird derselbe durch
häufige Bearbeitung und Beimischung von Humus als Dünger oder
Composterde. Die Ausdrücke mürbe, mild, mollig u. s. w. gebraucht
man, wenn ein Boden ohne Beimischung von Sand, Kohlenstaub und
andern die Verbindung verhindernden Stoffe locker geworden ist.
Locker und mürbe u. s. w. haben sehr verschiedene Bedeutung, denn
Sandboden ist immer locker, dabei aber keineswegs mild anzufühlen (denn
hier entscheidet das Gefühl), während es Lehmboden giebt, welcher, ob=
gleich im feuchten Zustande bündig, trocken doch ganz auseinanderfällt
und mild, gleichsam wie Mehl anzufühlen ist, deshalb wenig oder nur
staubigen Sand enthalten kann. Humusboden und Düngererde ist immer
mürbe und mild, auch ohne Sand, durch den sie erst wirklich locker werden,
während sie in feuchtem Zustand gepreßt sehr fest werden können, um so
mehr, je erdiger die Theilchen geworden sind. Das Wort mulmig oder
mülmig, welches für gleichbedeutend mit locker gehalten wird, gebraucht
man richtiger nur für in Zersetzung begriffenes Holz, besonders von
Baumerde und faulen Stücken.

Die Bündigkeit oder das mehr oder minder dichte Gefüge eines
Bodens hängt ganz von dem Bindemittel ab. Die Gebundenheit ist im
Allgemeinen um so größer, je mehr Thon, desto geringer, je mehr Sand
eine Erde enthält. Nach Schübler's Untersuchungen nehmen die im
Boden am häufigsten vorkommenden Erden in Bezug auf ihre Festigkeit
folgende Stellung ein *):

---

*) Die Angaben beziehen sich auf die Tragkraft der aus verschiedenen Bodenarten
geformten Luftziegel oder trockner Erdstücken von regelmäßiger Form, indem dieselben
zwischen zwei Unterlagen frei liegend durch ein unten angebrachtes Gewicht beschwert
oder vielmehr nach unten gezogen werden. Der Versuch mag interessant sein, aber
von geringem praktischem Werth und keineswegs so sicher, als man annimmt. Denn
durch das Bearbeiten des Bodens, Zerrühren im Wasser, Kneten und in die Form
Pressen wird die Verbindung der Theilchen eine ganz andere, dichtere, als sie vielleicht
in Wirklichkeit im Boden ist. Ist das Bindemittel faserig, wie z. B. bei Torf, Lehm

Bodenarten.	Festigkeit in Graden.	Festigkeit nach dem Gewicht.
Reiner Thon	100,0	24,0
Kleiartiger Thon	83,3	19,0
Lehmartiger Thon	68,8	15,3
Lettenartiger Thon	57,3	13,2
Ackererde *)	33,0	7,5
Schieferiger Mergel	23,0	5,2
Kohlensaure Bittererde	11,5	2,3
Humus *)	8,7	1,5
Gartenerde *)	7,6	1,3
Gypserde	7,3	1,2
Feine Kalkerde	5,0	1,0
Quarzsand	0,0	0,0
Kalksand	0,0	0,0

Je bündiger der Boden ist, desto mehr hat er Neigung, klebrig zu werden, sich an das Arbeitszeug anzuhängen. Obschon der Grad von Feuchtigkeit hierbei noch von größerer Einwirkung ist, weil die Anhänglichkeit der Erde mit der Feuchtigkeit steigt (wobei natürlich an den Zustand der Flüssigkeit nicht gedacht wird), die Fähigkeit, Wasser aufzunehmen und zu behalten, aber nicht im Verhältniß zur Bündigkeit (Schwere) zunimmt, so ist es doch erwünscht und immerhin für die Praxis von einigem Nutzen, daß Schübler auch über die Neigung der Bodenarten, sich an Eisen oder Holz zu hängen, Versuche gemacht hat, wie folgende Tabelle angiebt:

---

mit frischem Rindermist, so kann eine an und für sich lockere Bodenart dennoch ein so starkes Gewicht aushalten, wie eine sehr feste. Das neuere, von Schübler eingeschlagene Verfahren, die Festigkeit des Bodens zu bestimmen, wo die Erde nicht gebrochen, sondern durch den Druck des Gewichtes eines wie ein Spaten geformten Eisens zerstochen wird, ist jedenfalls sicherer. Ob die folgende Tabelle auf die eine oder andere Art erzielt wurde, ist mir unbekannt.

*) Der Ausdruck Acker- oder Gartenerde ist immer sehr unbestimmt, und es sollten die Gelehrten dieselbe in ähnlichen Tabellen ganz weglassen oder wenigstens ihre Bestandtheilsverhältnisse angeben. Diese Bemerkung gilt für alle Tabellen, in denen Acker- oder Gartenerde ohne nähere Bestimmung angegeben ist.

Feuchte Erdarten.	Anhängen an Werkzeuge bei einer Fläche von 1 Quad.-Fuß.	
	Eisen.	Holz.
Reiner grauer Thon	27,0	29,2
Kleiartiger Thon	17,2	18,9
Feine Kalkerde	14,3	15,6
Gypserde	10,7	11,8
Lehmartiger Thon	10,6	11,4
Humus	8,8	9,4
Lettenartiger Thon	7,9	8,9
Gartenerde *)	6,4	7,5
Ackererde *)	5,8	6,4
Bittererde	5,8	7,1
Schieferiger Mergel	4,9	5,5
Kalksand	4,1	4,4
Quarzsand	3,8	4,3

Die größere oder geringere Bündigkeit des Bodens hat eine Menge anderer Eigenschaften im Gefolge, welche mehr oder weniger davon abhängen, als: die Fähigkeit des Bodens, das Wasser durchzulassen, aufzunehmen, anzuziehen und festzuhalten, Wärme und Luft abzuschließen, aufzunehmen und zu behalten, seine räumliche Ausdehnung durch Austrocknen zu verändern u. s. w., deren Wirkung wir an dem gehörigen Orte in Verbindung mit andern gleichwirkenden kennen lernen werden. Vorläufig will ich nur die Haupteigenschaften aufführen und einige Schlüsse auf die Pflanzenkultur daraus ziehen.

Bündiger Boden ist vermöge seiner Dichtigkeit und Wasserhaltigkeit kühl bis kalt, weil er das Eindringen der Luft, also auch der Wärme schwierig macht und zugleich das nicht aufgenommene Wasser nicht durchläßt, es also zur Verdunstung zwingt, wodurch Kälte erzeugt wird. In Folge des Gegentheils ist nicht bündiger, lockerer, leichter Boden warm bis heiß.

Da das Pflanzenwachsthum durch die Berührung der Wurzeln mit der Luft und die Leichtigkeit, sich im Boden zu verbreiten, also Lockerheit am meisten befördert wird, so ist bündiger Boden, so lange er solcher

---

*) Man vergleiche die Anmerkung auf Seite 20 über die Unsicherheit dieser Ausdrücke.

bleibt, auch bei Reichthum von Nährstoffen wenig fruchtbar, lockerer Boden, wenn er sonst lösliche Nahrung enthält, fruchtbar.

Bündiger Boden verliert bei dem Austrocknen an räumlicher Ausdehnung (Volumen), er schwindet, dorrt zusammen und wird rissig. Lockerer, besonders sandiger Boden bleibt sich in dieser Beziehung ziemlich
gleich und sinkt in Folge des Wasserverlustes nur ein, weil er sich fester
zusammensetzt. Reiner Humus, besonders Torfboden, vermindert sein
Volumen ebenfalls stark und wird rissig, weil er von einem sehr feuchten
in einen trocknen Zustand übergeht, weil das faserige Gefüge die Theile
in einzelnen Stücken zusammenhält. Sobald er aber locker ist, sei es
durch Sanduntermischung oder weil er durch keinen Druck dicht wurde,
bleibt er auch trocken locker und wird nicht rissig.

Bündiger Boden ist wegen seiner Anhängigkeit an die Werkzeuge
schwer und kostspieliger zu bearbeiten, und zwar um so schwieriger, je
nässer er ist. Der Ausdruck widerspenstig für zähe und sehr bündig ist daher
ganz bezeichnend. Solcher Boden ist im zeitigen Frühjahre gar nicht zu bearbeiten und wird naß bearbeitet so verschlechtert, daß er bei aller Güte
und guter Düngung unfruchtbar ist und dies wol ein ganzes Jahr bleibt,
indem die durch den Spaten oder Pflug gebrochenen Stücke meist schnell
äußerlich verhärten und hart bleiben. Ebenso und noch mehr wird solcher
Boden für lange Zeit verdorben, wenn er im nassen Zustande stark betreten oder befahren wird.

Zur Anzucht von Frühgemüse ist solcher Boden nur tauglich, wenn
er künstlich dauerhaft locker gemacht worden ist. Die Kosten der Bearbeitung betragen bei schwerem (bündigem) Boden oft das Drei- und Vierfache mehr als bei lockerem Boden. Die Erdarbeiten müssen bei bündigem
Boden vorzugsweise im Sommer und Herbst vorgenommen werden, so
daß er im Frühjahr nur einer oberflächlichen Bearbeitung bedarf. Er
bearbeitet sich aber, wenn er einmal im Frühjahr bearbeitet werden
soll, besser, wenn er im Herbst nicht gestürzt (gefelgt) wurde, als nach vor-
hergehender Felge.

In bündigem Boden pflanzt man Bäume am besten spät im Frühjahr, in lockerem im Herbst. Pflanzen in bündigem Boden brauchen
nicht so oft gegossen zu werden, als in lockerem Boden, müssen aber öfter
gelockert werden. Bei dem Pflanzen der Obstbäume u. s. w. dürfen die
Wurzeln in sehr bündigem Boden nicht eingeschlemmt werden, weil sonst

die Masse zu dicht und für die ersten jungen Wurzeln fast undurchdringlich wird, während dies in lockerem Boden sehr nützlich, ja nothwendig
ist. Man gießt sie bei starker Frühjahrspflanzung nur nach dem Pflanzen an, wodurch der Boden seine Porosität behält. Ist bei großer Dürre
der bündige Boden einmal so ausgetrocknet, daß er rissig wird, so leiden
die Pflanzen viel mehr, als in heißem, lockerem Sandboden, welcher Wasser aus der Tiefe anzieht und vom Thau durchdrungen wird. Es ist daher auch bei Trockenheit eine Auflockerung des Bodens von bester
Wirkung.

Bündiger Boden ist den meisten hochstämmigen Obstbäumen günstiger als sehr leichter, und ist ersterer, wenn es keine Mitte zwischen beiden
giebt, immer vorzuziehen.

Wenn bündiger Boden dauernd verbessert werden und seine üble
Einwirkung aufgehoben werden soll, so muß seine Bündigkeit durch Untermischen von lockernden Erden, vorzüglich von Sand, außerdem aber durch
Kohlenabfälle, Coaksasche, Seifensiederasche, Kalk u. s. w. vermindert
werden. Weniger nachhaltig geschieht es durch reichliche Untermischung
von Humus und Dünger. Alle Düngerarten, welche den Boden locker
erhalten, vorzüglich Strohmist und unter diesem der „hitzige" Pferdemist,
Knochenmehl c., sind besonders vortheilhaft, wie im Gegentheil kühlende,
im Verwesen ebenfalls bündig werdende Düngstoffe, besonders Rindermist
ohne Stroh, nachtheilig wirken. Ist ein Boden so leicht (locker) und von
unzusammenhängendem Gefüge, daß die Pflanzen darin nicht gedeihen,
so wird er nachhaltig nur durch Untermischung von bündiger Erde, besonders von Lehm und Thonmergel, vorübergehend durch kühlende Düngung, besonders Rindermist ohne oder mit wenig Stroh, verbessert. Ein
sehr wirksames, bei uns leider noch wenig bekanntes und geübtes Verfahren, sehr bündigen Boden locker zu machen, ohne fremde Stoffe (Sand
u. s. w.) herbeizuschaffen, ist das Brennen des Bodens, indem man getrocknete Stücke davon wie Backsteine brennt und dann zerkleinert wieder
untermischt, wodurch die zu starke Gebundenheit aufhört.

Der nützlichste Bearbeiter eines bündigen Bodens ist der Frost.
Indem das darin eingeschlossene Wasser beim Gefrieren, wo es als Eis
einen größern Raum einnimmt, sich ausdehnt, treibt es die ganze Masse
aus einander, so daß Luft in die Zwischenräume bringt und die Schollen
zerbröckeln. Deshalb macht man bei dem Felgen vor Winter die Schollen

so groß als möglich, damit sie hohl liegen und der Frost einbringen kann. Wenn daher auch der im Herbst gesegte Boden im Frühjahr schwer zu bear-beiten ist, weil er mehr anklebt und länger schmieriger bleibt, so ist doch die Einwirkung des Frostes so nützlich, daß man das Herbstfelgen nie versäumen und beim Anbau von Frühgemüsen lieber den Boden künstlich zubereiten sollte. Oder man bearbeitet das im Herbst gegrabene Land nur oberflächlich mit Hacke und Rechen (Harke). Die Wirkung des Fro-stes ist in solchem bündigen Boden größer und heilsamer als die des Spa-tens oder Pflugs. Sie dauert übrigens nur einige Zeit, wie der harte Zustand desselben im Sommer deutlich zeigt.

19. — 4) Verhalten zum Wasser. a. Durchlässigkeit und Capillarität. Wir haben schon im vorigen '§. in Erfahrung gebracht, daß die Fähigkeit, das Wasser durchzulassen, von der Bündigkeit und dem Gefüge abhängt. Die Fähigkeit, das Wasser durchzulassen und den günstigen Einwirkungen der Luft aufzuschließen, hängt ganz von dem Grade der Bündigkeit ab. Sehr bündiger Boden ist undurchlassend, lockerer durchlassend. Ist die Lockerheit so groß wie bei dem Sand, so entsteht der Nachtheil des zu schnellen Durchlassens, indem bei diesem das Wasser augenblicklich durchläuft. Die Mitte zwischen beiden äußersten Graden ist am besten, aber eine zu große Durchlässigkeit immer besser als eine zu geringe. Die Durchlässigkeit wird durch jedes Mittel erreicht, wodurch Lockerheit erzielt wird.

Gut kultivirter Boden ist selten so undurchlassend, daß große Nach-theile entständen, und das Durchlassen wird besonders bei dem Untergrund wichtig. Jede Einrichtung, welche den Abzug des Wassers befördert, ver-mindert die Nachtheile eines undurchlassenden Bodens, und es ist in neuerer Zeit die Drainirung oder Entwässerung durch Thonröhren allge-mein in Gebrauch gekommen.

Die Durchlässigkeit eines Bodens wirkt nicht nur von oben nach unten, wie wir oben gesehen haben, sondern ebenso von unten nach oben. Jede Erde behält selbst bei durchlassendem Untergrunde so viel Wasser, als sie vermöge ihres Stoffes festzuhalten vermag; ist aber die obere Feuch-tigkeit durch die Sommerhitze verdunstet, so zieht die obere Erde in dem-selben Maße, wie sie durchlassend ist, die Bodenfeuchtigkeit aus der Tiefe an, wie der Docht das Oel, der Schwamm das Wasser. Man nennt diese Bewegung von unten nach oben Haarröhrchenkraft oder Capillarität. Das undurchlassende Thonlager unter dem Kulturboden verhindert auch das Aufsteigen der Feuchtigkeit aus der Tiefe, und solche Boden leiden daher gleich viel von der Nässe, wie von der Trockenheit, wenn auch anfangs der Boden länger feucht bleibt. Bei Sandfeldern auf feuchtem Untergrund äußert sich diese aufsteigende Wasserbewegung am stärksten, daher solche Bodenarten in tiefer Lage mit durchlassendem Untergrund in trocknen Jahren sich meist besser bewähren als die sogenannten schweren Boden.

20. — b. Wasserhaltigkeit und Verhalten beim Austrocknen. Unter Wasserhaltigkeit versteht man die Fähigkeit, Wasser aufzunehmen und zu behalten. Sie hängt, so scheint es, vorzüglich von dem Zustand der Zersetzung, der Zerkleinerung der Mineralstoffe und der Verwesung der organischen Stoffe ab. Jeder Boden nimmt nur eine gewisse Menge von Feuchtigkeit auf, und diese ist meistens geringer als das eigne Gewicht einer gewissen nach dem Gewicht zu bestimmenden Menge. Was mehr dazu kommt, läßt die Erde fahren und ablaufen. Tränkt man eine bestimmte Quantität, etwa ein Pfund völlig ausgetrockneter Erde mit Wasser, so ergiebt sich aus der aufgenommenen Menge desselben das wahre Verhältniß. Dieses ist nach sorgfältigen Versuchen in Procenten ausgedrückt folgendes:

Erdarten.	Wasserhaltende Kraft in Proc.
Quarzsand (Silbersand)	25
Gypserde	27
Kalksand	29
Schieferiger Mergel	34
Lettenartiger Thon	40
Kalkerde	47
Lehmartiger Thon	50
Ackererde (welche?)	52
Kleiartiger Thon	61
Reiner grauer Thon	70
Feine Kalkerde	85
Pfeifenerde	87
Gartenerde (?)	89
Humus	181
Feine Bittererde	256

Auch diese Tabelle zeigt, daß, wie schon erwähnt, der Zustand der Zerkleinerung der Mineraltheile hierbei besonders maßgebend ist, indem reine Kalkerde ⁴/₅, Kalksand aber nur wenig über ¹/₅ des eignen aufzunehmen und zu behalten fähig ist, daß eine mit Sand und Steinen gemischte Erde nie so feucht werden kann als feine Erde. Da nun ein Uebermaß von Feuchtigkeit für die Kulturpflanzen (wirkliche Wasserpflanzen ausgenommen, z. B. Brunnenkresse) stets schädlich ist, so ergiebt sich daraus, daß auch sehr fruchtbarer Boden, wie z. B. reiner Humus, durch diese Eigenschaft unfruchtbar werden kann, was auch durch die Erfahrung bestätigt ist; daß aus diesem Grunde eine Vermischung mit weniger Wasser haltenden Bodenarten, also vorzüglich mit Sand, die Fruchtbarkeit befördert. Nächst der Bittererde, welche selten in großer Menge im Kulturboden vorhanden ist, und Humus haben die thonigen Erden und die feinste Kalkerde die größte Fähigkeit, Wasser aufzunehmen und zu behalten. Daraus erklärt sich auch, daß reiner Sandboden durch Untermischung mit Humus, welcher die Feuchtigkeit hält, sehr günstig für den Pflanzenwuchs werden kann.

Man nennt Bodenarten, welche viel Wasser aufnehmen, ohne naß zu sein, frisch, weil Feuchtigkeit kühl macht, daher auch die Thonboden kalt, wobei allerdings das dichtere oder lockrere Gefüge ebenfalls und zwar bedeutend einwirkend ist. Aus demselben Grunde ist Sandboden warm bis heiß.

Die Durchlassungsfähigkeit steht mit der Wasserhaltigkeit zwar in Verbindung, indem die Thonerden beide Eigenschaften haben, aber dies Verhältniß wechselt dennoch sehr, wie wir an dem Humus sehen, der gewöhnlich locker und durchlassend ist, dabei aber die Feuchtigkeit sehr stark anzieht und lange behält. Dabei hat der Humus (besonders reine Pflanzenerde) die Eigenschaft, stark ausgetrocknet das Wasser schwer wieder anzunehmen, so daß solche Erde oft schwimmt, während trockne Thonerde desto mehr und schneller aufnimmt.

Man sieht, daß auch aus diesem Grunde eine die verschiedenen Eigenschaften der Erden berücksichtigende Bodenmischung von größter Wirkung ist, daß Thon und Sand beide durch Vermischung besser werden.

Einen Boden, der das rechte, für die meisten Pflanzen zuträgliche Maß von Feuchtigkeit hat und behält, nennt man mit Recht gesund, weil ein Uebermaß Krankheit und Absterben, Mangel daran Kärglichkeit zur Folge hat. Uebrigens ist das Feuchtigkeitsbedürfniß der verschiedenen Kulturpflanzen bekanntlich sehr verschieden, und ein Boden, welcher für die meisten Pflanzen „gesund", d. h. mäßig feucht ist, kann für andere zu trocken sein und künstliche Bewässerung erlangen. Auch die Jahreszeit macht einen großen Unterschied. Will man frühe Erzeugnisse, so muß man stets einen mehr trocknen als feuchten Boden wählen, weil dieser im Frühjahr meistens feucht genug ist, während er in der Glut der Sommer= sonne zu trocken wird.

Der Zustand der Feuchtigkeit und Trockenheit hängt, abgesehen von der Witterung und Jahreszeit, wie man sieht, neben der tiefern oder höhern Lage, Durchlässigkeit und Bündigkeit, vorzüglich von der Wasser= haltigkeit des Bodens ab.

21. — c. Hiermit steht die **Austrocknungsfähigkeit** in engster Beziehung. Diejenigen Erden, welche am meisten Wasser aufnehmen und sich am innigsten damit verbinden, geben es auch langsam wieder ab, was schon die aufgenommene Menge bedingt, denn es versteht sich von selbst, daß die 25 %, welche der Sand aufnimmt, schneller verdunsten und auf= gezehrt werden als die 89 % der Gartenerde oder gar die 181 % des Humus.

Auch die folgende Tabelle von Schübler, welche die durch Aus= trocknen verlorene Wassermenge nach Procenten anzeigt, ergiebt ein ganz ähnliches Verhältniß wie die vorige Tabelle. Es verlor von 100 Theilen Wasser in 4 Stunden bei 15 Grad R.:

Quarzsand	88,4 Proc.
Kalksand	75,9 =
Gypserde	71,7 =
Schieferiger Mergel	68,8 =
Lettenartiger Thon	52,0 =
Lehmartiger Thon	45,7 =
Kleiartiger Thon	34,9 =
Ackererde (?)	32,0 =
Grauer reiner Thon	31,9 =
Feine Kalkerde	28,0 =
Gartenerde (welcher Art?)	24,3 =
Humus	20,5 =
Bittererde	10,8 =

Obwol nun diese Angaben begründet sind, so kann man doch nicht
mit Sicherheit auf ihr Zutreffen unter allen Verhältnissen zählen, denn
Alles kommt auf die Verbindung, das Gefüge an. So weiß z. B. jeder
Gärtner, daß, zwar frische, fest halb verweste Humuserde, wie wir sie
als Compost vielfach anwenden, ihren feuchten Zustand lange behält, weshalb wir sie auch zum Bedecken frisch gepflanzter Bäume u. s. w. gegen
das Austrocknen verwenden; daß dagegen Haide- und Moorerde, sei sie
noch so naß, unter allen Erden am schnellsten und stärksten austrocknet,
vermuthlich, weil sie überhaupt wenig Wasser aufnehmen kann, und in
der Tabelle vielleicht die dritte oder vierte Stelle einnehmen würde, während
Humus zu den wasserhaltigsten Erden gehört.

Die Nutzanwendung in Bezug auf Frische, Wärme u. s. w. des
Bodens bleibt dieselbe, wie die der Tabelle in §. 20.

Der Gärtner und Pflanzer hat, nächst der Auswahl des Bodens überhaupt, bei in Kultur genommenen Grundstücken das Bewässern nach der
Fähigkeit des Bodens, Wasser aufzunehmen und zu behalten, einzurichten.
Es versteht sich, daß die wenig Wasser aufnehmenden und schnell austrock-
nenden Sandboden mehr und besonders öfter bewässert werden müssen, als
die Boden von entgegengesetzter Eigenschaft, vorzugsweise Thonboden, daß
diese durchbringender, aber seltener bewässert werden müssen. Sandboden
kann nicht viel Wasser aufnehmen, also fließt es nach unten ab, und die
Mühe ist verloren, wenn stark bewässert wird. Die Pflanzen leiden aber
dabei weniger, als wenn thoniger Boden übermäßig getränkt wird. So
darf man z. B. Gartenbohnen in schwerem Boden während des Keimens
oder beim Legen nicht gießen, und starke Regen werden ihnen tödtlich,
während in leichtem Boden das Keimen beschleunigt wird.

Je mehr der Boden der Luft und Sonne ausgesetzt ist, desto mehr
und schneller trocknet er aus, je mehr ihn Blätter u. s. w. bedecken, desto
länger hält sich die Feuchtigkeit. Nur die Bedeckung von Unkraut zehrt
noch mehr aus. Je leichter daher ein Boden austrocknet, desto besser und
nothwendiger ist ihm eine Bedeckung, die hie und da, besonders in Frankreich auf hitzigem, d. h. sandigem Boden, auch von den Gärtnern überall,
wo sie anwendbar, angebracht wird. Man nimmt in der Regel in sich
selbst (durch Fermentation) verbrannten Mist, Composterde, aber auch
Moos, Lohe, Sägespäne u. s. w. und erspart dadurch vieles Begießen.
Auffallend ist es, daß eine erdige Bedeckung die Feuchtigkeit länger hält,

wenn man erſt begießt und dann trockene Erde darauf deckt, als wenn man auch dieſe Erddecke ſtark anfeuchtet. Es erklärt ſich dies nur dadurch, daß trockne Erde ein ſchlechterer Wärmeleiter iſt als durchnäßte, deßhalb die Verdunſtung erſchwert.

21. — d. Die Ausdehnung und Zuſammenziehung des Bodens geht mit der Aufnahme und Abnahme von Waſſer Hand in Hand. Manche Erdart erleidet gar keinen Wechſel, manche iſt einer bedeutenden Ausdehnung durch Waſſeraufnahme und Zuſammenziehung durch Austrocknung unterworfen. Man nennt die Vermehrung des Volumens durch Aufnahme von Waſſer wachſen oder aufquellen, das Abnehmen ſchwinden. Man kann das Verhalten des Bodens während des Austrocknens ſehr leicht erkennen, wenn man von verſchiedenen Erden nach Art der Lehmbackſteine Stücke von einem beſtimmten Maß anfertigen läßt. Nach Schübler's Verſuchen ſchwinden von 1000 Theilen Quarz = und Kalkſand 0, feiner Kalkerde 50 Theile, lettenartigem Thon 60 T., lehmartigem Thon 85 T., ſchieferigem Mergel 95 T., kleiartigem Thon 114 T., kohlenſaurer Bittererde 154 T., reinem grauem Thon 183 T., Humus 200 T. Garten = und Ackererde führe ich wegen Unbeſtimmtheit dieſer Ausdrücke nicht mit an.

Es zeigen dieſe Verſuche, was ſchon die Erfahrung beſtätigt, daß ſogenannter ſchwerer Boden, wo Thon vorherrſcht, ſich beim Austrocknen ſtark zuſammenzieht, alſo Sprünge bekommt, Sand und ſandige Erde unverändert bleibt. Auffallend iſt das ſtarke Schwinden des Humus bei dieſen Verſuchen, was, wenn man wirklichen Torfboden ausnimmt, der täglichen Erfahrung gänzlich widerſpricht, indem humusreicher Gartenboden ſelten Sprünge und Riſſe bekommt. Das Reißen des Bodens iſt in der Wirklichkeit noch mehr von dem Grade der Feuchtigkeit, mit welcher ein Boden geſättigt war, und von dem Grade der Wärme abhängig. Es iſt offenbar, daß ein Boden, der viel Waſſer aufnehmen und ſich ausdehnen kann, beim Verluſt deſſelben ſich wieder zuſammenzieht, alſo eintrocknet, und daß bei großer Wärme die Austrocknung zu ſchnell und daher unregelmäßig vor ſich geht, wodurch ſich Theile ſpalten und an den bloßgelegten Flächen ſchnell austrocknen, während ſie inwendig noch naß ſind. Man ſieht dies am leichteſten bei Schlamm, der ſelbſt, wenn viel feiner Sand darunter iſt, beim ſchnellen Austrocknen riſſig wird. Hier iſt die Erde gleichſam ſchwimmend in dem Waſſer, weil letzteres überwiegend iſt, und da der größte Theil der Masse verdunstet, so muß das Eintrocknen eine auffallende Verminderung des Volumens zur Folge haben.

Praktischen Nutzen hat diese Beobachtung eigentlich nicht, da ohnedies die Bestrebungen des Gärtners und Pflanzers dahin gehen, die Bündigkeit des Bodens aufzuheben, und bei geeigneter Bodenmischung und Verbesserung diese Eigenschaft absichtslos unmerklich gemacht wird. Allenfalls könnte die Erfahrung des starken oder geringen Eintrocknens bei der Auffüllung von Erde von Nutzen sein.

23. — e. Die Fähigkeit des Bodens, im trocknen Zustande die Feuchtigkeit der Luft einzusaugen, steht meistens im Verhältniß zur Wasserhaltigkeit, denn es ist offenbar, daß ein trockner Körper, der eine dichte wirkliche Flüssigkeit gern aufnimmt, auch eine minder dichte (Dunst, Nebel) aufsaugt.

Die folgende Tabelle von Schübler mag das Verhalten der Erden zur Luftfeuchtigkeit näher bestimmen.

Absorption durch 1000 Gran Erde, welche auf einer Fläche von 50 Zoll ausgebreitet waren, in:

Erdarten.	12 Stunden.	24 Stunden.	48 Stunden.	72 Stunden.
Quarzsand	0 Gran	0 Gran	0 Gran	0 Gran
Gypserde	1 »	1 »	1 »	1 »
Kalksand	2 »	3 »	3 »	3 »
Ackererde	16 »	22 »	23 »	23 »
Lettenartiger Thon	21 »	26 »	28 »	28 »
Schieferiger Mergel	24 »	29 »	32 »	33 »
Lehmartiger Thon	25 »	30 »	34 »	35 »
Feine Kalkerde	26 »	31 »	35 »	35 »
Kleiartiger Thon	30 »	36 »	40 »	41 »
Gartenerde (mit 7,2 Humusgehalt)	35 »	45 »	50 »	52 »
Reiner Thon	37 »	42 »	48 »	49 »
Feine Bittererde	69 »	76 »	80 »	82 »
Humus	80 »	97 »	110 »	120 »

Man sieht, daß alle Erden während der ersten Stunden am meisten Feuchtigkeit aufnehmen, was sich schon von selbst versteht. Da nun die Erden im gewöhnlichen Zustande, wie sie im Freien vorkommen, nicht so stark ausgetrocknet sind, wie die zu Versuchen angewendete, selbst nicht, wenn einzelne Schollen und Häufchen aus der Bodenfläche hervorragen, so geht daraus hervor, daß die Aufsaugung nur eine geringe sein kann. Als praktischen Nutzen gewinnen wir aus diesen Versuchen nur die Bestätigung unserer Erfahrung, daß thonige Bindemittel unter Sand auch die Feuchtigkeit der Luft mehr anziehen. In Bezug auf den Humus, welcher nach obiger Tabelle die meiste Feuchtigkeit aufnimmt, ergiebt die Erfahrung der Gärtner wieder einen Widerspruch, indem Haide-, Laub-, Holz- oder Moorerde stark ausgetrocknet Monate lang feuchter Luft im Freien ausgesetzt sein kann, ohne von Feuchtigkeit durchdrungen zu werden. Haideerdestücken, welche oft so austrocknen, daß sie schwimmen, können Monate lang in einem feuchten Raume, z. B. Keller liegen, ehe sie Feuchtigkeit anziehen. Noch mehr scheint von der Oberfläche des Bodens und dem Gefüge abzuhängen, indem in poröse, lockere Erde die feuchte Luft tiefer eindringt, folglich von derselben auch mehr aufgenommen werden kann. Denn obschon Quarzsand keine Luftfeuchtigkeit aufnehmen kann, weil er überhaupt kein Wasser aufnimmt, so ist doch erwiesen, daß feuchte Luft auf Sandboden sehr wohlthätig einwirkt und hierin die Pflanzen gedeihen, während sie in festem Boden bei gleicher Luft verderben. Was nützt es, daß trockner, dichter Thonboden viel Feuchtigkeit anziehen kann, wenn er nur durch die Oberfläche des Landes mit der Luft in Berührung kommt, während in lockerem Sandboden die feuchte Luft durch alle Poren bringt? Sand unter Thonboden gemischt macht daher nicht, wie man nach der Theorie annehmen müßte, denselben weniger, sondern mehr zur Aufnahme atmosphärischer Feuchtigkeit geeignet, wenn nämlich die Austrocknung so weit gediehen ist, daß die Erde aufsaugt.

In Wirklichkeit nimmt die Luft mehr Feuchtigkeit an, als sie hergiebt. Wir dürfen daher diese Eigenschaft nicht hoch anschlagen. Wichtig wird sie erst, wenn das gebundene Wasser aus einem Mineral durch Brennen beseitigt wird, wie bei Gyps und Kalk, die man als Düngung anwendet.

24. — 5) **Die Fähigkeit, luftige Bestandtheile einzusaugen**, ist eine der wichtigsten bei dem Boden. Die befruchtende Eigenschaft der Luft ist allgemein anerkannt, und es ist ja der Hauptzweck der Bodenlockerung, den Boden für die Luft aufzuschließen. Die am allgemeinsten einwirkende Luft ist der Sauerstoff, der sich sowol chemisch mit verschiedenen feuchten (nie mit trocknen) Erden, als auch blos mechanisch

ober physisch wie Wasser verbindet, ohne die geringste chemische Ver-
wandtschaft zu haben. Die Keimung ist ohne Sauerstoff gar nicht möglich, daher alle Saaten in lockerer, vom Sauerstoff leicht zu durchdringenden
Erde, manche sogar ganz an der Luft der Oberfläche am schnellsten keimen, weshalb auch tiefe Saaten nicht aufgehen, und Samen, welche tief
in den Boden kommen, ohne ihre Keimfähigkeit zu verlieren oder zu keimen, viele Jahre liegen können, wie man es an den Waldunkräutern sieht,
die nach hundertjähriger Ruhe keimen, sowie sie der Luft ausgesetzt werden. Man darf diesen Umstand nicht blos der Lockerheit zuschreiben,
denn lockerer Sand kann am wenigsten unter allen Erdarten aufnehmen,
weil die einzelnen Körner undurchdringlich sind. Aber dennoch wird eine
Beimischung von Sand zu Humus oder Thon die Aufnahme von Sauerstoff erleichtern, weil er überhaupt das Eindringen der Luft erleichtert.
Im Humus geht durch die Verbindung mit Sauerstoff eine chemische Veränderung vor, indem Wasserstoffgas und Kohlenstoffgas gebildet wird.
Außerdem wirkt der Sauerstoff besonders auf die weitverbreiteten eisenhaltigen Boden durch Oxydation.

Erden, worauf der Sauerstoff noch nicht eingewirkt hat, weil sie unter der Oberfläche liegen, unter welche dieses Gas nicht tiefer als einige
Zoll bringen kann, sind unfruchtbar, und man nennt sie tobt, wild
u. s. w. Wird solcher wilder Boden der Luft aussetzt, so verwandelt er
sich in gute Erde, was besonders im Winter stattfindet, wodurch sich auch
die gute Wirkung der Herbstbearbeitung und des Ausgrabens von Baumlöchern mit erklärt, wenn auch, wie wir schon gesehen haben, noch andere
Ursachen mitwirken.

Die Fähigkeit, sich mit Sauerstoff zu verbinden, bedingt das frühere
oder spätere Zerfallen und endliches theilweises Verzehren durch die Pflanzen, weshalb auch manche Bodenart, z. B. lettenartiger Thon, der wenig
Sauerstoff aufnimmt, jahrelang der Luft ausgesetzt werden kann, ohne
fruchtbar zu werden, während Humus, auch wenn er durch Luftabschluß
unfruchtbar geworden war, sehr schnell wieder fruchtbar wird. Allerdings
kommen auch Ausnahmen vor, denn wenn Eisen z. B. oxydirt, d. h. sich
mit Sauerstoff ohne Wasser verbindet, so wird es dadurch unlöslich.

Nach Schübler nehmen die am meisten vorkommenden Bodenarten
in Bezug auf die Aufnahme von Sauerstoff nachstehende Reihenfolge ein:
Humus (20,3), Gartenerde (humusreiche 18,0), Bittererde (17,0), Acker-

erbe (16,2), reiner Thon (15,3), kleiartiger Thon (13,6), schieferiger Mergel (13,6), schieferiger Thon (11,0), lehmartiger Thon (11,0), feine Kalkerbe (10,6), lettenartiger Thon (9,3), Kalksand (5,6), Gypserde (2,7), Quarz-sand (1,6).

Die Nutzanwendung der Fähigkeit, Sauerstoff aufzunehmen, ist all-bekannt, und man bestrebt sich, überall den Boden durch Auflockern und Erheben des untern Bodens dieser wohlthätigen Wirkung auszusetzen.

25. — 6) **Die Empfänglichkeit für die Wärme und Wärmehaltigkeit eines Bodens** ist nur eine Folge anderer schon erwähnter Eigenschaften, nämlich der Farbe, Gebundenheit oder Lockerheit, des Feuchtigkeitszustandes, endlich der Lage gegen die Sonne und der chemischen Zusammensetzung. Da hiervon schon ausführlich die Rede war, so ist nur noch wenig über die wärmeschluckende, leitende und hal-tende Kraft des Bodens zu erwähnen.

Wie die dunkle Farbe die Wärme des Bodens erhöht, indem sie die Sonnenstrahlen verschluckt, hellere Farben aber dieselben zurückwerfen und deshalb die Erwärmung verhindern, wurde schon in §. 16 erwähnt. Diese Eigenschaft ist in Bezug auf die Wirkung der Sonnenstrahlen jedenfalls die wirksamste, nicht aber auf die allgemeine Bodenwärme, die durchschnitt-liche, durch Luft und Regen bewirkte Erwärmung. Hier wirkt beson-ders die Gebundenheit oder Lockerheit der Verbindung und der hiermit in engster Verbindung stehende Feuchtigkeitszustand, wie §. 18 ausführ-lich erörtert wurde. In lockern Boden ohne thoniges Bindemittel bringt die Sonnen- und Luftwärme, sowie das Wasser warmer Regen am schnellsten und tiefsten ein, und je mehr dieser Lockerheitszustand aufhört, je mehr die Erde gebundener oder schwer wird, je mehr sie auch mit Wasser durchdrungen ist, desto mehr wird das Erwärmen erschwert, wobei über-dies noch durch die Verdunstung Kälte erzeugt wird, indem die Verwand-lung des Wassers in Dunst nur durch Entziehen von Wärme möglich ist. Daher nennen wir auch lockere, durchlassende Bodenarten **warm** und undurchlassende **kalt**. Feuchter Boden hat stets niedrigere Temperatur als trockener zu derselben Zeit und in derselben Lage. Ist ein Boden dabei hellfarbig, wie mancher Lehm-, Thon- und Mergelboden, so wirken verschiedene Ursachen, ihn kalt zu machen. Das Entgegengesetzte bewirkt das Zusammentreffen von dunkler Farbe, Lockerheit und Trockenheit, denn wirken diese vereinigt, so wird der Boden in hohem Grade heiß.

Jäger, Boden- und Düngerkunde.   3

Ebenso wichtig in Bezug auf Wärme ist die chemische Zusammensetzung der Erden, da verschiedene Mineralien, ganz abgesehen von der
Farbe, in der Fähigkeit zu erwärmen sehr abweichen. Nach Schübler
verhalten sich die öfter genannten Bodenbestandtheile in Bezug auf Erwärmung und Wärmehaltigkeit, wie folgende Tabelle zeigt:

Erden.	Wärmehaltende Kraft.
Kalksand	100,0
Schieferiger Mergel	95,1
Quarzsand	95,6
Lettenartiger Thon	76,9
Gypserde	73,8
Lehmartiger Thon	71,8
Ackererde	70,1
Klayartiger Thon	68,4
Grauer reiner Thon	66,7
Gartenerde (?)	64,8
Feine Kalkerde	61,3
Humus	49,0
Feine Bittererde	38,0.

Man sieht, daß der schwere Sand die Wärme am meisten aufnimmt,
und nähere Untersuchungen ergeben, daß, wenn man blos die Massen
miteinander vergleicht, die wärmehaltende Kraft zunimmt, je (specifisch)
schwerer eine Erdart ist. Zu welchem Grad der Sand sich erhitzen kann,
besonders gefärbter Sand, hat wol schon Jedermann erfahren. Der
Sand behält auch während der Abkühlungszeit in der Nacht oder bei
Trübung die aufgenommene Wärme am längsten und strahlt sie nur langsam wieder aus. Der Erhitzungsgrad steigert sich im Verhältniß zur
Trockenheit, weil Wasser immer abkühlt. Daher sind Sandgegenden vorzugsweise heiß und bekanntlich hat die norddeutsche Sandebene einen
Sommer, wie er eigentlich einer viel südlichern Breite zukommt.

Die Nutzanwendung ist leicht zu ziehen. Es geht aus dem Obigen
hauptsächlich hervor, daß Sand das wirksamste Mittel ist, den Boden
wärmer zu machen. Wo man kalten Boden durch Entwässern und Untermischung von Sand verändert, wird er sicher diese Eigenschaft verlieren.
Daß der Humus nach dieser Tabelle der schlechteste Wärmehalter ist, soll

uns weiter nicht kümmern, da wir ihn doch nicht rein anwenden und durch Untermischung mit Mineralstoffen seine Wirkung verändert wird.

Beide äußerste Grade der Erwärmungsfähigkeit werden nützlich, wenn große Wärmehaltigkeit des Bodens in kühlern Gegenden und Lagen, geringe in warmen Lagen vorkommt, und umgekehrt.

Der Winkel, in welchem die Sonne auf ein Landstück fällt, trägt, wie wir schon §. 11 gesehen haben, das Meiste zum Klima der örtlichen Lage bei. Eine gegen die Sonne gerichtete Abdachung wird daher die Nachtheile oder Vortheile eines heißen Bodens noch sehr erhöhen.

Der Gärtner muß unter allen Bodenbebauern die Schwankungen zwischen Wärme und Kühle des Bodens am meisten benutzen, daher auch am genauesten kennen. Seine ganzen Kulturen richten sich darnach ein. Er braucht zu einer Kultur warmen Boden, zur andern kühlen, je nach Jahreszeit und Eigenthümlichkeit der Kultur. Warmer Boden ist im Allgemeinen vortheilhafter, denn mit der Zunahme der Wärme steigert sich ja die Ausbildung der Pflanzenwelt. Besonders können gute Früchte nur in einem warmen Boden erzogen werden, was beim Weinstock zur Unentbehrlichkeit wird. Das Bewässern muß sich vorzüglich nach dem Erhitzungsgrade des Bodens richten. Man wird nicht begießen, wenn der Boden noch heiß ist, weil dadurch die Pflanzen erkälten könnten und ein großer Theil des Wassers in Dunst übergehen würde. Das Bewässern nach Sonnenuntergang ist daher auch einer frühern Zeit vorzuziehen. Da der Boden um so mehr austrocknet, je heißer er wird, so richtet sich auch die Menge des zu gebenden Wassers darnach. Ein Uebermaß von Boden- wärme schadet vielen unserer Kulturpflanzen, besonders wenn sie nicht hinreichend feucht gehalten werden können. In heißern Gegenden kann ohne förmliche Berieselung und zeitweise Ueberschwemmung die Garten- kultur gar nicht betrieben werden. Um den nachtheiligen Wirkungen einer zu starken Erhitzung des Bodens vorzubeugen, giebt es kein besseres Mittel, als das §. 21 erwähnte, das Austrocknen hindernde Bedecken des Kultur- bodens, so lange die gebauten Pflanzen sich nicht selbst beschatten.*)

Mag nun aber auch die Erwärmungsfähigkeit eines Bodens durch die Sonne noch so auffallend verschieden und von großer Wirkung sein,

---

*) Man vergleiche auch „Gemüsebau", I. Band, S. 155.

3 *

so hat dies doch mehr auf einzelne Kulturen und zu gewissen Zeiten Einfluß. Die wahre Wärme eines Bodens hängt aber von dem Zustande
seiner Lockerheit, von seiner Gebundenheit und dem Feuchtigkeitszustande
ab, so daß die Wärme der Luft sich dem Boden bis zu einer gewissen Tiefe
mittheilen kann, daß warme Regen nicht durch zu schnelles Ablaufen verloren gehen, aber auch nicht Zeit haben, nach der Abkühlung den Boden
wieder zu erkälten.

26. — 7) Mächtigkeit des Bodens. Die Mächtigkeit oder Stärke
der fruchtbaren Bodenschicht ist keine Eigenschaft des Bodens, sondern
eines ganzen Landstückes oder einzelner Theile desselben. Es wird aber
hier der passendste Ort sein, davon zu sprechen. Wir verstehen darunter
die Erde bis zu einer Tiefe, wohin die Werkzeuge bei der Bearbeitung
gewöhnlich bringen oder leicht bringen können. Die hier zu berücksichti-
genden Pflanzen bringen mit ihren Wurzeln in sehr verschiedene Tiefen,
abgesehen von den Obstbäumen, deren Wurzeln tief in den Untergrund
einbringen.

Da beim Gartenbau der Spaten meistens zur Bearbeitung dient,
oder, wo man im Großen anbaut, ein tiefes Pflügen nothwendig wird, so
kann man die Tiefe eines Spatens, also 10 Zoll, als geringste nothwendige Stärke der kultivirten Bodenschicht gelten lassen. Eigentlich sollte
der Spaten beim Graben tiefer als seine Länge einbringen, und wo es
möglich ist, geschieht dies auch durch gute Arbeiter. Bei einer solchen
Tiefe kann man die meisten Gemüse bauen. Vortheilhafter ist es allerdings, wenn für einige Wurzelarten die gute Bodenschicht 15 — 18
Zoll mächtig ist, ja einige Pflanzen, z. B. Meerrettig, Süßholz, Rhabarber 2c., verlangen eine Tiefe von mindestens 2 Fuß.

Man wird daher Boden von 10 Zoll, welcher beim Ackerbau schon
tief heißt, nur flachgründig oder seicht, 18 Zoll und darüber starken
tiefgründig oder tief nennen können.

Gartenbau im Großen wird man nur an solchen Orten mit Vortheil
betreiben können, wo der Boden von Natur tiefgründig ist, so daß man
ihn, ohne Steine oder ganz todte Erde heraufzubringen, bis zu dem angegebenen Maße vertiefen kann. In kleinen Gärten hilft man sich mit
Auffüllen und kann sich dadurch bei genügendem Vorrath an Erde einen
beliebig tiefen Boden schaffen. — Je tiefgründiger der Boden ist, desto
weniger leiden die Pflanzen darin von übermäßiger Nässe und Trockenheit

27. — 8) **Feuchtigkeitszustand.** Auch dieser ist keine Eigenschaft bestimmter Bodenarten, da er von äußern Einflüssen abhängt und sehr wechselt, obschon, wie wir in den vorhergehenden Paragraphen, besonders §. 19—23 gesehen haben, dieser Zustand durch das Gefüge und die Bodenbestandtheile vermehrt oder vermindert werden kann. Da er aber sehr wesentlich bei der Bodenbeschaffenheit und bei der Wahl von Landstücken ganz besonders zu berücksichtigen ist, so soll er hier nicht unerwähnt bleiben.

Der Boden ist in Bezug auf seinen Feuchtigkeitszustand **sumpfig** oder **morastig**; **naß**, wenn er nur bei großer Hitze austrocknet und in der kältern Jahreszeit und bei viel Regen immer zu naß zum Bearbeiten ist; **gallig** oder **naßgallig**, wenn die Nässe sich auf einzelnen Stellen in Form von sogenannten Gallen und meist nur im Winter und Frühjahr zeigt; **feucht**, wenn er schwer austrocknet und meist schlecht zu bearbeiten ist; **frisch**, wenn er etwas weniger feucht ist und des Bewässerns selten bedarf; **trocken**, wenn er nur bei oft wiederkehrendem Regen oder häufiger Bewässerung fruchtbar ist; **dürr**, wenn er in einem hohen Grade trocken ist. — Sumpf ist zum eigentlichen Gartenbau gar nicht zu gebrauchen und nur zum Anbau einiger Arzneipflanzen zu benutzen. Doch läßt sich aus Sümpfen fast immer ein ausgezeichneter Gemüseboden schaffen, wenn für gehörigen Abzug des Wassers gesorgt wird. Nasser und galliger Boden muß entwässert werden, sei es durch Abzugsgräben und Erhöhung oder durch verdeckte Ableitung (Drainirung), und bei feuchtem Boden ist eine Beförderung des Wasserabzugs meist sehr nützlich. Frischer Boden ist „gesund", d. h. gerade so feucht wie er sein soll; trockner Boden muß bewässert werden. — Wie der Feuchtigkeitszustand auch durch Vermischung der Bestandtheile verändert werden kann, wurde schon früher erwähnt.

Fünfter Abschnitt.
Die Grundbestandtheile des Bodens.

---

28. Der Kulturboden besteht aus zu Erde gewordenen mineralischen Theilen und organischen Stoffen. Die erstern können keine andern Bestandtheile haben, als die Gebirgsarten, von denen sie abgeschwemmt,

abgebröckelt oder verwittert sind, folglich sind deren Grundbestandtheile
oder chemisch erkannten Stoffe auch die der Erde. Die Gesteine, von
welchen sich aller Boden gebildet hat, sind vorzüglich Quarz, Feld-
spathgestein, Glimmer, Hornblende, Serpentin, Augit-
gestein (mit Basalt), Thongestein, Kalkgesteine, Gyps und
Eisen. Folglich müssen die Stoffe, welche diese Gesteine bilden, auch in
den von ihnen entstandenen Erden vorkommen.

A. Die mineralischen Grundstoffe.

29. Die wesentlichen oder Grundstoffe sind in der Hauptsache folgende: Kieselerde, Thonerde, Kalk, Talk (Bittererde, Magnesia), Kali, Natron, Eisen und Mangan. Sie kommen in dem
Kulturboden meist mit andern oder mit Säuren verbunden vor, so Thon
mit Kieselerde oder Kalk, Talk mit Kalk, Kieselerde oder Kohlensäure,
Natron stets an Kiesel-, Thon-, Kalkerde ec. gebunden.

Wir wollen diese Grundstoffe einer unserm Zweck genügenden Betrachtung unterwerfen.

1) Die Kieselerde ist unter allen der verbreitetste Grundstoff in
den meisten Erdarten, wo sie als Sand von verschiedener Feinheit und
als feines Pulver vorkommt. Alle Quarz und Feldspath haltenden Gebirgsarten liefern sie und die Sandsteingebirge bestehen zum größten Theil
aus diesem Stoff. Als Sand ist sie unlöslich und kann also nicht zur
Pflanzennahrung dienen. Dagegen wird sie in den fast in allen Bodenarten vorkommenden Verbindungen mit Thonerde (welche immer mehr
oder weniger Kieselerde enthält), Kalkerde ec. aufgeschlossen und von
den Pflanzen aufgenommen, und zwar in einigen so reichlich, daß sie sich
als rauhes Gefühl an der Oberfläche geltend macht, allerdings von den
Gemüsepflanzen weniger, weil sich wenige Gefäßpflanzen (Monokotyle-
donen), welche vorzugsweise Kieselerde aufnehmen, darunter befinden.
Für sich allein genommen, trägt die Kieselerde wenig zur Fruchtbarkeit des
Bodens bei, aber wir wissen nicht, welche Verbindungen sie im Boden
eingeht und wie sich ein Boden verhalten würde, in welchem sie ganz fehlt.

2) Die Thonerde ist in jedem guten natürlichen Boden vorhanden und bildet in den meisten Bodenarten einen Hauptbestandtheil. In
sogenanntem gebundenen Boden ist sie vorherrschend. Sie bildet sich aus
Porphyr, vulkanischen Gesteinen, Granit, Gneis, Glimmer, überhaupt

aus allen Gebirgen, welche Feldspath enthalten, endlich in reichem Maße aus Gesteinen, wo sie schon im erdigen Zustande als Bindemittel und in Schieferform vorkommt, wie im Thonporphyr, Todtliegenden, Thonschiefer, Schieferthon, Eisenthon ꝛc. Häufig, wenn nicht immer, kommt sie mit Kieselerde verbunden, ebenso häufig mit Kalk verbunden vor, indem sie selbst in manchen Kalksteinen, z. B. Jurakalk, 45 — 50 Proc. beträgt. Alle Erdarten, die man mit dem Namen Thon, Letten, Klah, Löß, Lehm, Schlick, Polder ꝛc. bezeichnet, bestehen zum größten Theil aus Thonerde, und in vielen andern, besonders im Mergel, ist sie ebenfalls mehr oder weniger vertreten.

Da man in der Pflanzenasche keine Thonerde vorgefunden hat, so wird sie auch nicht von den Pflanzen aufgenommen. Es scheint daher, daß sie nur physisch in Verbindung mit Wasser und chemisch mit Kieselerde wirkt. Gleichwol ist die Thonerde gleichsam das Magazin mineralischer Pflanzennahrung, worin sich die andern in die Pflanze übergehenden Bestandtheile befinden und zur Pflanzennahrung zubereitet werden. Wie er physisch wirkt, habe ich in frühern Paragraphen ausführlich hervorgehoben.

Reiner Thon ist unfruchtbar; aber in seinen zahlreichen natürlichen Verbindungen mit Sand, Kalk, Kieselerde und Humus, als Lehm, Mergel ꝛc., wird er zur fruchtbarsten Gartenerde. Nach Liebig's Untersuchung enthält ein Hectare (= 3,9166 preußische Morgen) thoniger Erde bis zu einer Tiefe von 25 Centimeter 10,000 Kilogramme (über 20,000 Pfund) Ammoniak, die hauptsächlichste Pflanzennahrung.

3) Der Kalk kommt nur in Verbindung mit Säuren vor, und zwar im Boden vorzugsweise mit Kohlensäure als kohlensaurer Kalk oder gemeiner Kalkstein und als schwefelsaurer Kalk oder Gyps. Unter den übrigen Verbindungen, deren der Kalk sehr viele hat, da er in allen Gebirgsformationen angetroffen wird, ist besonders diejenige mit Thonerde und Bittererde (Magnesia) im Mergel und im Dolomit und mit Phosphorsäure als phosphorsaurer Kalk für den Pflanzenwuchs wichtig.

Reiner Kalk ist ganz unfruchtbar, aber in Verbindung mit andern Mineralien erhöht er in jedem Boden die Fruchtbarkeit ungemein und wird von den Pflanzen in bedeutender Menge (von den Rinden einiger Bäume bis zu 70 Proc. des ganzen Mineralgehalts) aufgenommen. Am

meisten verbrauchen ihn die Holzpflanzen (bis 50 Proc. ihrer mineralischen
Bestandtheile), weshalb auch Obstbäume auf Kalkboden am vorzüglichsten
gedeihen und die besten Früchte liefern. Ein Uebermaß von kohlensaurem
Kalk schadet den Kulturpflanzen nie, indem sie noch bei 50 Proc. Kalkgehalt
des Bodens gut gedeihen. Aber die Pflanzen begnügen sich auch mit einer
geringen Menge von Kalk, und das gute Gedeihen vieler Pflanzen in
fast reinem Humus, worin vielleicht keine Spur davon zu finden ist, wenn
er nicht, wie es bei der Composterde oft geschieht, künstlich zugesetzt wird,
scheint anzuzeigen, daß er zur Pflanzennahrung nicht unumgänglich nöthig
ist. Zum Wachsthum der Bäume, besonders aber zu deren Fruchtbildung
scheint der Kalk fast unentbehrlich, und wenn auch im Sandboden oft die
Obstbäume kräftiger wachsen und gut tragen, so ist sicher eine hinreichende
Menge Kalk darin enthalten.

Die wichtigste Wirkung des Kalkes ist aber seine Veränderung anderer mineralischer und organischer Bodenbestandtheile, indem er eine
den Alkalien (siehe weiter unten) ähnliche Wirkung ausübt, zersetzend und
aufschließend wirkt, d. h. andere Stoffe, welche zur Pflanzennahrung
ungeeignet sind, dazu geeignet macht. Wie kräftig Kalk auf die Zersetzung des Humus wirkt und dessen noch nicht zur Nahrung fertige Stoffe
zur Aufnahme durch die Wurzeln geeignet macht, sehen wir in den Wäldern auf Kalkboden, wo sich nie Lauberde bildet, wo alles Laub schnell
zersetzt und verzehrt wird.

Schwefelsaurer Kalk oder Gyps und phosphorsaurer
Kalk erhöhen die Vegetation und erzeugen wirkliche Pflanzennahrung,
werden daher auch häufig als Dünger (Gyps- und Knochenmehldüngung)
gebraucht. Kohlensaurer Kalk, der ebenfalls zur Düngung benutzt wird,
liefert roh angewendet zwar die den Pflanzen so nothwendige Kohlensäure, wirkt aber mehr mittelbar durch Veränderung anderer Stoffe, besonders der Kieselerde. Ebenso der Kalkmergel (12—36 Proc. kohlensaurer Kalk mit Thon, Sand u. s. w. verbunden).

Der Kalk bildet im Kulturboden eine lockere, die Feuchtigkeit stark
aufsaugende und den Wurzeln leicht durchdringliche Kulturerde, die
wegen der großen Verbreitung der Kalkgebirge auf der ganzen Erde zu
den am häufigsten vorkommenden gehört. Wenn auch Kiesel- und Thonerde allgemeiner verbreitet, fast in jedem Boden zu finden ist, so bildet doch
der Kalk die größten zusammenhängenden Flächen des kultivirten Bodens,

worin er vorherrscht. Ungeachtet ein großer Theil des Kalkes sich noch in Form von Gestein darin befindet, so gehört er doch zu den fruchtbaren Bodenarten.

4) Der Talk ist vorzüglich in der Bittererde oder der Magnesia enthalten. Diese kommt in Verbindung mit verschiedenen Säuren in allen Bodenarten, wenn auch in geringer Menge und fast immer mit Kalk verbunden, vor. Da kieselsaure und kohlensaure Magnesia ganze Gebirgsmassen (Serpentin, Talkschiefer, Dolomit ꝛc.) bildet, so ist sie in manchen Bodenarten ziemlich reichlich vorhanden und kann dann, wenn nicht andere Mineralien ihre Wirkung verändern, durch Uebermaß schädlich werden. Der ganz gute Pflanzenwuchs in allen dolomitischen Gegenden, besonders auch das Gedeihen der Obstbäume, zeigt übrigens, daß das Uebermaß schon sehr stark sein muß, um schädlich zu werden. Man findet Bittererde fast in jeder Pflanzenasche, wenn auch in geringer Menge, am meisten in der von Samen, ein Beweis, daß sie zur Samenbildung nothwendig ist.

Die Bittererde verändert die physischen Eigenschaften jedes Bodens, da sie das $2\frac{1}{2}$fache ihres Gewichts an Wasser aufnimmt und festhält, daher den Boden feucht und im Uebermaß naß machen kann, gewiß aber auch in heißem Sandboden dadurch sehr nützlich wird. Die Bittererde ist locker, macht daher, so lange sie nicht zu naß ist, auch den Boden locker und verhält sich fast wie Kalkerde, mit der sie auch fast immer vermischt vorkommt.

5) Kali*) ist einer der wichtigsten Bodenbestandtheile und den Kulturpflanzen ganz unentbehrlich. Wo er schwach im Boden vertreten ist, zeigt sich dieser wenig fruchtbar, wo er ganz fehlt, unfruchtbar. Allerdings zeigen sich die Pflanzen in Bezug auf diese Nahrung sehr verschieden. Obstbäume lieben einen an Kali reichen Boden und verkümmern in Sandboden, der nur $\frac{1}{4}$ Proc. davon enthält. Noch mehr hängt das Gedeihen des Weinstocks vom Kaligehalt des Bodens ab, wie wir aus der bedeutenden Menge von Kali in der Asche von Rebenholz ꝛc. erkennen. Auch der Wallnußbaum enthält viel Kali, bedarf also auch viel. Kali kommt nur in Salzverbindungen vor.

---

*) Man nennt Kali und Natron zusammen gewöhnlich Alkalien, ersteres besonders Pflanzenalkali, das Natron mineralisches Alkali.

Zum Glück ist das Kali sehr allgemein und häufig im Boden verbreitet. Nach Liebig enthält der Boden einer Fläche von 2500 Qua-
dratmetern bei 20 Zoll Tiefe, wenn er entstanden ist:

aus Feldspath . . . 1,152,000 Pfund,
aus Klingstein . . . 200,000 — 400,000 Pfund,
aus Basalt . . . . 47,000 — 75,000 „
aus Thonschiefer . . 100,000 — 200,000 „
aus Letten . . . . 87,000 — 300,000 „

Das Kali kommt durch verschiedene Mineralien in den Boden. So
enthält Kalifeldspath 12 — 17 Proc., Glimmer 7 — 11 Proc., Talk
2 — 3 Proc., Zeolith (im Basalt, Klingstein ⁊c. vorkommendes erdiges
Gestein) 3 — 4 Proc., Basalt 2,37 Proc., Klingstein 9 Proc., Thonschiefer $2^3/_4 — 3^1/_2$ Proc., Letten $1^1/_2 — 4$ Proc.*) Auch in Kalksteinen,
sowol kohlensauren als schwefelsauren, kommt Kali an diese Säuren
gebunden vor. Mit Kieselsäure verbunden tritt es in allen Thonboden
auf. Im Wasser findet sich ebenfalls meist viel Kalisalz aufgelöst. Endlich liefern alle Pflanzen durch ihre Asche mehr oder weniger besonders
kohlensaures Kali, den Hauptbestandtheil der Lauge, woher auch die
düngende Eigenschaft der Asche stammt. Künstlich bringt man Kali durch
Aschendüngung, Stallmist, Harn ⁊c., seltener als salpetersaures Kali (Kalisalpeter) in den Boden. Durch Bodenbrennen kommt das in den Pflanzen
enthaltene Kali wieder in den Boden.

6) Natron oder mineralisches Kali ist dem Kali nahe verwandt,
wirkt ähnlich, wird aber von den Kulturpflanzen weniger aufgenommen.
Am meisten findet es sich in den Rüben und deren Blättern. Seine Wirksamkeit auf die Vegetation ist bei weitem nicht so günstig, denn die Pflanzen (selbst eigentliche Natronpflanzen oder Halophyten) nehmen selbst in
Natronboden vorzugsweise Kali auf, wodurch die Ueppigkeit des Wachsthums bedeutend zunimmt. Nach Liebig und andern Chemikern kann
Natron jedoch das fehlende Kali in den Pflanzen vertreten. Natron
wirkt hauptsächlich alkalisch, d. h. es verwandelt andere im Boden vorkommende Nahrungsstoffe, als phosphorsauren oder schwefelsauren Kalk,
in leicht lösliche Natronsalze. Die meisten Mineralien, welche kalihaltig
sind, bringen auch Natron in den Boden. Künstlich wird es als Kochsalz

---

*) Göbel, „Agrikulturchemie" (3. Auflage, bearbeitet von Dr. Wagner).

(salzfaures Natron) und Chili- oder Würfelfalpeter (falpeterfaures Natron), in geringerm Maße durch Asche in den Boden gebracht. Kochsalzdüngung, noch mehr Seesalz, hat sich besonders bei Spargel bewährt *) und wird häufig dazu verwendet. Der Chilifalpeter wirkt wahrscheinlich mehr durch seinen Stickstoffgehalt als durch das Natron.

7) Eisen ist ein Bestandtheil jeder Bodenart, denn es kommt in allen Gebirgsformationen vor. Der Eisengehalt des Bodens wechselt von 2—20 Proc. und darüber. Die Nützlichkeit und Schädlichkeit richtet sich ganz nach der Art des Vorkommens, denn während wafferfreies Eifenoxyd (mit dem Sauerstoff der Luft verbundenes Eisen) wegen seiner Unlöslichkeit ohne chemische Einwirkung bleibt und den Thonboden wie Sand lockert, so wirkt Eifenoxydhydrat (mit Waffer verbundenes lösliches Eifenoxyd), Eifenoxydul (ein blauschwarzes Eisen, welches sich meist unter Waffer bildet), Sumpfeifenerz (Rafeneifenerz) eher schädlich, und selbst das Ammoniak bindende, zur Verbefferung der Miftjauche und des Stalldüngers häufig angewendete schwefelfaure Eifenoxydul bewirkt in größerer Menge, wie es in manchen mergeligen, thonigen und torfigen Bodenarten vorkommt, völlige Unfruchtbarkeit. Uebrigens findet sich in vielen der fruchtbarsten Bodenarten Eifenoxyd in ziemlicher Menge, z. B. im Nilschlamm 13,65, in Erde von einer fruchtbaren Seineinfel 16,02, im Schlamm aus dem Zuiderfee 11,864, in Erde von Cuba (gutes Zucker-, Kaffee- und Tabaksland) 14,0.

Von den Pflanzen wird wenig Eisen aufgenommen und von den Chemikern nur als phosphorfaures Eisen nachgewiefen. So in Weinreben 1,56, Apfelbaumholz 2,41, Kohl 1,06, Seekohl 1,58, Rettig 0,13, Paftinake 2,91, in Wallnüffen dagegen 35,61 (nach Glaffon). Demnach scheint Eisen für die Pflanzennahrung entbehrlich zu sein, und wir haben es nur zu dulden, wo es sich findet, und schädlichen Einwirkungen entgegen zu arbeiten, nicht aber in den Boden zu bringen.

Das meiste Eisen enthält der Thonboden (mit dem Lehmboden), dem es die rothe oder gelbe Farbe giebt, und zu deffen Fruchtbarkeit es gewiß beiträgt (denn eisenfreier Thon ist unfruchtbarer als eisenhaltiger),

---

*) Gleichwohl enthält Spargel nach Herapath's Analyfe wild an Kali 18,8, in gutem Boden kultivirt 50,5, dagegen Natron in den wilden Pflanzen nur 16,2, in den kultivirten nur Spuren.

ferner bunter Sandstein und die meisten andern roth, braun oder
gelb gefärbten Mineralien und Erden. In Sümpfen ist es häufig und
an der gelben, in andere Farben schillernden Haut auf dem Wasser und
als Oderansatz leicht zu erkennen. Besonders kommt darin phosphorsaures Eisen vor, das am häufigsten von den Pflanzen aufgenommen wird.
Alle sehr eisenhaltigen Boden werden durch rohen und gebrannten kohlensauren Kalk am sichersten verbessert, indem durch eine dadurch bewirkte
chemische Verbindung das Eisen unlöslich, also unschädlich wird und nur
als Sand oder Staub wirkt. Sehr dunklem, d. h. braunem, schwärz-
lichem Sand oder thonig-sandigem Boden ist wegen seines Eisengehaltes
sehr zu mißtrauen, denn er ist fast immer unfruchtbar. Wir finden daher auch anscheinend guten schwärzlichen Boden von großer Unfruchtbarkeit.

8) **Mangan** ist wie das Eisen nur ein zufälliger Bestandtheil der
Gesteine und also auch des Bodens. Es kommt immer mit Eisen verbunden als unlösliches Oxyd (Verbindung mit Sauerstoff) vor und wird
von den Pflanzen kaum bemerkenswerth aufgenommen. Uebrigens kommt
es fast in jedem Boden vor. Es wirkt lockernd auf Thonboden und trägt,
wo es in größerer Menge sich findet, durch seine dunkle Färbung zur
Erwärmung des Bodens bei.

Man sieht aus dem Vorhergehenden, daß unter den Grundstoffen
Kieselerde, Thonerde und Kalk der Menge nach die wichtigsten Bestandtheile des Bodens sind und die übrigen nur untergeordnet vorkommen,
daß hingegen für die Pflanzennahrung die Alkalien von erster Bedeutung
sind.

Die drei genannten Erdarten bilden mit dem Humus (§. 29) den
Kulturboden oder die Dammerde, die übrigen Grundstoffe in sich ein-
schließend, und zwar entweder blos beigemengt, oder chemisch verbunden.
Die Eintheilung oder Klassifikation des Bodens ist auf diese drei oder eigentlich vier Hauptbestandtheile gegründet, wobei allerdings auch unterge-
ordnete Bestandtheile, wenn sie vorherrschend werden, zu berücksichtigen
sind.

B. Die organischen Bestandtheile oder der Humus.

29. — Der Humus oder Mober entsteht aus verwesten, zersetzten und zu Erde gewordenen Pflanzen- und Thierstoffen. Die erstern sind wegen der größern Verbreitung der Pflanzen natürlich vorherrschend, weshalb man wol auch Humus die nur aus verwesten Pflanzen entstandene Erdschicht (Laub-, Nadel-, Holz-, Dünger-, Haide-, Moorerde) nennt, obschon auch hier zufällig Thierstoffe untermischt sind, indem unzählige mikroskopische und größere Thierchen nach kurzem Leben ihren Körper zwischen den verfaulenden Pflanzenresten zurücklassen. Wird reiner, d. h. nicht mit mineralischer Erde vermischter Humus der feuchten atmosphärischen Luft ausgesetzt, so schreitet die Verwesung fort bis zur völligen Vernichtung, dergestalt, daß die Endprodukte Kohlensäure, Wasser, Ammoniak sind, nachdem er vorher in verschiedenen Zersetzungszuständen verschiedene Verwesungssäuren, besonders Humus- und Quellsäuren gebildet hat.. Den reinsten Pflanzenhumus finden wir in hohlen Bäumen als Baumerde und in Torflagern, wo seine Bildung unter Abschluß der atmosphärischen Luft unter dem Wasser vor sich gegangen ist. Daß auch hier thierische Stoffe untermischt sind, braucht kaum erwähnt zu werden.

Man unterscheidet, abgesehen von dem durch Mistdüngung entstandenen Humus, verschiedene Arten von Humus- und Mobererde. Göbel[*]) führt an: 1) milden Humus oder Waldhumus, welcher vorzugsweise humussauren Kalk, humussaure Magnesia und Thonerde enthält und als Wald-, Acker- und Gartenerde am verbreitetsten ist. 2) Der saure Humus, Moor- oder Bruchboden bildet sich in Sümpfen oder auf Boden, welcher längere Zeit unter Wasser gestanden hat, oder so feucht ist, daß Luft und Wärme nicht darauf einwirken können. Er enthält (nach Göbel) vorzüglich Humin und Ulmin, wenig Verwesungssäuren außer freier Humussäure und reagirt sauer.[**]) Seine Verwesung ist wegen ausgeschlossener Lufteinwirkung gehemmt und unterdrückt. 3) Der kohlige Humus oder Torfboden entstand auf gleiche Weise ganz unter Wasser mit fast gänzlichem Luftausschluß. Er enthält Humin, Ulmin, wenig humussaure Salze, und es fehlen ihm gänzlich die Alkalien und alkalischen Erden.

---

[*]) „Agriculturchemie".

[**]) Wie Säure bei der Probe auf Lackmuspapier.

4) Der basische Humus (nach Göbel) entsteht auf Kalk- und Sandboden und bindet das Wasser so wenig, daß dieses bei Wärme ganz verdunstet. Er enthält basische, humussaure unlösliche Salze, besonders Kalksalze.

5) Der Haideboden oder abstringirende Humus bildet sich vorzüglich aus Gerbsäure, wachs- und harzhaltigen Pflanzen.

Mit Ausnahme des Waldhumus, welcher einen der allgemeinsten Bestandtheile des Kulturbodens bildet, und des Haidehumus, der in gewissen Erdmischungen sehr nützlich werden kann, sind von Natur alle Arten von Humus, welche sich ohne Einwirkung des Sauerstoffs der Luft unter Wasser oder anderer Bedeckung gebildet haben, unfruchtbar und für die Pflanzenkultur ungeeignet. Durch die Berührung mit der Luft und Vermischung mit mineralischen Stoffen, besonders mit an Alkalien reichen Boden, und Brennen werden sie jedoch sämmtlich für die Gartenkultur geeignet gemacht, wie unzählige Beispiele in allen Gegenden beweisen.

Der Humus ist, wie schon erwähnt, in fortwährender Zersetzung begriffen und würde, der Luft und Feuchtigkeit ausgesetzt, nach und nach ganz aus dem Boden verschwinden, wenn nicht durch die Pflanzen selbst und künstlich durch Düngung fortwährend neuer Vorrath davon zugeführt würde. Auffallend ist sein schnelles Verzehren und Verschwinden auf Kalkboden. In Wäldern auf Kalkboden findet man kaum die schwächste Schicht von Humus (Laubholz- oder Haideerde), während er sich auf andern Bodenarten zu starken, manchmal fußhohen Schichten ansammelt. Daß der Kalk schon durch oberflächliche Berührung die verwesenden Blätter, Aeste u. s. w. zersetzt, ist sicher. Ob aber der Boden diese sich bildenden fruchtbaren Stoffe aufnimmt, was für gewiß nur durch Regen und Schnee, also Auslaugen anzunehmen ist, oder ob die Verwesungsstoffe in Luftform entweichen, das scheint noch großem Zweifel unterworfen zu sein.

Alle Pflanzenstoffe (Moor und Torf ausgenommen) sind im halbzersetzten Zustande wirksamer als schon zur Erde geworden, wo sie sich in eine staubige, fast nahrungslose Masse verwandeln. Die Zersetzung muß unter Einfluß der Luft vor sich gehen, sonst wird die Erde davon unfruchtbar. Deshalb müssen die Haufen davon öfter umgearbeitet werden.

Der Humus hat, wie wir bei Betrachtung der physischen Eigenschaften gesehen haben, eine große Neigung zum Wasser, nimmt viel (181 Proc. seines eignen Gewichtes) auf, hält es zum Theil lange fest,

nimmt viel Sauerstoff aus der Luft auf, ist außerordentlich Wärme an-
ziehend und haltig -und liefert den Pflanzen die meisten Nahrungsstoffe
in aufnahmsfertiger Form, besonders in seiner Zersetzung eine Menge von
Kohlensäure, die er durch die Verbindung seines Kohlenstoffes mit dem
Sauerstoff der Luft bildet. Dabei entwickelt sich fortwährend Wärme,
die in der ersten Zeit der Verwesung bei Anhäufung bekanntlich sehr stark
werden kann. Humus macht daher den Boden immer warm, abgesehen
von seiner Fähigkeit, die atmosphärische Wärme aufzunehmen. Außerdem
bildet er in seiner Zersetzung Stickstoff und (nach Mulber) Ammoniak,
die wirksamste „treibende" Pflanzennahrung, zieht, weil er Gase aus der
atmosphärischen Luft leichter als jede andere Erdart aufsaugt, dabei auch
das in der Luft reichlich enthaltene Ammoniak an und führt es mit seinen eignen zersetzten Stoffen den Pflanzen zu. *)

Aber alle diese guten Eigenschaften werden aufgehoben oder schädlich, wenn der Humus unter dem Einfluß von Wasser von der Luft ab-
geschlossen wird, und es geht daraus hervor, daß häufige Bodenlockerung
und Wasserabzug die ersten Bedingungen sind. Die schädlichen Eigenschaften
eines sauren Humus werden am besten durch Beimischung von Alkalien,
die in vielen Gesteinen, besonders auch im Kalk vorhanden sind, ferner
durch Aschendüngung und Bodenbrennen beseitigt.

Ich will hier noch einmal hervorheben, daß aller Humus in noch
nicht völlig zersetztem Zustande am günstigsten wirkt, daß er ganz
zersetzt seine guten Eigenschaften, namentlich die Lockerheit und was damit zusammenhängt, seine Nährkraft größtentheils verliert, was jeder
Gärtner aus Erfahrung weiß. Hieraus erklärt sich auch zum Theil
die gute Wirkung des gewöhnlichen Mistes, der, abgesehen von den
schon beim Einbringen in die Erde daran haftenden, in Wasser gelösten
Nahrungsstoffen, welche sogleich in die Erde übergehen, als Humus wirkt
und zu betrachten ist.

---

*) Daß ich durch diese und die folgenden Angaben über die Wirkung des Humus den
Annahmen der zur Zeit berühmtesten Agrikulturchemiker widerspreche, weiß ich wohl.
Wer fast 30 Jahre lang Pflanzen kultivirt, muß alle Zweifel über den hohen Werth
des Humus fallen lassen. Mag nun Humus selbst reichlich Pflanzennahrung liefern,
wie ich mit vielen Andern annehme, oder blos als Träger der atmosphärischen Pflanzennahrung, gleichsam als Schwamm wirken, wie Gelehrte behaupten, er ist und bleibt
der wichtigste Bodenstoff für junge und krautartige Pflanzen.

Nehmen wir Alles, was bisher über den Humus oder Moder gesagt wurde, zusammen, so geht daraus hervor, daß dieser organische Bestandtheil des Bodens, was den Gartenbau Betrifft, ebenso wichtig ist, wie die mineralischen. Denn wenn er auch bei dem Anbau von Obst weniger zu bedeuten hat, so ist doch der Anbau krautartiger Pflanzen, namentlich der Gemüse, nur in einem humusreichen Boden mit Erfolg zu betreiben, ja es giebt Pflanzen, die in reiner Pflanzen- und Düngererde, ohne jede mineralische Beimischung (außer etwa zufällig und durch die verwesenden Pflanzen selbst hineingekommenen Bestandtheilen), ganz ausgezeichnet gedeihen und nicht nur wachsen, sondern auch Früchte bringen und zeitigen.

In Bezug auf den Gartenbau dürfen wir uns daher durch die der Mineraltheorie huldigenden Agrikulturchemiker an unserer Erfahrung nicht irre machen lassen. Wirklicher guter Gartenboden ist immer an Humus reich. Es darf jedoch bei der Wahl des Bodens der Humusgehalt nicht bestimmen, indem ohne gute mineralische Grundlage aller Humus und Dünger nicht guten Gartenboden, in welchem die verschiedensten Pflanzen gezogen werden, schafft, und weil Humus jederzeit in den Boden gebracht werden kann, während man die mineralische Grundlage in der Regel unverändert lassen muß. Daß ein Uebermaß von Humus für den Gemüsebau im weitern Sinne aber auch nachtheilig wirken kann, ist durch viele Beispiele bewiesen und schon durch den Gebrauch des Rigolens, durch welches der untere, gewöhnlich nicht bearbeitete, also auch von Humus und Düngung wenig berührte Boden in die Höhe gebracht wird, thatsächlich ausgesprochen. Daß Obstbau in sehr humusreicher Erde nicht glückt und lohnt, ist allbekannt.

Sechster Abschnitt.
Der Verwitterungsboden der verbreitetsten Gebirgsarten.

Der Boden ist entweder angestammt, wenn er noch auf oder an der Gebirgsart liegt, von welcher er sich durch Verwitterung gebildet hat, in welchem Fall er nothwendig dieselben Grundbestandtheile besitzt, oder er ist angeschwemmt und dann in der Regel aus den Verwitterungstheilen der verschiedensten, oft entfernt von einander liegender Felsarten gemischt. Die Wirkung des Wassers darf jedoch bei dieser Bezeichnung nicht so genau genommen werden, denn auch ein angestammter Boden ist oft vom Wasser auf seinen jetzigen Lagerplatz gebracht worden, da keine andere bewegende Kraft, mit Ausnahme der eignen Schwere, bei den Erden wirksam wird. Es ist deshalb zur Bodenkenntniß nothwendig, die Erden kennen zu lernen, welche sich aus den verschiedenen, am mächtigsten auftretenden Felsarten bilden, da sie oft in großer Ausdehnung auftreten und zur Bestimmung und Erkennung des Bodens dienen.

31. — 1) Die **Feldspathgesteine** geben je nach ihrer Verbindung verschiedene Erden. Der Feldspath selbst verwittert und zerfällt in allen Felsarten, worin er vorkommt, zuerst, meist durch den Einfluß der Koh= lensäure und des Wassers, wodurch kohlensaure Alkalien, Kieselsäurehydrat (Kieselsäure mit Wasser verbunden) und Thon gebildet werden. Außer kieselsaurer Thonerde mit kieselsaurem Kalk und Natron enthält die Erde davon oft auch andere Salze, Kalk, Eisen und Mangan.

Die verbreitetsten Feldspathgesteine sind folgende.

Der **Granit**, welcher hauptsächlich aus Quarz, Feldspath und Glimmer besteht, liefert in der Umgebung seiner Felsen meist einen spär= lichen flachen Boden von thonig=grobsandiger Beschaffenheit, in welchem, wo er stark genug liegt, Obstbäume, Wein, besonders auch eßbare Ka= stanien und Wallnußbäume vortrefflich gedeihen. Der Feldspath wird zu thonigem Boden, der Quarz zu Sand, der sich sehr langsam zersetzende, meist nur zu Staub zerkleinerte, dabei im Boden immer durch seinen Glanz sichtbar bleibende Glimmer giebt zuletzt kieselsaure Thonerde mit mehr oder weniger Magnesia, Kalk, Kali, Eisen und Manganoxydul. Als Gartenboden gehört der Granitboden zu den schlechtern, bietet aber die Grundbestandtheile zu gutem Boden, wenn Humus genug dazu kommt. Seine Güte hängt von der darin enthaltenen Menge des Feldspaths ab, denn sehr quarzreicher Granit giebt schlechtern Boden. Da die Granit= gebirge (wenigstens in Deutschland) meist mit Glimmerschiefer oder Gneis überdeckt sind, so ist reiner Granitboden nicht häufig und kommt am meisten noch in tiefen Thälern der Urgebirge vor. In Burgund bildet er ausgezeichneten Weinbaugrund, der aber viel Dünger braucht, in Böh= men, Mähren, an der Donau, in der Oberlausitz ꝛc. guten Obstboden.

Der **Syenit** besteht aus Feldspath (vorherrschend) und Hornblende.

Ersterer verwittert schneller als Granit und liefert einen eisenschüssigen, thonigen, röthlichen oder gelben Boden, der wegen des mangelnden Quarzsandes gebundener ist als Granitboden. Aus der darin enthaltenen Hornblende entsteht Thonerde, kohlensaurer Kalk, Magnesia, Mangan, Eisen u. s. w. Die darin enthaltenen Alkalien verbessern sauren Humus (Moorerde). Der Syenitboden ist, weil dies Gebirge nicht allgemein vorkommt, selten, tritt aber hier und da, z. B. in Sachsen, mächtig genug auf. Metzger hält den Syenitboden für einen ausgezeichneten Wein-boden, besonders für Riesling und Orleans, welche die besten Rheinweine geben. Auch Clävner (Burgunder) und Ortlieber Wein liefern auf die-sem Boden gutes Gewächs.

Der Gneis, welcher im Allgemeinen die Bestandtheile des Granits, aber in schieferigem Gefüge enthält und in manchen Gegenden in Sachsen, Böhmen, Schlesien, Baden u. s. w. weit ausgedehnte Gebirge bildet, lie-fert Granitboden von mehr lehmiger Beschaffenheit und ist fruchtbarer, obschon meist ebenfalls flachgründig.

Der Klingstein (Hornschiefer, Phonolith), ein feldspathrei-ches, hartes, vulkanisches Gestein, giebt wenig, aber durch reichen Alka-lienhalt fruchtbare Erde von thoniger, aber lockerer Beschaffenheit und heller Farbe, worin der Weinstock und Obst vorzüglich gedeihen. Er ist in Deutschland nicht häufig und kommt in Böhmen, Baiern (Rhönge-birge), Hessen, Baden rc. vor. Im Rhöngebirge zeigt er sich wegen hoher Lage nicht fruchtbar. Beim Gemüsebau kommt er kaum in Betracht.

Trachyt oder Granitporphyr, ebenfalls ein vulkanisches Ge-stein, ist sehr verschieden, enthält jedoch vorzüglich Feldspath, nebenbei Glimmer, Hornblende, Quarz, Eisen rc. Er verwittert leicht zu frucht-barer, thoniger Erde, in der Reben (Siebengebirge am Rhein) und Obst-bäume vortrefflich gedeihen. Zwar sind mehrere Trachytgegenden in Deutschland (Rhön, Eifel) als unfruchtbar bekannt, doch liegt dies mehr in der Lage und mangelnder Kultur. Er ist meist flachgründig und eignet sich wegen seiner Lage nicht zum Gemüsebau.

Der Perlstein oder Perlsteinporphyr kommt in Deutschland nicht vor, und ich erwähne ihn nur, weil auf ihm der berühmte Wein bei Tokay wächst. Sein Boden ist wenig fruchtbar, doch, wie man an Tokay sieht, dem Wein günstig.

Der Bimsstein, welcher nur an den erloschenen Bulkanen am Rhein (in der Eifel) in Deutschland vorkommt, bildet kieselhaltigen magern Boden.

Der hier und da in Deutschland so mächtig auftretende Quarz- und Feldsteinporphyr ist ein Gemenge von Feldspath mit mehr oder weniger Quarz, Hornblende, wol auch Glimmer rc. Dieser Porphyr giebt ausgezeichneten thonigen, aber doch nicht bündigen Boden von röthlicher oder gelber Farbe. Das südliche Tirol von Meran bis Trient und weit in die Seitenthäler der Etsch hinein, eine der fruchtbarsten Gegenden, bekannt durch ausgezeichneten Obst- und Weinbau, liegt ganz in dieser Formation und hat fast nur den Berwitterungsboden des Porphyrs. Er leidet nur etwas leicht durch Trockenheit.

32. — 2) Quarzgesteine. Diese bilden neben grobkörnigem Sand oder Kies eine geringe Menge fruchtbarer Erde, welche aus den in verschiedener Menge beigemischten Gesteinen, als Feldspath, Glimmer, Thon, Hornblende u. s. w. entsteht. Hierher gehören außer reinem Quarzfels meist Kieselschiefer, Wetzschiefer, Hornsteinporphyr und Hornfels. Der Hornfels bildet, wegen der das Gefüge trennenden Thonerde, in manchen Gegenden eine fruchtbare rothe Thonerde von hinlänglicher Mächtigkeit. Wo Quarz vorherrscht, ist der Boden stark, grobsandig, heiß und wenig fruchtbar.

Obschon nach wissenschaftlicher Anordnung andern Gesteinsarten angereiht, müssen wir doch den Sandstein als Bodenquelle zu den Quarzgesteinen ziehen, denn diese sind nichts Anderes als durch verschiedene Bindemittel zu Stein verbundener Sand. Auch das Rothliegende, wovon weiter unten noch die Rede sein wird, gehört zum Theil hierher, indem die Hauptmasse aus groben quarzhaltigen Gesteinen in Form von Kieseln und Sand besteht, das Bindemittel von Eisenthon aber den geringern Theil ausmacht.

Die meisten vorkommenden Arten von Sandstein sind nach dem Bindemittel betrachtet: Kieselsandstein, Eisensandstein, Kalk-, Mergelsandstein, Thonsandstein; geologisch betrachtet: rother, bunter, Kohlen-, Keuper-, Lias-, Quader-, Molasse-Sandstein. Alle Sandsteinfelsen liefern Sandboden mit einem sehr geringen Theil des Bindemittels, weil dieses gewöhnlich abgeschwemmt und weiter geführt wird. Rother und bunter Sandstein enthalten Eisen mit einem thonigen Bindemittel und sind zwar von Natur unfruchtbar, können aber durch Düngung und Humus leicht in guten Boden verwandelt werden, so daß die hellrothe Farbe des

4 *

sehr feinen Sandes darin sehr bald verschwindet. Da die obern Schichten des Sandsteingebirges oft Schieferthon und Mergelthon enthalten, so befördern diese verwitternd die Güte des Bodens. Kohlensandstein kommt nicht in Betracht, weil er selten zu Tage ausgeht (an die Oberfläche kommt) und meist von Rothliegendem u. s. w. überdeckt ist. Der Keupersandstein ist grobkörnig, gelblich weiß und enthält oft welche Stellen (Nester) von kalkig = mergeliger Beschaffenheit, die schneller verwittern. Im Allgemeinen unfruchtbar, kann der Boden, da der Keupersandstein oft mit Mergel und Thon abwechselt, in manchen Gegenden doch ziemlich fruchtbar werden. Der Liassandstein ist sehr verschieden, aber meist mit Kalktheilen verbunden und oft Gryphiten (Kalkmuscheln) enthaltend. Kommt Thon hinzu, wie es oft der Fall ist, so kann dieser Sandstein ziemlich guten Boden liefern, in welchem auch die Obstbäume besser als in reinem Sandboden gedeihen. Ohne Thon ist er sehr trocken und unfruchtbar. Der Quadersandstein oder Grünsand, welcher in der sächsischen Schweiz, am südlichen Fuße der Sudeten (bei Adersbach, Weckelsdorf, Heuscheuer 2c.) so überraschende Gebilde zeigt, hat Mergelkalk, seltener Eisenthon als Bindemittel und verhält sich als Boden fast wie bunter Sandstein, da er ebenfalls sehr feinkörnig ist. Er verwittert nicht so leicht, doch liefern die in den Zwischenräumen und Spalten der Felsen liegenden weichern Massen von Mergel, Thon 2c. viel guten Boden. Der Molassesandstein endlich kann, wegen seiner lockern Beschaffenheit, fast wie loser Sand bearbeitet werden und enthält Thon, Mergel und Kalk (als Muscheln) u. s. w. Eisenschüssiger Sandstein, den man an seiner braungelben oder braunen Farbe erkennt, liefert den trockensten, unfruchtbarsten Boden.

Da Sandboden im Allgemeinen unfruchtbar ist, so ist er es noch mehr, wo er sich noch unmittelbar an der Lagerstätte befindet. Dem Baumwuchs ist er nur günstig, wenn er Kalktheile enthält. Obschon dem Weinbau ebenfalls nicht günstig und in trocknen Lagen wenig ergiebig, weil bei anhaltender Hitze die Stöcke darin zum Welken und die Beeren nicht wirklich zur Ausbildung kommen, giebt es doch überall Sandsteingegenden, wo der Weinbau mit Glück betrieben wird, wie das ganze Haardtgebirge in der Rheinpfalz und noch manche andere Weingegend beweist. An der Haardt sind allerdings die ergiebigsten, besten Weingelände auf einem Boden, wo der bunte Sandstein vielfach mit Mergel, Lehm und der sogenannten Löß (mürber Lehm aus Thon, Kalk, Glimmer und

Sand) gemischt und überlagert wird, während die höhern rein sandigen Weinberge schlechter sind. Oestreicher oder Sylvaner, Ortlieber, Traminer und früher Burgunder, Wälschriesling, Ruländer, Gutedel gedeihen sehr gut auf Sandboden, rheinischer Riesling, Orleans und andere Sorten gar nicht. Starke Düngung ist jedoch hierbei sehr nothwendig, und es versteht sich, daß der Sand hinreichend Gemengtheile von thoniger und kalkiger Beschaffenheit haben muß.

33. — 3) Glimmergesteine. Sie kommen als Glimmerschiefer vor und bilden meist die Decke der sogenannten Urgebirge, von denen sie häufig durchbrochen sind. Der Glimmer verwittert, wie schon beiläufig erwähnt wurde, sehr langsam und bildet aus diesem Grunde meist flachgründigen, armen Boden von thoniger Beschaffenheit, ziemlich reich mit grobem Sande vermischt. Die Glimmergesteine sind so verschiedenartig gemischt, z. B. mit Thon (selbst in Thonschiefer übergehend), Chloritschiefer, Talkschiefer, daß sich etwas Bestimmtes über die Erde kaum sagen läßt. Sie enthält jedoch meist viel Kieselerde (bis 48 Proc.), Thonerde (bis 37½ Proc.), Magnesia (Talk), etwas Eisen, Kali u. s. w. Wenn die Glimmertheilchen nicht getrennt werden, so verwittern sie zuletzt in eine Art bläulichen Lettens.

34. — 4) Die Hornblendegesteine, in denen Hornblende vorherrschend ist, wozu auch der Grünstein oder Diorit gehört, sind selten von so großer Mächtigkeit, daß sie großen Einfluß auf den Boden haben könnten. Der davon entstehende, in mehreren Gebirgen auch angebaute Boden ist arm und enthält etwas Thon (vom Feldspath), Eisen, Glimmertheilchen, Kiesel- und Kalkerde, Magnesia rc. Er ist arm, da ihm Kali und Phosphorsäure fehlen, und bleibt lange unfruchtbar. Seine Farbe ist meist schmutzig grünlich.

35. — 5) Die Serpentingesteine sind ebenfalls nicht häufig, liefern aber doch hier und da, z. B. in Sachsen, angebauten Boden, welcher Kieselerde, Kalk, Magnesia rc. enthält, von lehmiger Beschaffenheit und im Allgemeinen nicht fruchtbar ist. Dazu geht die Verwitterung sehr langsam vor sich, obschon das Gestein zu den weichsten gehört.

36. — 6) Die Augitgesteine kommen zwar nie in großen Massen vor, weil sie vulkanischer Natur sind und nur andere Gebirge durchbrochen haben, aber doch häufig genug, um in einzelnen Gegenden anbaufähigen Boden zu liefern. Die Hauptgesteine sind Basalt, Dolerit und Augit- oder Trappporphyr. Ersterer bildet in vielen Gegenden Deutschlands Kegelberge und in deren Umgebung den lockern Basalt=tuff, welcher sich meistens zwischen den sehr harten Basaltsteinen und um ihren Durchbruchsgang befindet. Aus ihm entsteht eine als sehr fruchtbar bekannte, besonders dem Baumwuchs günstige, lehmige, braune Erde, für Wein und Obst gleich gut, für Gemüse ebenfalls günstig. Der Dolerit bildet hier und da Berge, am Kaiserstuhl in Baden, wo er zu einer dem Weinbau sehr günstigen, fruchtbaren, lockern, thonigen Erde verwittert. Der Augitporphyr (schwarzer oder Trappporphyr) tritt außer im Fassa- und Fleimserthale des südlichen Tirols selten mächtig auf, liefert aber einen sehr fruchtbaren Boden, worin Wein und Obst gut gedeihen.

37. — 7) Die Thongesteine liefern den größten Theil unseres Bodens, und fast alle bündigen, sogenannten schweren Boden bestehen zum größten Theil daraus. Die hauptsächlichsten zu Thonerde verwit-ternden Gesteine sind, außer Feldspath, welcher bekanntlich auch viel Thon-erde liefert, und andern schon genannten Mineralien, folgende:

Der gemeine Thonstein, als dichter Thonstein und Eisenthon u. s. w. vorkommend, giebt wenig fruchtbaren Boden und verwittert, wenn auch schon zu Erde zerfallen, sehr langsam. Dichter Thonstein bil-det im Flötzgebirge größere Massen, Eisenthon tritt meist als Bindemittel von Conglomeraten auf, z. B. im Thonporphyr, im Rothliegenden, wo er oft für sich mächtige Schieferlagen bildet, im Eisenthonsandstein u.s.w. Diese Art Thonsteine geben zwar nach langer Zeit fruchtbaren Boden, der aber nie für Obstbäume und Wein von guter Beschaffenheit ist, obschon sie darauf vorkommen und gedeihen.

Der Thonschiefer kommt sehr verschieden vor, besonders als Ur-thonschiefer, wo er oft Glimmer, Feldspath, Hornblende u. s. w. enthält und in Glimmerschiefer übergeht, als Uebergangsthonschiefer, mit dem Dachschiefer, Wetzschiefer, Alaunschiefer u. s. w.

Da die Schiefergebirge so häufig sind, so ist auch ihr Boden sehr verbreitet. Für Wein- und Obstbau ist er sehr geschätzt und wegen der meist dunkeln Farbe warm. Für Gemüse ist er etwas mager. Er enthält oft viele Kieselerde, sowie Talk und Eisen. Am Rhein ist der Thon-schiefer vorherrschend und alle Weinberge zwischen der Mündung der Nahe bei Bingen und der Mündung der Mosel bei Coblenz liegen auf diesem mineralischen Gebiete; ebenso verschiedene gute Weinberge im Rheingau und weiter am rechten Ufer hinab. Er ist wegen seiner dunklen Farbe so geschätzt, daß man selbst Schiefer von entfernten Orten holt, um damit den Boden der Weinberge zu bedecken, und manche der besten Weinberge haben nur zerbröckelten Schiefer mit starker Untermischung von Humuserde. Die edelsten Weinsorten, Riesling, Orleans, rother Traminer, Weißelben u. s. w., gedeihen gleich gut darauf. Der Thonschiefer des Moselthals ist meist mit Talkschiefer verbunden, und es kommt vielleicht der eigenthümliche Erdgeschmack von der vielfach darin enthaltenen Bittererde (Magnesia). Günstiger wirkt der graue Grauwackenschiefer des Ahrthals auf den Wein, wie die lieblichen, kräftigen Ahrweine beweisen.

Der aus den Thongesteinen entstandene Boden ist von sehr verschiedener Güte. Der angestammte ist meist wenig fruchtbar, aber durchlassend, obschon lange feucht bleibend, und zu Obst und Wein brauchbar; der angeschwemmte ist fast immer fruchtbar, aber kalt und zur Versumpfung geneigt.

Die Thongesteine brauchen lange Zeit zur Verwitterung, werden aber nach und nach immer fruchtbarer, wie alle ältern Anschwemmungen, welche die großen Lehm und Thonlager enthalten, beweisen. Die Thonerden werden aber mit dem Alter auch immer bündiger und müssen dann durch Vermischung mit Sand ꝛc. locker erhalten werden. Wo die Thonerde, wie es bei dem Rothliegenden und Thonporphyr der Fall ist, viel sandige, kieselige Theile enthält, da sind die Berge meist unfruchtbar und trocken, die Thäler fruchtbar, weil die meiste feine Erde hinabgeschwemmt wird, während der grobe Sand oder Kies mit wenig Bindemitteln von Thon zurückbleibt.

38. — 8) **Kalkgesteine.** Diese sind bekanntlich sehr verschiedener Art und kommen in allen Formationen vor. Wir unterscheiden reinen oder kohlensauren Kalk, Gyps oder schwefelsauren Kalk und kalkige Gesteine.

Zu dem eigentlichen Kalk gehört körniger Kalkstein oder **Urkalk** (weißer Marmor), **dichter Kalkstein** mit seinen Uebergängen in Stinkstein, Zechstein, Kalkschiefer, Liaskalk, Rauch oder Grobkalk, Plänerkalk (Kreide) u. s. w., der **Jurakalk, Muschelkalk** mit seinen Abarten, je nach der Art der darin enthaltenen Muscheln (Oolithen), endlich **erbiger**

Kalk, wozu Kreide, Groblalk, thoniger Kalkstein, Mergelsandstein, Kalk-
tuff u. s. w. gehören.

Da alle kohlensäurehaltigen Kalksteine ziemlich denselben Boden liefern, so will ich nur diejenigen Arten einzeln verfolgen, bei welchen Abweichungen vorkommen.

In Bezug auf die Verwitterung halten sie sich nicht gleich. Urkalk,
der übrigens zu den Seltenheiten gehört (ich kenne in Deutschland nur
einige Stellen in Tirol, wo solcher Boden vorkommt), verhält sich,
abgesehen von den chemischen Bestandtheilen, wie Granit und ähnliche
krystallinische Felsarten. Dichter Kalkstein verwittert auch schwer, hat
aber, da er oft in Platten lagert, viele mit erdigen Theilen angefüllte Zwischenräume, welche guten Boden liefern und das Eindringen
der Baumwurzeln gestatten. Noch mehr ist dies bei den erdigen Kalksteinen der Fall. Der leicht zerbröckelnde Muschelkalk läßt zwar die Nässe
leicht durch und die Baumwurzeln leicht einbringen, liefert aber sonst keinen
guten, meist steinigen Gartenboden, der immer schlecht zu bearbeiten ist.
Zu Obstbaumpflanzungen ist er dagegen sehr geeignet. Verbinden sich
seine Abschwemmungen im Thale mit buntem Sandstein, auf welchem
diese Gebirgsart meist lagert, und Schlammtheilen, so entsteht ein sehr
guter Boden, wie viele der gesegnetsten Thäler beweisen. Aber an Bergen
ist er immer wenig geeignet zum Gartenbau. Häufig findet man auf demselben in guten Lagen, wo die Abhänge nicht zu steil sind, Weinberge, und
mehrere sehr gute Weine wachsen auf solchem Boden, z. B. die besten
Weine Frankens (Stein-, Leisten-, Randersacker-Wein u. a. m.). Dennoch zählt man diese Gebirge im Allgemeinen nicht zu den bessern für
Weinbau. Mehrere der besten Obstgegenden liegen in der Muschelkalk-
formation, z. B. die Gegend bei Würzburg, das Saalthal von oberhalb
Jena bis unter Naumburg. — Der Jurakalk ist in Bezug auf Verwitterung verschieden. Der dichtere widersteht den atmosphärischen Einwirkungen sehr lange und giebt wenig Erde, weshalb sich auch nur die Ver-
tiefungen und zerklüfteten, mit Erde gefüllten Felsen zum Obstbau eignen.
In Bezug auf Obst- und Weinbau verhält er sich wie der Muschelkalk, ist
aber fast noch schwieriger und trockner als dieser. Dagegen giebt es in
allen Jurakalkgegenden, die bekanntlich in Deutschland häufig sind, weiche,
thonigere Einlagerungen und Massen, die dann einen vortrefflichen Mergelboden bilden. Uebrigens tritt im Jurakalk häufig Dolomit auf, welchen

wir weiter unten näher kennen lernen werden, und in tiefen Thaleinschnit= ten kommt der dieser Gruppe zugehörige Sandstein und brauner Thon zu Tage und liefert guten Boden. Der Kalk der Zechsteinformation, dessen oberste Schicht aus Stinkstein (bituminösem Kalk) von schieferigem Gefüge besteht, giebt in der Verwitterung einen thonigen Kalkboden, der sich zwar bei Wasserreichthum zum Gemüsebau gut eignet, im Allgemeinen aber wenig fruchtbar, arm und hungrig ist, wenigstens im südwestlichen Thü= ringen, wo diese Formation ganz besonders vollkommen auftritt. Die schwarze Farbe des Bodens und noch mehr der noch unverwitterten Stücke macht den Boden warm, und es dürfte in geeigneten Lagen Wein und Obst darauf gut gerathen. — Auch der Liaskalk ist bituminös. — Grob= oder Rauhkalk, wie er mit dem Dolomit und Juralalk überall auftritt, widersteht der Verwitterung lange und giebt armen Boden. — Die Kalke der sogenannten Tertiärformation oder Molassegruppe sind meist weich, in zerbrödelten Stücken oder lockeres Conglomerat, oft mit Thon und Mergel durchsetzt. Sie bilden einen fruchtbaren Boden, und die besten Weinlagen des Rheingaues von Rüdesheim bis Hochheim und von Bingen bis Worms befinden sich größtentheils auf solchem Boden. Daß diese Gegenden auch das ausgezeichnetste Obst liefern, ist bekannt. — Der Plänerkalk giebt mergeligen, sandigen Boden, der, wie die Gegend um Dresden beweist, fruchtbar ist. — Eigentliche Kreide, die bei uns außer der Insel Rügen nicht so zu Tage liegt, daß sie auf Pflanzenkultur Einfluß haben könnte, ist für Gartenbau in jeder Beziehung ungünstig, selbst für Wein nur unter besonders guten Umständen und bei reichlicher Düngung. Daß sie auf Kohlensäuregehalt Einfluß haben soll, weil der echte Champagner auf sol= chem Boden wächst, scheint unwahrscheinlich.

Aller Kalkboden verlangt viel und häufigere Düngung als andere Bodenarten, indem sich darin alle organischen Stoffe schnell zersetzen. Er giebt aber bei solcher Zufuhr von Nahrungsstoffen auch ausgezeichnete Ernten und wohlschmeckende Produkte.

Gyps oder schwefelsaurer Kalk kommt bekanntlich überall in andern Felsarten in Stücken vor, bildet jedoch auch ganze Lager und dem= nach Boden. Dieser ist rein unfruchtbar, aber er kommt größtentheils stark mit Thonerde und Mergel vermischt vor und in diesem Falle zeigt er sich ziemlich fruchtbar, besonders auch für Obstbäume gedeihlich. Auch für Wein ist er vortheilhaft, wie die Hügel von Rust am Neusiedler=See in Ungarn und andern Weingegenden beweisen, oft sogar salzhaltig. Das aus Gypsbergen entspringende Wasser ist zum Begießen schädlich. Von der Gypsdüngung hat man in der Gärtnerei, so viel ich weiß, keinen Gebrauch gemacht.

Unter den kalkigen Gesteinen verstehe ich den Kalkmergel und Dolomit oder talkhaltigen Kalk. Der Mergel, welcher überall sehr verbreitet ist und besonders im niedrigen Hügellande auftritt, besteht aus kohlensaurem Kalk, Thon und Sand, nebenbei auch aus Magnesia, Kali u. s. w. Je nachdem Kalk- oder Thonerde vorherrscht, nennt man ihn Kalkmergel oder Thonmergel. Sandmergel nennt man zuweilen einen sehr sandigen Mergel. Außerdem unterscheidet man noch dolomitischen Mergel, welcher viel Bittererde enthält, Lehmmergel und je nach der Mischung verschiedene Unterabtheilungen. Der Kalkgehalt des Mergels wechselt zwischen 90 und 10 Proc., der Thongehalt ebenso, der Sandgehalt bis 75 Proc. In der Regel aber ist das Verhältniß 20—50 Proc. Kalk, 25—35 Proc. Thon.

Bekanntlich ist der Mergel eines der wichtigsten Bodenverbesserungsmittel und wird vor allen andern Erden zur Düngung angewendet, im Gartenbau jedoch noch nicht so, wie es der Fall sein sollte. Seine Bedeutung als Dünger hängt von dem Gehalt an Salzen (Kali, phosphorsaurem und schwefelsaurem Salz und Ammoniak) ab, außerdem wirkt er vorzüglich physisch verbessernd, indem man lockern Kalk und Sandmergel auf Thonboden, wasserhaltenden Thonmergel auf Sandboden und trocknen Kalkboden bringt. Es braucht kaum erwähnt zu werden, daß durch solche Vermischungen auch chemische Verbindungen herbeigeführt werden, die vortheilhaft auf den Pflanzenwuchs wirken.

Der Dolomit verhält sich in Bezug auf die Verwitterung ganz wie die lockern Kalkgesteine, verwittert leicht und bildet eine durch die reichlich darin enthaltene Bittererde (Magnesia) bewirkte sehr bündige, nasse Bodenart, deren Eigenschaften jedoch sehr verschieden sind. Daß die Bittererde im Gartenbau nicht nachtheilig ist, wurde schon §. 28 erwähnt.

Kalkboden liefert endlich das am nördlichen Fuße der Alpen so ausgedehnte Nagelfluhgebirge, wovon weiter unten die Rede sein wird.

Der Verwitterungsboden von Kalksteinen ist, so lange er noch angestammt ist, stets nur halb verwittert und verdankt dann seine Fruchtbarkeit fast nur dem damit vermengten Humus und Thon, auf welchen er allerdings sehr günstig einwirkt. Er ist dann stets trocken, hitzig, was bei der Seltenheit der Quellen im Kalk, da diese meist in tiefern Schichten hervorkommen, noch fühlbarer wird. Sobald aber der Kalk völlig zu Erde geworden, ändert sich seine Beschaffenheit, und obschon er rein blei-bend keineswegs fruchtbar wird, so ist doch dieser Fall in Thälern und Ebenen, wohin das Wasser den Kalkboden geschwemmt, bei der häufigen Vermischung anderer Gebirgsarten mit Kalk sehr selten der Fall. Das Wasser aus Kalkbergen ist bekanntlich hart und zum Begießen nicht gut.

Alle Kalkgebirge (Gyps, Mergel und Dolomit mitgerechnet) bilden einen hellen Boden, welcher nur warm ist, wenn feines kohlensaures Kalk-pulver den Hauptbestandtheil bildet. Mit Ausnahme des Thonmergels und Dolomitbodens ist jeder Kalkboden bröcklig, leicht zerfallend, daher locker, trocken, was durch einen meist durchlassenden Untergrund von Kalk-stein noch verstärkt wird. Trotz alledem wird er bei starker Hitze leicht rissig. Daß im Kalkboden Obstbäume vorzüglich und auch Reben gut ge-deihen, beweisen viele Gegenden. Auch die Wallnußbäume scheinen vor-zugsweise gut auf Kalkboden zu gedeihen.

39. — Noch habe ich die Conglomerate und Molassengesteine zu erwähnen, deren schon gelegentlich gedacht wurde. Es sind haupt-sächlich: Rothliegendes, Thonporphyr, Grauwackenconglomerat, Basalt-conglomerat und Nagelfluhe. · Es braucht kaum erwähnt zu werden, daß diese aus Trümmern anderer Gesteine unter dem Wasser entstandenen Fel-sen sich in Bezug auf Bestandtheile im Allgemeinen wie die Stammart verhalten, wenn nicht andere Beimischungen vorherrschend werden. Roth-liegendes und der jüngere Thonporphyr, welche beide viel Eisenthon als Bindemittel haben, liefern verwittert einen thonigen Boden. Der vom Rothliegenden ist jedoch viel sandreicher und nahe an der Geburtsstätte immer vorherrschend kieselig, unfruchtbar und trocken, weil die Hauptmasse aus harten, meist quarzigen und glimmerigen Gesteinen besteht, die schwer verwittern, während der im Porphyr reichlich enthaltene Feldspath und andere Gemengtheile zu thoniger Erde zerfallen, die im Allgemeinen zu den fruchtbarern gehört. Doch ist auch das Rothliegende verschieden, oft mit Porphyrbrocken gemischt, und hat meist starke horizontale Schichten von schieferigem, eisenschüssigem Thon, die, wo sie die Oberfläche bilden, sehr schnell zu weicher, rother Erde verwittern. Die Leichtigkeit der Abschwem-mung der weichen Thontheile verursacht einen großen Unterschied zwischen höher und tiefer gelegenem Boden vom Rothliegenden, indem im Thale

und an Bergterrassen sich der weiche Thonboden ansetzt und eine Art
Löß bildet, während die groben sandigen Theile an den Bergen bleiben.
Das Grauwackenconglomerat, in der Hauptmasse aus Thonschiefer,
Kieselschiefer und Quarzstücken bestehend und mit thoniger Masse verbun=
den, liefert lockern, thonigen Boden, auf dem Wein und Obst vortrefflich
gedeihen, bleibt aber immer etwas steinig. — Basaltconglomerat, welches
oft in größerer Ausdehnung die harten Basaltmassen umgiebt und am Fuße
der Basaltberge lagert, giebt vortrefflichen Lehmboden.

Die Nagelfluhe, welche zwar nur am Vorderrande der Alpen, da
aber auch in ungeheurer Ausdehnung, von der Gegend von Bern bis an
das östliche Ende der Alpen oberhalb Wien, einen langen, wenig unter=
brochenen Saum und Berge bis zu 6000 Fuß Höhe bildet, besteht in der
Hauptsache aus Kalkbrocken, durch kalkig=thoniges Bindemittel zu ziemlich
festem Gestein verbunden, verhält sich wie der dichte Alpenkalkstein, von
dem es sich erst gebildet hat, verwittert aber als Conglomerat leichter und
giebt thonig=sandigen, also fruchtbaren Kalkboden.   So zeigt er sich in
der Schweiz in den Vorbergen, und wenn er weiter östlich, vorzüglich in
Baiern nicht so fruchtbar ist, so liegt dies an der rauhern Lage.   Je
weiter die Nagelfluhe von den Alpen abliegt, desto sandiger wird sie, bis
sie endlich in förmlichen Molassesandstein übergeht.

Siebenter Abschnitt.

Eintheilung der Bodenarten.

40. — Die vorhergehenden Abschnitte haben gezeigt, daß Kiesel=
erde (als Sand und in verschiedenen löslichen Verbindungen), Thonerde,
Kalk und Humus die Hauptbodenbestandtheile sind. Es wird daher die
beste einfachste Eintheilung sein, wenn wir, wie es auch im gemeinen Leben
im Gebrauch ist, diese Hauptbestandtheile zu Grunde legen und sämmt=
lichen Boden, je nachdem ein erdiger Bestandtheil vorherrschend ist, in
Sandboden, Thonboden, Kalkboden und Humusboden ein=
theilen, welche Hauptabtheilungen wieder in verschiedene Unterabtheilun=

gen zerfallen, welche die gemischten Bodenarten (wenn man so sagen darf, weil jede Kulturerde gemischt ist) in sich fassen.

Man hat verschiedene wissenschaftlichere Eintheilungen versucht und die Bodenarten in ein förmliches System gebracht, allein alle haben ihre Mängel und den Fehler allzugroßer Weitläufigkeit. Bei einem so unbe= stimmten Dinge, wie der Boden ist, der die ohnedies schon gemischten Ge= steinarten in Manchfaltigkeit der Mischungen noch übertrifft, ist es am besten, sich nur an die Hauptbestandtheile zu halten. Hierdurch wird die Klassifikation zugleich eine einigermaßen physische.

Die von Landwirthen angenommene und auch in Lehrbüchern aufge= nommene Eintheilung nach den Feldfrüchten, welche am besten darauf wachsen, hat für uns keinen Werth und ist noch dazu unsicher. Ich bemerke nur so viel darüber, daß man unter Weizenboden im Allgemeinen guten, etwas schweren (lehmigen) Boden mit ziemlich viel Humus versteht, ob= schon auch Weizen mit Vortheil auf schwerem, humusarmem Lettenboden gebaut wird, daß man überhaupt damit guten Boden meint; daß Roggen= boden etwas geringer und in der Regel sandig, Gerstenboden desgleichen mit viel Humus, Haferboden der geringste, sowol sandige als thonige Boden ist. Endlich versteht man unter Wiesenboden leichten, humus= reichen Boden, unter Esparsetteboden lettigen Kalkboden. Man sieht, daß diese Eintheilung unzuverlässig ist.

Dagegen dürfen wir andere auf Lage, Bestandtheile und physische Beschaffenheit gegründete Benennungen nicht unberücksichtigt lassen. Man spricht von Marschboden, Sumpfboden, Wiesenboden, Thalboden, Berg= land u. s. w., Ausdrücke, die sich von selbst erklären. Auch nach andern Eigenschaften bezeichnet man zuweilen den Boden. Man sagt Haideboden, Grasboden, Waldboden, nach Pflanzen, die vorzugsweise darauf wachsen, wie er in Kultur genommen wird. Man bezeichnet ihn nach dem Grade seiner Fruchtbarkeit als fetten, reichen, geilen, kräftigen, üppigen, armen, magern, ausgehungerten, ausgemergelten, hungrigen Boden; nach seinem Verhalten zur Mistdüngung als zehrenden, hungrigen, thätigen, trägen, todten, tauben u. s. w. Boden. Nach seinem Verhalten bei der Bearbei= tung und dem Grade der Lockerheit nennt man den Boden leicht, locker, lose, mild, mürbe, fest, derb, spröde, hart, bündig, zähe, schwer, steif, streng, schmierig, klebrig u. s. w. In Bezug auf die Form der minerali= schen Bestandtheile giebt es sandigen, grusigen, kieseligen, schieferigen,

brödligen, steinigen, staubigen oder gar fliegenden Boden (Flugsand).
Daß man den Boden als warm, kalt, heiß, hitzig, kühl, frisch, naß, trocken,
gallig, schwammig, quellig u. s. w. bezeichnet, wurde schon erwähnt.
Es würde zu weit führen, diese zum Theil nur provinzialen Ausdrücke zu erklären; auch bedürfen sie meistens dessen nicht. Dagegen muß
ich einige andere Benennungen erwähnen, womit man in einigen Gegenden ganz allgemein gewisse Bodenzusammensetzungen bezeichnet, da sonst
diese Ausdrücke Vielen zum Theil ganz unverständlich sein würden.

41. — Zuerst unterscheidet der Norddeutsche, besonders der Küsten-
bewohner, Geestboden und Marschboden. Geest ist das alte er-
höhte Flachland, meist armer Sandboden, zum Theil aus alten oder noch
sich bildenden Dünen bestehend und nur selten mit Lehm, Mergel und
bessern Bodenarten abwechselnd. Dieser Geestboden ist unfruchtbar wie
jeder thon- und humusarme Sandboden; doch gedeihen Obstbäume gut
darauf, wenn man sich nur die Mühe giebt, ihnen beim Pflanzen guten
Boden zu verschaffen, weil später die Wurzeln in den darunter lagernden
bessern Boden, welcher oft aus Lehm, Löß und Humus besteht, dringen.
Die Marsch ist im Gegensatz zum Geest alles Tiefland, vom Meere und
den großen Flüssen als seiner Schlamm angeschwemmt, dem Meere zum
Theil künstlich durch Abdeichen und Polder abgewonnen und sich immer-
fort neu bildend. Marschboden ist natürlich sehr verschieden, immer aber
gut und einigermaßen unserem fetten Schlammboden zu vergleichen. Er
ist stets ohne Steine, selbst ohne Kies und groben Sand und wechselt in
der Tiefe oft mit andern Schichten. Am Meere enthält der Marschboden
Seesalz und viele organische Reste von Seethieren, ihren Gehäusen und
Knochen und von Seepflanzen (Tangen). Durch die Seethiergehäuse
(Muscheln aller Art) kommt auch Kalk in den Boden. Der Marschboden
ist durch seine große Fruchtbarkeit berühmt und trägt ohne Düngung.
Hier und da ziehen die fleißigen Marschbewohner mit Glück in ihrem Garten Obst, und überall gedeiht Gemüse vortrefflich. Bekannt ist der vortreffliche Obstbau im sogenannten alten Land an der Niederelbe, unter-
halb Hamburg in Hannover.

Klay- oder Kleiboden (Thonmoor) ist ebenfalls nur in Norddeutschland bekannt und ist eine schlammige Mischung von Humus (von
Wasserpflanzen und Moor) mit feinem Thon und Sand, sehr fruchtbar,
aber sehr bindend. Er bildet in den Marschen meist die oberste Schicht,

den eigentlichen Kultur- und Rasenboden. Wir finden solchen Boden aber auch anderwärts, besonders auf feuchten, moorigen Wiesen und sogenannten Rieden, welche wahrscheinlich ausgetrocknete und durch Schlamm angefüllte Moräste waren. Der Klayboden ist bald mehr oder weniger thonig bis zur Feinheit und Bündigkeit des Lettens und Töpferthons. Man wird sich erinnern, daß in den Tabellen von Schübler im vierten Abschnitt oft klayartige Letten vorkommen. Gehörig trocken gelegt und der Luft ausgesetzt, ist der Klayboden das vortrefflichste Gemüseland.

Lößboden, eine Art Lehm, besteht aus mehr oder weniger mergelartigem Lehm, von milder, äußerst fruchtbarer Beschaffenheit, und bildet im Tieflande mächtige Lager von fast durchaus gleicher Beschaffenheit. Der Lößboden ist von verschiedener Beschaffenheit. Am Rhein von Basel bis Bingen, in dem Becken der Donau an verschiedenen Stellen, sowie im untern Mainthale bildet er überall bis in die Seitenthäler niedrige Vorhügel und Terrassen von größter Fruchtbarkeit, wo auch Obst und Wein vortrefflich wachsen. Er besteht dort aus fast gleichen Theilen von Thon, Kalk und Sand mit Glimmer und ist nur unfruchtbar, wenn Kalk sehr vorherrscht. Er ist immer durchlassend. Metzger und Babo halten den Löß für schlechten Weinboden, worin der Wein gar kein Bouquet bekomme.

Polderboden (an der Wesermündung Groden genannt) und Schlickboden sind nichts weiter als Anfänge des Marsch- und Flußauebodens, wie er angeschwemmt und dem Meere und Flüssen durch Abdämmen und Austrocknen abgewonnen wird. Schlick bedeutet so viel wie Schlamm, ist aber an Flüssen oft sehr sandig. Alles Marschland war erst Polder. Er ist natürlich so fruchtbar wie Marsch und so liegt er bis auf den aus Wellsand bestehenden ehemaligen Meeresgrund. Hierher gehört auch der Schlammboden, womit man im Allgemeinen den erdigen Bodensatz des Wassers bezeichnet. Er ist um so besser, je flacher das Wasser ist, weil in solchen Wassern mehr Pflanzen und Thiere leben und sterben. Bekanntlich giebt Schlamm die besten Gemüseländer.

Riedboden und Aueboden bedeuten ziemlich dasselbe, doch ist Riedboden immer schwarz und moorig, während Aueboden sehr verschieden sein kann. Riedboden ist immer auch Aueboden, letzterer aber nicht immer Ried. Auch dieses Wort bezeichnet den ehemaligen Sumpf und Wassernähe. Dasselbe scheint mir der norddeutsche Bördeboden zu sein, ein fruchtbarer, schwarzer, humusreicher Boden, wie ihn

z. B. die Gegend von Magdeburg (Magdeburger Börde) zeigt. Börde iſt eine fruchtbare Ebene, eine Begleiterin des Waſſers, ein ehemaliges See-becken, eine Flußaue. Hierher gehört auch der Bruchboden, der Boden einer verſumpften, oft überſchwemmten Niederung, der wie aller aufge-ſchwemmte Boden ſehr verſchieden ſein kann, meiſt aber bei hinreichender Entwäſſerung ſehr fruchtbar iſt. Bruch iſt eigentlich eine mit Sumpf ab-wechſelnde Flußmarſch. Im öſtlichen Deutſchland nennt man auch jeden zugänglichen Sumpf und beſonders Moorland Bruch. Es ſcheint mir, daß aller Rietboden ehemals Bruch geweſen iſt. Er leidet daher ſehr an Ueberſchwemmung, verbeſſert und erhöht ſich aber dadurch immer mehr.

Knick iſt eiſenhaltiger (eiſenſchüſſiger) Letten, ebenfalls ein Beſtand-theil der Marſch, und der oft den Untergrund bildende Eſcherboden iſt ein ſehr kalkreicher Moorboden, der meiſt von Flugſand u. ſ. w. bedeckt und durch Ausgraben an die Oberfläche gebracht wird, daher auch Wühlerde heißt. — Dünenboden iſt feinſter Sandboden oder Flugſand.

Es giebt noch mehrere andere Provinzialausdrücke für verſchiedene Bodenarten, wir wollen es aber bei den genannten bewenden laſſen und nach dieſer nothwendigen Abſchweifung zu der nach den Hauptbeſtandtheilen geordneten Eintheilung übergehen.

Achter Abſchnitt.

Eintheilung der Bodenarten nach ihren Haupt=beſtandtheilen.

42. — Die Eintheilung, welche wir befolgen wollen, iſt die am allgemeinſten angenommene natürliche, wobei die den Klaſſen vorherrſchen-den Beſtandtheile zu Grunde gelegt ſind. Dieſe ſind, wie wir wiſſen: 1) Kieſelerde, 2) Thonerde, 3) Kalk, 4) Humus oder organiſcher Stoff. Dieſen Grundſtoffen zufolge theilen wir allen Boden in:

I. Klaſſe: Sandboden (Quarzſand).

    1) Reiner Sand oder Flug- und Schwemmſand.

    2) Geröll-, Kies= oder Grandboden. Eiſenſchüſſiger Sand.

3) Thoniger Sand oder Lehmsandboden.

4) Humusreicher Sandboden oder Haideerde.

Anhang: Uneigentlicher nicht kieselhaltiger Sand oder Grand.

II. Klasse: Thonboden.

1) Reiner Thon, plastischer und Töpferthon.

2) Sandiger Thonboden oder Lehm, Letten und Löß.

3) Kalkhaltiger Thonboden (Löß).

4) Eisenschüssiger Thonboden (eisenschüssiger Lehm).

5) Humusreicher Thon- und Klayboden.

Anhang: Thonmergelboden und Löß.

III. Klasse: Kalkboden.

1) Kohlensaurer Kalkboden im Allgemeinen.

   a. Kalksandboden.

   b. Kreideboden.

Anhang: Lehmiger Kalkboden und Kalkmergel.

2) Gypsboden.

3) Talkerdiger oder dolomitischer Kalkboden.

IV. Klasse: Humusboden.

1) Reiner Humusboden.

   a. Waldhumus und künstlich erzeugte Erde.

   b. Saurer Humus: Moor- und Torfboden.

2) Gemischter Humusboden.

   a. Haideerde-Boden oder sandiger Humus.

   b. Sumpf-Ried-Marschklayboden oder thoniger und kalkiger Humus.

Die Klasseneintheilung werde ich bei der Ausführung des Weitern beibehalten, mich aber an die Ordnungen nicht streng halten, da sie nicht genau begründet sind.

Beschreibung und Eigenschaften der Bodenarten und ihre Verbesserung.

I. Sandboden.

43. — Der Sandboden muß, um Pflanzen ernähren zu können, mindestens 10 Proc. lösliche, durch Wasser abschwemmbare Theile enthalten, da er selbst nichts zur Pflanzennahrung beiträgt, sondern nur die Masse bildet. Man baut zwar auch Boden an, der bis 95 Proc. Sand enthält, aber alsdann ist sein Nahrungswerth nicht mehr zu rechnen. Die erste Unterklasse, reiner Sand, ist daher für den Gartenbau nur zur Mischung mit andern bindenden Bodenarten zu gebrauchen. Wo aber bewässert werden kann, reichlich Humus und Düngung vorhanden ist, da kann der schlechteste Sand bald in guten Gartenboden verwandelt werden. Als Beispiele mögen die Umgebung von Berlin, wo das schönste Gemüse gezogen wird, von Bamberg, Gosenheim bei Mainz (wo man auf losem Sand Kohlköpfe von 28 Pfund gezogen hat), Darmstadt u. s. w. dienen. Vorzüglich günstig zeigt sich der Sand für Spargel, Rüben (besonders Teltower), Körbelrüben, Rettig, welche darin ganz besonders wohlschmeckend werden. Freilich kostet es Zeit und Düngung, ehe man solchen Sand in guten Gartenboden verwandelt, und es ist immer besser, wenn eine anhaltend wirkende Untermischung mit Lehm und Thon vorgenommen wird. Es zeigt sich nämlich, wenn der Humus bei langer Kultur so vorherrschend wird, daß ehemaliger Sandboden schwarzgrau aussieht, oft eine Abnahme des Ertrags und der Güte. Aus diesem Grunde überschütten die Gemüsegärtner zu Gosenheim bei Mainz alle 8 — 10 Jahre ihr gutes Gemüseland mit losem unfruchtbarem Sand und ziehen dann wieder wie vorher reichlich Gemüse. Vermuthlich bewirkt der geringe Thon- und Kalkgehalt des Sandes diese günstige Veränderung, und man würde wol einen viel anhaltendern Erfolg haben, wenn man anstatt Sand Lehm auffüllte und mit dem schwarzen zu lockeren Boden vermischte. Man nimmt dort Sand, weil er überall ganz nahe liegt. Von Obst gedeihen nur Kirschen einigermaßen in schlechtem Sandboden, ist jedoch der Untergrund von anderer Beschaffenheit, wenn nur nicht undurchlassend und voll Wasser, so können, wenn man beim Pflanzen gute Erde anwendet, alle Obstbäume in schlechtem Sandboden gezogen werden. Die Mark Brandenburg giebt uns da wieder ein schlagendes Beispiel, was auch in solchem Boden für Obst gezogen werden kann. Allerdings werden im Allgemeinen die Obstbäume in solchem Boden weder groß noch alt. Daß auch Wein auf schlechtem Sand wächst, wurde schon §. 32 erwähnt, auch welche Sorten am besten gedeihen. Wenn aber auch schlechter Sandboden für den Weinbau im Garten kein Hinderniß ist und die schönsten Trauben gezogen werden können, so ist doch die Anlage von Weinbergen auf solchem Boden immerhin mißlich und nicht zu empfehlen. Sandboden kann überall fruchtbar

werden, wo es oft regnet und wo bewässert werden kann, er ist aber nicht
zur Kultur geeignet, wo Wasser fehlt. Der Sandboden bei Turin ist bei
77—80 Proc. Sandgehalt noch fruchtbar, weil er Feuchtigkeit genug hat.
Wie der Sand nach seiner Abstammung verschieden ist, wurde schon §. 32
erörtert.

44. — Geröll=, Kies= und Graudboden, wovon schon §. 3
die Rede war, enthält außer Quarz noch manche andere Gesteinstheile. Er
ist viel schlechter als Sand, weil jener durch Düngung gut werden kann,
dieser immer steinig bleibt, auch in der Regel das Eindringen der Wurzeln
nicht gestattet. Zum Gemüsebau im Garten eignet er sich nur, wenn die
größern Steine durch Durchwerfen daraus entfernt werden und Erde,
Humus und Mist genug darunter kommen, ohne aber jemals vorzüglich
zu werden. Für Feldgemüse ist er, weil dort wenig daran verbessert werden kann, fast unbrauchbar, höchstens können gewöhnliche Kohl= und Kraut=
arten, Kohlrüben u. s. w. gezogen werden. Obstbäume gedeihen in der
Regel schlecht, wachsen zwar anfangs, so lange die Wurzeln im Kultur=
boden sind, leidlich, sterben aber ab, oder werden unfruchtbar, wenn sie die
festen Kieslager erreichen. Viele ehemalige Seebecken, einzelne Uferstrecken
an großen Flüssen, besonders aber fast die ganze Hochebene von Ober=
baiern, zeigen diese Verhältnisse auffallend. Es giebt jedoch überall
Stellen, wo der Kies mit Erde stark untermischt ist, oder der lehmige
Boden tief liegt. Benutzt man solche, oder giebt man sich die Mühe, den
Boden dadurch zu vertiefen, daß man den Kies tief ausgräbt und mit Erde
vermischt wieder einfüllt, so kann auch auf solchem Boden gutes Obst ge=
zogen werden.

Obschon zum Weinbau im Großen solcher Kiesboden im Allgemeinen
nicht günstig ist, auch selten in Weinlagen an Bergen vorkommt, so zeigt
doch das Beispiel der Umgegend von Bordeaux, vom linken Ufer der
Garonne, wo die meisten Weine auf Kiesboden (Graves) gezogen werden,
daß er in einem wärmern Klima als das von Deutschland zum Weinbau
recht gut geeignet sein kann, wenn nur einigermaßen Erde in hinreichender
Tiefe mit den Steinen vermischt wird.

45. — Der eisenschüssige Sand, welchen man an seiner
gelb= oder rothbraunen Farbe erkennt, ist wol der schlechteste Boden, den
es giebt. Mancher sogenannte schwarze Boden, welcher gut aussieht und

5*

doch nie fruchtbar wird, enthält viel solchen Sand, aber man erkennt ihn erst bei sorgfältiger Untersuchung.

Die Mitte zwischen Sand- und Kiesboden halten die Bodenarten, welche von Quarzgebirgen, quarzreichen Graniten, Rothliegendem und andern quarzführenden Gebirgen entstehen, ohne vom Wasser abgerundet zu sein, wovon schon §. 32 die Rede war. Außer den thonigen Theilen besteht der ganze Boden aus grobem, eckigem Quarzsand und seinem Glimmerstaub. Es finden sich zuweilen Kieslager von eckigem erbsengroßem Grus, der ganz aus reinem, weißem Quarz besteht, ein herrliches Material für Gartenwege.

46. — Viel günstiger gestalten sich die Verhältnisse, wenn der Sand so viel Thonerde enthält, daß er zum **thonigen Sand** oder Lehmsandboden wird. Dieser ist von Natur viel fruchtbarer, und man erzielt auf ihm, wenn man die beim Sand angegebenen Verbesserungen vornehmen will, noch viel bessere Erfolge. Auf thonigem Sand gedeihen alle Obstbäume, und der Wein ist nicht mehr dem Mißrathen bei Trockenheit ausgesetzt. Lehmiger Sandboden kann bis 30 Proc. Thon enthalten, hat aber auch noch andere Bestandtheile, die man nicht so genau unterscheidet. Kommen Sand und Thonerde in gleichem Verhältnisse vor, so kann man solchen Boden willkürlich lehmigen Sand oder sandigen Thonboden nennen. Obschon der Boden von Natur fruchtbarer ist, wenn Sand die geringere Hälfte ausmacht, so kann man doch zu Gemüse- und Obstbau sehr wohl mit lehmigem Sandboden zufrieden sein. Man kann darin alle Gemüse wohlschmeckend und früh erziehen, ohne große Bodenveränderungen, während in bündigem Boden manche Gemüse nicht gerathen oder schlecht von Geschmack werden, blos mit Dünger aber wenig gebessert wird.

47. — Der **humusreiche Sandboden** oder die **Haideerde** ist, wie schon §. 30 erklärt wurde, eine an Gerb- und Harzstoff mehr oder weniger reiche Humuserde, die sich vorzugsweise unter Nadelholz, von abfallenden Nadeln, Moos und auf den offenen Stellen von Haidekraut bildet. Sie enthält außer dem Sand noch meist ziemlich viel lösliche Kieselerde, welche das Haidekraut (Erica oder Calluna) aus dem Sandboden aufnahm und in veränderter Gestalt bei dem Verwesen dem Boden wiedergiebt. Sie ist mehr oder weniger sandig, oft mehr als zur Hälfte feiner Sand, und nur in diesem Falle gehört sie zum Sandboden, während die Haideerde mehr zum Humus gehört. So wichtig und unentbehrlich

die Haideerde für die Blumenzucht ist, so wenig brauchbar ist sie für die
Nußgärtnerei. Es giebt kein Gemüse, welches solchen Boden liebt, allen=
falls gedeihen Kartoffeln gut darauf. Bei Obstbäumen kommt diese selten
über 4 — 6 Zoll starke sandige Humusschicht kaum in Betracht. Doch
wachsen Sämlinge gut darin. Solcher Boden bedarf einer durchgreifenden
Veränderung, wenn er zum Gartenbau benutzt werden soll.

48. — Endlich giebt es noch sogenannten Sandboden, welcher we=
nig oder keinen Quarz enthält, indem man nur die sandige Form verschie=
dener Gesteine darunter versteht. So giebt es Kalksand (Kalkgrus), der
meist grobkörnig ist und im Rheingau guten Rebenboden giebt; Muschel=
sand, aus unzähligen kleinen Muscheln und deren Bruchstücken bestehend;
Glimmersand, eine staubartige, glänzende, blättrige Sandmasse, welche
schwer verwittert und nicht so locker hält als anderer Sand; Feldspathsand,
besonders in Porphyrgegenden vorkommend, u. a. m. Häufig sind die
genannten Sandarten unter sich und mit wirklichem Quarzsand gemischt,
und man kann annehmen, daß im Sand eines Wassers alle Gesteine ent=
halten sind, welche dasselbe in seinem Laufe berührt.

Diese Sandarten wirken physisch fast dem Quarzsand gleich, nämlich
lockernd, durchlassend und wärmend, widerstehen aber der Verwitterung
nicht und verschwinden daher nach und nach in der Erde wieder, müssen
deshalb, wo Sand als nothwendig erachtet wird, zuweilen von neuem zu=
gesetzt werden. Wirklicher Quarzsand verdient stets den Vorzug, wenn
es sich um eine Verbesserung durch Sand handelt.

49. — Der Sandboden ist weiß oder grau, gelblich von Eisen und
Mangan, röthlich von Eisen und Thon. Rother Sand, wie ihn der Bunt=
sandstein und thoniges Conglomeratgestein bildet, wird meist gewaschen
weiß, hat also blos äußerlich die Thonfarbe angenommen.

Da der Sand für sich gar keinen Zusammenhang hat, so ist er locker
und kann blos durch die Verbindung mit bündigen Erdarten, besonders
mit Thon, Zusammenhang bekommen. Er ist durchlassend, trocken, warm
bis heiß, hält das Wasser nicht an sich und zieht es nicht aus der Luft an.
Er verlangt oft Wasser, also Regen oder Begießen, und bearbeitet sich leicht,
weil er locker ist und nicht anhängt. Da schon im vierten Abschnitt bei den
physischen Eigenschaften in jedem Paragraphen vom Sand die Rede war, so
brauche ich diese hier nur anzudeuten. Bemerken will ich noch, daß Sandbo=
den zur Frühgemüsezucht der vorzüglichste ist, indem er am ersten trocken wird

und durchwärmt. — Um auf Sandboden gutes und reichliches Gemüse zu
ziehen, braucht man, wie schon bemerkt wurde, nur reichlich zu düngen
und zu bewässern. Seine Kraft erhält er fast allein durch die Düngung,
welche jedoch nicht lange anhält. Um ihn dauernd zu verbessern, vermischt
man ihn mit thonigen Erden, also mit Lehm, Thonmergel, Klay, Schlamm
u. s. w., allenfalls auch mit zähem Thon, Letten und dergleichen festern
Thonmassen, nachdem man diese trocken zerkleinert oder etwas gebrannt
hat. Solcher Thonstaub muß aber im trocknen Zustande ganz innig mit
dem Sand vermischt werden. Je weniger Thon von Natur ein Sandboden hat, desto mehr muß zugesetzt werden, bis der Sand nur noch
60—70 Proc. ausmacht. Da der Sand in vielen Gegenden auf thonigem
Untergrund liegt, so kann man diesen mit der obern Schicht untermischen.
Hierbei kommt Alles auf die Lage des Landes an, denn auf höhern, trocknen Ländereien muß mehr Thon zugesetzt werden als auf tieferem Boden.
Daß man, wie §. 43 erwähnt wurde, Sand mit Sand verbessert, wird
immer eine Ausnahme bleiben, verdient aber nicht vergessen zu werden,
da die Erfolge des Ortes Gosenheim sprechend genug sind. Herr Lucas,
der den Gosenheimer Gemüsebau in Nr. 33 des „Hohenheimer Wochen-
blattes für Land- und Forstwissenschaft" bekannt gemacht hat, bemerkt ja,
daß der Sand dort auch Feldspath und Kalk enthalte. Ersterer liefert
aber thonige Erde, letzterer wirkt wohlthätig und zersetzend auf den über-
reichlich vorhandenen Humus.

Zu kleinern Obstpflanzungen in Gärten kann man den Boden im
Allgemeinen durch thonigen Zusatz verbessern, bei größern Pflanzungen
aber handelt es sich nur darum, den jungen Bäumen durch gute Erde und
Düngung zu Hülfe zu kommen. Zu berücksichtigen ist, daß man auf
Kiesboden, wo die Wurzeln nicht tief eindringen können, erhöht pflanzt
und später, wenn es sein kann, diese Hügel nach und nach vergrößert und
dadurch die gute Bodenschicht verdoppelt. Bei Wein muß ebenfalls eine
sehr große Pflanzgrube unter Zusatz von Lehm oder Schlammerde mit
guter Erde zubereitet werden. Zeigt später der Wein ein Nachlassen an
Trieb, Fruchtbarkeit oder Güte der Trauben, so ist es Zeit, auch den umgebenden Boden, wohin nun die Wurzeln gelangt sind, in gleicher Weise
zu verbessern. Soll durchaus auf Sandboden eine größere Weinanlage
gemacht werden, so ist der ganze Boden beim Rigolen mit Lehm und Kalk
oder Mergel zu verbessern. Alle Obst- und Weinpflanzungen soll man

in Sandboden frühzeitig machen, damit sie die Winterfeuchtigkeit noch bekommen. Obstbäume pflanzt man mit Vortheil im Herbst.

Der Sandboden verlangt viel Dünger, aber nicht jede Art von Stallmist hat guten Erfolg. Wenn man nicht reinen Rindermist anwenden
kann, der den Boden frisch erhält und kühlt (weil er die Feuchtigkeit lange
behält), so nehme man wenigstens gemischten Dünger. Pferdemist soll
man nur in Ermangelung jedes andern Düngers anwenden, da er die
trocknen, hitzigen Eigenschaften des Sandbodens noch vermehrt, und dies
um so mehr, je frischer und strohiger er angewendet wird, weil Stroh das
Eindringen der Luft erleichtert. Kloakendünger wurde sonst ebenfalls für
zu hitzig und scharf für Sandboden gehalten, aber man düngt schon längst
in Sandboden Spargel reichlich mit solchem Dünger, und überall giebt es
Ortschaften, die ihre Felder und Gemüsegärten massenhaft mit Kloakendünger kräftigen und die besten Erfolge davon haben. Grünbüngung ist
zwar beim Gartenbau noch wenig gebräuchlich, würde aber im Sandboden
durch seine kühlenden Eigenschaften gewiß vortreffliche Dienste leisten und
wäre besonders beim Gemüsebau im Großen, wo nicht reichlich Wasser
vorhanden, zu empfehlen. Hierzu eignen sich, außer den hierzu beliebten
Lupinen, noch Ackerspargel, Mohn, Buchweizen und Wasserrüben, im
Garten auch Spinat, neuseeländischer Spinat, Portulak und Melden. —
Jede flüssige und schnell wirkende Düngung leistet auf Sandboden gute
Dienste, denn er ist kein Haushälter, der lange etwas aufheben kann.
Guano, besonders mit Gyps vermischt, thut vortreffliche Wirkung, indem
man ihn mit der Saat ausstreut, in Pflanzlöcher bringt und in schwacher
Lösung öfter damit gießt.

Als Untergrund von andern Bodenarten kommt Sand selten vor
und erweist sich dann natürlich durchlassend, kann also sehr nützlich werden, desto nachtheiliger als Untergrund seiner selbst. Dagegen bildet
Kies häufig den Untergrund, der in den meisten Fällen durchlassend ist,
zuweilen aber durch ein thoniges Bindemittel das Gegentheil bewirkt. Für
Sandboden ist jeder undurchlassende Untergrund gut, wenn er tief genug
liegt, denn wo der Sand nur einen Fuß hoch über solchem Untergrund
liegt, da leiden die Pflanzen bei viel Regen und im Winter durch Nässe,
bei Dürre durch Trockenheit. In diesem Falle muß beim Gartenbetrieb
stets ein Theil des Untergrundes durch Rigolen in die Höhe gebracht werden, wodurch zugleich die Bodenbesserung am leichtesten erreicht wird.

Ausgezeichnete Dienste leistet auf Sandboden eine Düngung und Untermischung mit junger Composterde, da diese nicht nur sehr nahrhaft ist,
sondern auch den Boden feucht und frisch erhält.

II. Thonboden.

50. — Die verschiedenen Eigenschaften der Thonboden wurden
schon im vierten Abschnitte besprochen und sollen hier nur flüchtig aufge-
zählt werden. Ebenso wurden im sechsten Abschnitte die Gebirge genannt,
welche Thonboden verschiedener Art bilden und gebildet haben.

Aller nutzbare Thonboden hat eine gelbliche, braune oder röthliche
Farbe, da weißer und blauer Thon als Kulturboden kaum in Betracht
kommen. Diese Färbung kommt von dem darin reichlich enthaltenen
Eisenoxyd, selten von Manganoxyd. Er ist naß, dicht, zähe und läßt
sich in der Hand formen, trocken ist er hart, fest von Gefüge und wird
rissig. Trocken eine Menge Wasser aufnehmend, hält er es lange fest,
bleibt also feucht und ist im höchsten Grade undurchlassend. Daher ist
er kalt, naß und nicht zu Frühkulturen geeignet. Er ist schwer und
anklebig, daher auch kostspielig zu bearbeiten. Durch Frost wird er auf
einige Zeit locker, naß bearbeitet, stark betreten und befahren wird er so
fest, daß er auf lange Zeit verdorben ist. Die Wurzeln dringen nur
schwer ein, daher wachsen die Pflanzen nicht gut. Als Untergrund ist
Thonboden nachtheilig, weil er das Wasser nicht durch- und die Baumwurzeln nicht eindringen läßt. Nur in Fällen, wo sehr trockner Sand hoch
genug auf Thon liegt, kann dieser von guter Wirkung sein. Thonboden
ist in allem der Gegensatz von Sandboden, nur in Bezug auf Fruchtbarkeit nicht, da er mit solchen Eigenschaften begabt ebenfalls nicht fruchtbar
ist, und nicht einmal durch Düngung allein, wie es bei Sandboden der
Fall ist, ohne vollständige Veränderung in guten Boden verwandelt werden kann.

Aber alle die aufgezählten und früher erwähnten schlechten Eigenschaften finden sich nur bei solchem Boden, wo die Thonerde ohne andere
Verbindung das Uebergewicht hat, oder wo das Gefüge so dicht ist, daß
der Thon in unvermischten Klumpen beisammen bleibt, z. B. bei Letten,
der viel Sand enthalten kann, deswegen aber doch schlecht bleibt, oder wenn
Thon mit grobem Sand oder Kies in schlammigem Niederschlag verbunden ist, während die nicht unter Wasser entstandenen derartigen Verbin-

dungen, z. B. bei Löß, vom Rothliegenden und Porphyr entstandenen Erden,
locker sind. Kommt dagegen die Thonerde, wie es meistens der Fall ist,
in geeigneter Verbindung mit Sand, Kalk und Humus vor, so wird er
der fruchtbarste Boden, den es giebt, denn jeder besonders fruchtbare,
d. h. von Natur fruchtbare, nicht blos durch Düngerzusatz auf kurze Zeit
fruchtbar gemachte Boden, wie es bei dem Sandboden der Fall ist, ist
thoniger Art. Betrachten wir die in der Eintheilung genannten Bodenarten näher.

51. — Reiner Thonboden oder Töpferthon (plastischer Thon)
kommt als Bodenart nur in kleinem Umfange vor, wird dann meist zur
Ziegelei und Töpferei benutzt und ist gänzlich unfähig zur Gartenkultur.
Die einzige Anwendung, welche man davon machen kann, ist, denselben
leicht zu brennen und zerkleinert unter den gleichen Boden zu mischen,
oder den ganz trocknen Thon zu Staub zermalmt in schlechten Sandboden
zu bringen, um diesen bündiger zu machen, wie schon §. 49 erwähnt
wurde.

52. — Durch die Vermischung mit Sand, Kalk u. s. w. sind eine
Menge von Bodenarten entstanden, die zwar bestimmte Namen haben,
keineswegs aber streng und genau unterschieden werden können. Man
kann eigentlich nur sandigen (kieselhaltigen) und kalkigen Thonboden unterscheiden, während doch beide vereint am häufigsten vorkommen. In der
Regel enthält guter thoniger Boden Thonerde und Sand in ziemlich gleichem Verhältniß. Solche Mischungen heißt man im gemeinen Leben
Lehm, hier und da Löß, obschon Löß stets Kalkerde enthält, also eine mer-
gelige Verbindung ist (siehe §. 41) und sich durch Lockerheit auszeichnet.
Lehm ist immer sandiger Thon, eine Verbindung von Thonerde
mit Sand, andern Mineraltheilen und oft auch Humus. Wahrer Lehm
ist immer angeschwemmt, also ein schlammiger Niederschlag, aus vielleicht
weit von einander entfernt gewesenen Gebirgstheilen gebildet. Man
nennt aber im gewöhnlichen Leben jeden sandig-thonigen Boden von
gelber oder bräunlicher Farbe häufig Lehm, wenn es auch der an-
gestammte Verwitterungsboden von Feldspath, Gneis, Porphyr, Basalt
u. dgl. ist. Lehm ist immer lockerer im Gefüge, poröser und zer-
bröckelnder als sogenannter Thon, mag nun die Lockerheit von Sand,
Kalk oder Humus herrühren. Es braucht hier keiner wissenschaftlichen
Erklärung, die auch nicht möglich ist, da Lehm eine sehr unsichere Be-

zeichnung ist. Fallou*) verwirft dieses Wort ganz und führt an, welche
Bodenarten man in verschiedenen Gegenden Lehm nennt. Sicherer wäre
es allerdings, wenn man sagte: sandiger Thon, sehr sandiger Thon, kalkiger Thon, humusreicher Thon. Da aber Jedermann weiß, was man
unter Lehm und lehmig versteht und das Wort Thon bei der Kulturerde in keinem guten Geruch steht, so behalten wir es bei. Eine sehr bestimmte Eigenschaft des Lehms ist, daß er in Folge der fremden Einschlie-
ßungen der Thonerde im Wasser stets leicht auseinanderfällt, während
Thon sich nur am Rande eines Klumpens etwas erweicht und ablöst, daß
Lehm überhaupt zerbröckelt und lockerer ist als Thon, wenn er nicht ge-
drückt worden ist. Lehm, wie er am meisten vorkommt, enthält 30—50 Proc.
im Wasser lösliche Theile, das Uebrige ist Sand, Stein, Glimmer ꝛc.

Sandigen Lehmboden nennt man ihn, wenn Sand fast die Hälfte
ausmacht (vergl. §. 48). Er geht in lehmigen Sandboden über und
wird bald so, bald so genannt. Man sollte jedoch nur solchen Boden
sandigen Boden nennen, worin die Thonerde vorherrschend ist. Man
nennt ihn auch milden Lehmboden. Dieselbe Bezeichnung giebt man aber
auch dem Löß und humusreichen Lehmboden (Loam der Engländer), wie er
auf nassem Wiesenboden zwischen Thonerde bildenden Anhöhen im Verein
mit verfaulten Pflanzentheilen entstanden ist. Solcher Boden, den man
in der Pflanzengärtnerei als lehmige Rasenerde (Loam) sehr hoch schätzt,
giebt auch vorzüglichen Baugrund für Gemüse und, wo er in trockner
Lage vorkommt (was aber selten der Fall ist), für Obst und Wein. Sandiger Lehmboden ist als der beste Feld- und Gartenboden bekannt und
verhält sich fast ganz wie der §. 46 erwähnte thonige Sand. Wo man
Gartenkultur auf dem Felde im Großen ohne besondere Bodenveränderung betreiben will, muß der Boden immer diese Beschaffenheit haben.
Seine Bearbeitung ist nicht schwer und wird immer leichter, je länger er
kultivirt wird. Er braucht bei einer guten Wechselwirthschaft nur alle
drei Jahre gedüngt zu werden. Obst gedeiht gut darin, und die Bäume
werden groß und alt. Wein wächst ebenfalls gut, giebt aber nur gewöhnliches Getränk.

Kalkiger Thonboden steht dem Mergel nahe. Er enthält entweder Kalksand oder Kalkerde. Im ersten Falle bleibt er sandiger Lehm,

---

*) Bodenkunde S. 134. Auch Otto Volger spricht sich in der „Agronomischen
Zeitung“ von 1857, Nr. 40, dagegen aus.

obschon er sich etwas anders anläßt als quarzhaltiger Lehm; im zweiten kann man ihn, wenn er zugleich sandig ist, füglich Thonmergel nennen. Es giebt jedoch noch andern kalkhaltigen Thonboden, der besonders in den Muschelkalkgegenden sehr verbreitet ist. Dieser enthält wenig oder sehr feinen Sand, viel Letten, Kalksteinstücke von jeder Größe. Solcher kalkiger Thonboden gehört zu den schwierigsten, ist sehr undurchlassend, naß anklebig, schwer zu bearbeiten, kalt, bei Trockenheit hart, rissig c. Jedoch gedeihen die Obstbäume darin vorzüglich, um so besser, je mehr Steine er enthält, weil diese locker machen.

Der eisenschüssige Lehmboden enthält außer unlöslichem Eisenoxyd auch das schädliche Eisenoxydhydrat und Eisenoxydul in ziemlicher Menge und hat eine gelbe oder dunkle Farbe. Es ist schwer, ihn von den blos ockeriges Eisenoxyd enthaltenden Erden ohne genaue chemische Untersuchung zu unterscheiden; aber in der Kultur bemerkt man den Unterschied bald, denn der eisenschüssige Lehm- oder Thonboden ist wahrer Hungerboden, zehrt den Dünger auf, indem das Eisen das Ammoniak und andere Bestandtheile des Düngers chemisch verwandelt und für die Wurzeln ungenießbar macht. Obschon nun fast jeder gefärbte thonige Boden Eisen enthält, ohne daß es den Pflanzen Nachtheil brächte, so ist doch der so reichlich mit Eisen vermischte nächst dem eisenschüssigen Sand der schlechteste Boden, der gefunden werden kann. Wie stark das Eisen im Thonboden vertreten sein kann, ohne schädlich zu wirken, zeigt der Eisengehalt fruchtbarer Bodenarten vom Nil, der Zuidersee und von Cuba (§. 28).

Endlich unterscheidet man noch den Lettenboden, der sich ganz wie der oben geschilderte kalkige Thonboden verhält. Letten ist ein feiner gelber oder bläulicher Thon, welcher jedoch in seinen Bestandtheilen vom Töpferthon abweicht und sich nicht brennen läßt. Er bleibt in der Erde liegend immer ganz weich, läßt aber keine Wurzel eindringen oder vielmehr, er wird von keiner aufgesucht. Im System finden wir gewöhnlich Letten bei Lehm eingereiht, weil beide zumeist aus Thonerde und Sand bestehen; aber als Boden sind sie ganz verschieden.

Hierher gehören noch der salzhaltige Boden, welcher in den Seemarschen und in Salzgegenden vorkommt, ferner der Klayboden der Marschen (Thonmoor), welchen man als humushaltigen Thonboden bezeichnen kann, der ganz ähnliche Schlamm vieler Teiche, Landseen und

Sümpfe, der Knick- und Schlickboden (eisenschüssige Letten) der Marschen — kurz jeder bündige sogenannte schwere Boden.

53. — Wie sich der Thonboden als Kulturboden und Untergrund verhält, wurde schon erwähnt. Wirklich gut ist nur der sandige, milde Lehm und Löß. Wo es nicht naß ist, wachsen Obstbäume, wenn sie erst etwas erstarkt sind, ziemlich gut in schwerem Thonboden, obschon sie in höhern und nördlichen Lagen darin moosiger werden, als in andern Bodenarten, die Früchte spät reifen und nicht so gut werden in warmen Lagen, die Bäume aber auch der Trockenheit lange widerstehen. Sie wachsen um so besser, je mehr der Untergrund felsig oder kieselig durchlassend, und wenn der Boden selbst mit Steinen gemischt ist. Meist finden sich im Thon und Lehm spaltenartige Durchsetzungen von lockerer Erde, Sand u. s. w., durch welche die Baumwurzeln tief eindringen. Man pflanze die Obstbäume in schwerem Thonboden nicht im Herbst oder zu bald im Frühjahr, und schlemme sie nicht ein, wofür der Grund schon im vierten Abschnitte angegeben wurde. Wie ausgezeichnet manche thonige an-gestammte Bodenarten für die Bäume sind, z. B. Basalt- und Porphyr-boden, wurde schon bemerkt. Wein gedeiht besonders in angestammtem Boden auf den verschiedenen Thonschiefer- und Grauwackengebirgen, je-doch nur dann, wenn die lockere, nicht angeschlemmte, sondern an Ort und Stelle gebildete Erde reich mit noch unzersetzten Schieferstücken und Humus untermischt ist. Die Thonerde scheint auf die Pflanzen als Nahrung von keinem besondern Einfluß, sondern hauptsächlich durch den verschie-denen Grad von Bündigkeit zu wirken. Es giebt wenig Pflanzen, welche den Thonboden vorziehen, und unter den Kulturpflanzen kenne ich keine, welche vorzüglicher darin gedeihen, obschon fast allen eine gewisse Gebun-denheit zuträglich ist. Am besten gedeihen auf sehr bündigem Boden Kraut oder Kopfkohl, gemeiner Krauskohl und Kohlrüben.

54. — Die Verbesserung des zu bündigen Thonbodens geschieht ganz auf die entgegengesetzte Weise wie beim Sandboden. Man unter-mischt ihn mit Sand, Humus (selbst Haideerde), Nadeln, Sägespänen, Asche (auch Torf und Steinkohlenasche), gebranntem Kalk, Muschelsand und Muscheln (am Meere sehr gebräuchlich), kurz Allem, was die Ver-bindung der Theile hindert, bearbeitet ihn zur Bestellung fein, jedoch nur bei trocknem Wetter, felgt grob im Herbst, damit der Frost eindringt und die Schollen davon zerbröckelt auseinanderfallen, walzt oder zerklopft harte Schollen bei trocknem Wetter, brennt die oberste Bodenschicht, wenn es Rasen ist, zu Rasenasche (vergl. §. 59), drainirt den Boden (ein Haupt=besserungsmittel), lockert tief auf, durchsticht, wenn das Wasser auf keine andere Weise abziehen kann, den Untergrund, baut Luzerne und Espar=sette darauf, welche mit den Wurzeln (in trockner Lage) tief eindringen und nach dem Absterben der Pflanzen förmliche, mit Humus gefüllte, den Wurzeln leicht durchbringliche Röhrchen im Boden zurücklassen.

In der Düngung ist Thonboden ebenfalls das Gegentheil vom Sandboden. Jeder Dünger, der Lockerheit befördert, ist gut, besonders Strohmist und unter diesem Pferdemist. Ausgezeichnete Wirkung in den schweren Thonboden thut blutreiche schwarze Knochenkohle aus Zucker=fabriken. In sandigem Lehm ist jeder Dünger gut, auch flüssiger Guano und anderer Aushülfedünger. In schwererem Boden soll man aber solche Dünger nicht anwenden. Knochenmehl thut durch seine sandartige Be=schaffenheit und langsame Zersetzung gute Dienste. Gebrannter Kalk thut hier fast Wunder, wenn er auch selbst nicht düngt.

III. Kalkboden.

55. — Ueber Kalkboden als Erzeugniß von Kalkgesteinen, ein=schließlich Gyps, habe ich bereits im vierten Abschnitt §. 38 so eingehend gesprochen, daß nur noch wenig über die allgemeinen Eigenschaften, Ver=besserung und Düngung zu sagen übrig bleibt. Wir verstehen hier unter Kalkboden hauptsächlich den von kohlensaurem Kalk entstandenen und den talkhaltigen Kalk (Dolomit), welcher in seinem Verhalten zur Bearbeitung, Düngung 2c. nicht sehr davon verschieden ist.

In Bezug auf die Bündigkeit steht der Kalkboden zwischen Sand=boden und Thonboden in der Mitte, hinsichtlich seiner allgemeinen Eigen=schaften jedoch dem Sandboden näher. Der Kalkboden ist fast immer angestammt, d. h. er findet sich noch im Bereich der Kalkgebirge mit Kalk als Unterlage. Der abgeschwemmte, durch Fluten weit fortgeführte Kalk kommt nicht wie Thon allein vor, sondern ist immer mit andern Erden, besonders mit Thon im Lehm, Löß, Mergel 2c. verbunden. Aller Kalkboden ist hellfarbig, meist grau oder gelbgrau, zuweilen weißlich. Er ist oft mit grobem Gestein vermischt, trocken mehlartig, zerfällt leicht,

wird sogar zu verwehbarem Staub*), leidet sehr von Hitze und Trockenheit, was noch durch den durchlassenden Untergrund der trocknen wasser-
armen Kalk- und Tufffelsen befördert wird.   Er saugt das Wasser so be-
gierig ein wie trockner Thon, wird aber bei starkem Zufluß Schlamm,
der jedoch schnell wieder austrocknet.   Dolomitischer Kalkboden trocknet
langsamer aus, da die darin enthaltene Bittererde unter allen die wasser-
haltigste ist. Dasselbe ist der Fall, wenn die Thonerde darin über 10 Proc.
ausmacht.   Die Kalkboden enthalten aber weit öfter viel Kieselerde in
großer Menge.   Im Frühjahre sind Kalkboden länger feucht als Sandboden, eignen sich daher weniger zum Anbau von Frühgemüsen, sind jedoch hierzu immerhin noch sehr geeignet.   Ist viel Sand unter dem Kalk,
der oft die Hälfte ausmacht, in welchem Falle man ihn sandigen Kalkboden nennen kann, so vermehrt sich die Trockenheit und der Kalkboden wird
hitzig und sehr hungrig.   Die Einwirkung der Hitze wird durch den Umstand verändert, daß die Sonnenstrahlen von der hellen Oberfläche zurück-
geworfen werden.   Da jedoch Luft und Regen schnell die ganze lockere
Bodenschicht durchdringen, so kann man den Kalkboden doch warm nennen.   Er wird am leichtesten unter allen Bodenarten abgeschlemmt und
fortgeführt, weshalb man auch an Bergen Schlammfänge (vergleiche
§. 13) anlegen sollte.   Liegen noch Berge über dem Grundstück, so ersetzt sich die nach unten verlorene Erde einigermaßen von oben, allerdings
von schlechterer Beschaffenheit.   Im Winter friert Kalkboden leicht auf,
die Pflanzen heben sich und gehen oft zu Grunde, daher bewährt er sich
nicht gut für Gemüse, welche überwintert werden, als Wintersalat, Rabinschen, Spinat, Kohl, Kraut rc.
     Im Allgemeinen wenig fruchtbar, hat doch der meiste Kalkboden die
Fähigkeit, sich bei reichlicher Düngung und Zusatz von Humus in Form
von Compost in sehr guten Gartenboden zu verwandeln.   Er ist allerdings sehr zehrend und braucht viel und oft Dünger.   Kalkboden ist vielleicht noch verbreiteter als Sandboden, und wir sehen, daß man darin
überall gutes Gemüse zieht.   Der Kalk zersetzt den Humus, wie schon

---

*) Im Frühjahr 1858 hat ein starker Schneesturm in den Kalkgegenden Thü-
ringens hier und da die Hälfte der Ackererde in die Luft geführt und weit davon
wieder abgesetzt. Ich beobachtete eine solche Erdwolke, welche über einen 800 Fuß
hohen Berg getrieben wurde.

erwähnt wurde, ungemein schnell, entsäuert denselben und macht ihn zur Aufnahme durch die Wurzeln fähig. Auch auf die Thonerde wirkt er vortheilhaft verändernd. Daß Obst vorzüglich in Kalkboden gedeiht und darin besonders wohlschmeckend wird, wurde schon erwähnt und ist eine bekannte Sache. Vom Wein wurde bemerkt, daß im Allgemeinen Kalkboden kein guter Weinboden sei, daß aber hier und da dennoch aus= gezeichneter Wein darauf gebaut werde. Da die Zusammensetzung eines solchen Bodens ganz besondern Einfluß haben kann und wohl auch hat, so will ich hier die Analyse des Bodens vom „Stein" und „Pfülben" bei Würzburg, wo die berühmtesten Weine Frankens wachsen, folgen lassen:

100 Theile Erde vom

Steinberg		Pfülben	
enthalten:			
Kieselerde	58,436	Kieselerde	58,657
Thonerde	7,152	Thonerde	7,700
Eisen= und Manganoxyd	4,768	Eisen= und Manganoxyd	6,352
kohlensauren Kalk	27,430	kohlensauren Kalk	27,342
kohlensaure Bittererde	2,034	kohlensaure Bittererde	3,560
Kali und Natron	0,529	Schwefelsäure	0,455
Schwefelsäure	0,323		
Chlor in Kochsalz	0,016		

56. — Um Kalkboden zu verbessern, ist neben der Düngung ein Zusatz von Humuserde, selbst Moorerde zu gebrauchen. Die wichtigste, nachhaltigste Verbesserung ist aber Thonmergel, Lehm und Schlamm. Zum Dünger nimmt man am besten kühlenden Rindermist und vermeidet frischen strohigen Pferdemist ebenso wie beim Sandboden. Flüssige Dün= gung und Kloakendünger leisten sehr gute Dienste. Auch Gründüngung kann nur vortheilhaft wirken, und es sind hierzu die beim Sandboden genannten Pflanzen, außerdem noch Pferdebohnen und Wicken zu empfehlen. Knochen= mehl sollte, da es selbst Kalkerde bildet, nicht angewendet werden. Kalkboden bildet nach durchdringendem Regen leicht eine Kruste, muß daher öfter behackt werden. Das Bewässern wird darin um so öfter nöthig, je mehr Sand darin enthalten ist.

IV. Mergelboden.

57. — Der Mergel ist, wie schon erwähnt wurde, von verschiede-
ner Beschaffenheit, enthält aber immer Thon, Kalk und Sand. Des
Thonmergels wurde schon §. 52 als kalkiger Thon gedacht. Man sagt
Kalkmergel, wenn Kalk darin das Uebergewicht über Thon und Sand
hat. Zur Düngung ist der Kalkmergel vorzuziehen, gilt es aber einen
Kalk- oder Sandboden zu verbessern, so wirkt Thonmergel, bei Thonboden
Kalk- und Sandmergel vortheilhafter. Als Kulturboden ist der Mergelboden schlecht, und nur sehr sandiger Mergel kann durch viel Humus und
Dünger in Gemüseboden verwandelt werden. Auch für Obstbäume zeigt
er sich ungünstig, für Wein sehr nachtheilig. Er ist immer kalt und gebunden. Ist aber auch der Mergelboden als Kulturerde nicht zu gebrauchen, so ist er doch das wichtigste, gebräuchlichste Bodenbesserungsmittel,
welches förmlich als Dünger angewendet wird. Wir werden daher den
Mergel in dem Abschnitt über Düngung noch einmal besprechen.

V. Humusboden.

58. — Da vom Humus im Allgemeinen schon §. 30 ausführlich die Rede war, so bleibt er uns blos noch als Bodenart zu betrachten.
So wichtig der Humus für Pflanzenernährung und insbesondere für den
Kulturboden für Gemüse ist, so wenig Werth hat wirklicher nur daraus be-
stehender Boden. Man muß humusreichen oder humosen Boden und Humusboden unterscheiden. Versteht man unter Humus nur die an der Luft
vor sich gegangene Zersetzung von Laub, Holz und Wurzeln 2c., so ist solcher
Boden überall willkommen und kann leicht verbessert werden; meint man
aber auch den harzigen Haideboden und den sauren Moorboden, so ist solcher
Humus immer schlecht. Es kommen jedoch Fälle vor, wo auch auf solchem
Humus Gemüse gebaut werden muß, und in der That sind viele jetzt durch
ihren Gemüsebau sehr einträgliche Flächen auf dem Grunde ehemaliger
Moorsümpfe angelegt.

Waldhumusboden, wie er sich meist in Laubwäldern bildet, liefert, in
Kultur genommen, selbst ohne Dünger ausgezeichnete Feld- und Garten-
früchte, wie der sogenannte jungfräuliche Boden in allen Ländern neuer
Kultur beweist. Er wird schon bei dem Ausroten der Stöcke und Wurzeln

meist so viel mit mineralischer Erde vermischt als nöthig ist, außerdem bei dem Rigolen, der ersten Kulturarbeit, zweckmäßig vermischt. Die darauf erscheinenden wild wachsenden Pflanzen werden durch ihr Wachsthum am ersten zeigen, ob der Boden gut ist und ohne Veränderung in Kultur genommen werden kann, denn wo diese üppig wachsen, gedeihen auch Gartenpflanzen. Sollte die Humusschicht viel freie Säure zeigen und so stark liegen, daß das Uebergewicht über die mineralischen Theile zu groß ist, so wird es am besten sein, einen Theil davon zu brennen, um die darin enthaltenen mineralischen Bestandtheile als Asche darzustellen. Es wird weiter unten von diesem Bodenbrennen die Rede sein.

In der feinen Gemüsegärtnerei spielt der künstlich erzeugte Humus, oder der sogenannte Compost eine wichtige Rolle. Er besteht bekanntlich aus Abfällen jeder Art, besonders des Gartens, Dünger, Gras, Laub, Holzabfällen, Unkraut, kurz Allem, was zu Erde wird. Man bildet davon Haufen, und sticht diese jährlich einigemal um, damit die Zersetzung durch Berührung mit der Luft schneller vor sich geht, und sich wenig Säure bilden kann. Durch Zusatz von feinem Sand oder Asche und gebranntem Kalk gewinnt diese Erde sehr, indem sie durch erstern viel feiner wird und sich nicht zu feuchten Klümpchen ballt, während Kalk und Asche alkalisch auf den Humus wirken, die Säure benehmen und die Zersetzung herbeiführen. In diesem Falle ist die Composterde allerdings kein reiner Humus mehr, was überhaupt nie der Fall ist, da immer Gartenerde dazwischen kommt. Von der Anwendung solcher Composterde ist in den verschiedenen Theilen dieser Bibliothek schon oft die Rede gewesen. Beim Obstbau findet er ebenfalls Anwendung, nämlich in der Baumschule und beim Pflanzen in schlechtem Boden, bei großen Bäumen aber als Dünger. Die Mistbeeterde besteht größtentheils aus Composterde.

59. — Der Moor- und Torfboden, welcher aus sogenanntem saurem Humus besteht (vergl. §. 30) ist in dem Zustande seines natürlichen Vorkommens ganz unbrauchbar. Soll er in Gartenkultur genommen werden, so muß das Entwässern durch tiefe Gräben und Drainiren vorausgehen. Nachdem dies geschehen, ist es am besten, vorerst die oberste Schicht mit dem rasenartigen Ueberzug und allen Pflanzen sammt noch unverwesten Wurzeln in 1 — 2 Fuß große, 4 — 6 Zoll starke regelmäßige Stücken (Plaggen) zu stechen, sie zu trocknen und im hohen Sommer Rasenasche davon zu brennen, ein Verfahren, welches in Moorgegenden allgemein angewendet wird, indem man bei großer Trockenheit einfach den Boden ansteckt. Der Nutzen dieses Bodenbrennens ist mannigfaltig. Der übermäßig vorhandene Humus wird dadurch vermindert, indem er zu Asche, also mineralischer Natur geworden ist. Die Asche wirkt düngend und bietet den Wurzeln fertige Nahrung. Endlich wirkt sie alkalisch, benimmt die Säure und wirkt zersetzend. Nachdem die Asche gewonnen, wird sie gleichmäßig auf dem Boden ausgestreut und mit der obersten Bodenschicht gemischt, jedoch nicht tief untergebracht, damit die zuerst darauf gebauten Pflanzen die Nahrung nicht erst tief herauf zu holen brauchen.*) Zugleich ist es zweckmäßig, gebrannten Kalk (bis zu 50 Scheffel pr. Morgen) unter die Erde zu mischen. Ist thonige Erde, besonders Mergel in der Nähe zu haben, so geht die Bodenverbesserung noch schneller vor sich, indem man diesen einige Zoll stark aufbreitet und mit dem schwammigen Humusboden vermischt. Häufig genug ist der Untergrund in geringer Tiefe von thoniger Beschaffenheit und kann mit dem Moorboden untermischt werden. Liegt er jedoch tief, so ist es weniger kostspielig, ihn aus großen Gruben heraufzuholen, als die ganze Fläche tief zu bearbeiten. Auch Bauschutt und Muschelsand (aus vielen kleinen Muscheln bestehend), wenn man diesen haben kann, thun gute Dienste. Wenn es sein kann, so ist es zweckmäßig, in den ersten Jahren das so in Kultur genommene Land nicht mit Gemüse zu bebauen und Kartoffeln, Hafer, Roggen ꝛc. zu ziehen, dann das Land wieder einige Jahre als Wiese zu behandeln und nochmals zu brennen. Man kann es aber immerhin mit einem Stück Land versuchen. Wenn man nicht schon bei dem ersten Kulturversuch düngt, so muß es unfehlbar im zweiten Jahre stark geschehen. — Wo sich wirklicher Torf vorfindet, welcher verwerthet werden kann, ist es in jeder Beziehung vortheilhafter, davon Nutzen zu ziehen. Es läßt sich dann meist so einrichten, daß die Wagen, welche den Brenntorf abholen, Bauschutt, alten Lehm, Seifensiederasche ꝛc. mitbringen können, wodurch der Boden am schnellsten in guten Stand kommt. In ähnlicher Weise wird Sumpfland von anderer Beschaffenheit in Kultur genommen, nur ist dort,

---

*) Da das Plaggenschwenken oder Brennen doch nur selten vorkommt, und das Verfahren in allen vollständigen forstlichen und landwirthschaftlichen Lehrbüchern vorkommt, so will ich es hier nicht beschreiben. Sehr ausführlich ist es behandelt in Hamm's „Grundzügen der Landwirthschaft nach Girardin und Dubreuil", mit Abbildung aller dabei gebräuchlichen Werkzeuge.

weil der Boden nicht aus reinem Humus, sondern aus einem Gemisch von Wurzeln, verfaulten Pflanzen und thoniger, meist eisenreicher Erde besteht, der Kalk entbehrlich, obschon immer nützlich. Solchen Boden bereitet man auch dadurch zweckmäßig vor, daß man Gräben sticht und den so gewonnenen Boden auf Bänke setzt, wo er austrocknen und an der Luft verfaulen, nach Befinden aber auch gebrannt werden kann. Man muß sich hüten, von dem thonigen Untergrund mehr in die Höhe zu bringen, als zur Vermischung mit der humusreichen Oberschicht nöthig ist. Diese Art Sumpfboden giebt später ausgezeichnetes Gemüseland, und die dazwischen liegenden Gräben liefern von Zeit zu Zeit durch den Schlamm vortrefflichen Dünger.

60. — Ueber den gemischten Humusboden, welchen ich als zweite Ordnung der vierten Klasse aufführte, ist wenig zu bemerken, da ich mich über die hierher gehörende Haidecrde schon §. 47 ausgesprochen und ihren geringen Werth hervorgehoben habe. Auch über den Marschklayboden, Ried- und Sumpfboden (thoniger und kalkiger Humus) ist nur zu sagen, daß diese Bodenarten sich bald mehr dem guten Thonboden, bald dem Moorboden nähern und demgemäß zu behandeln sind. Der Klayboden der Marschen, welcher sich auch in ehemaligen Seebecken und Flußbrüchen des innern Landes findet, ist meist etwas schwer und muß wie Thonboden behandelt werden, giebt aber sehr fruchtbares Gemüseland.

Achter Abschnitt.

Die Untersuchung des Bodens und seine Kennzeichen.

---

61. — Es ist eine nicht zu bezweifelnde Thatsache, daß alle Pflanzen auf demjenigen Boden am besten gedeihen, welcher dieselben mineralischen Bestandtheile und zwar in denselben Verhältnissen enthält, welche man in der Asche der darauf gewachsenen Pflanzen wiederfindet. Zeigt auch die Erfahrung Abweichungen der Art, daß Stoffe in der Asche gefunden werden, welche in dem Boden nicht oder nur in geringer Menge nachgewiesen werden könnten, so sind diese auf andere Weise, z. B. durch Düngung hineingekommen, oder es äußert der nicht mit in Untersuchung gezogene Unter-

6*

grund eine nicht beachtete Einwirkung, denn die Pflanze kann aus der Luft sich keine mineralischen Stoffe aneignen, die nicht darin enthalten sind, noch sie selbst erzeugen.

Eine genaue Kenntniß des Bodens kann aber nur durch eine genaue chemische Analyse oder Zerlegung in die einzelnen Bestandtheile erreicht werden. Die schon mehrfach genannte Agrikulturchemie von Göbel und Wagner spricht sich über die chemische Untersuchung der Ackererden folgendermaßen aus.

„Die angeführten chemischen Untersuchungen gehören, wenn sie gewissenhaft ausgeführt werden sollen, zu den schwierigsten der analytischen Chemie; ein geringer Fehler bei der quantitativen Bestimmung der Verbindungen der Alkalien und der Phosphorsäure, dieser wichtigsten Stoffe in der Ackererde, giebt außerordentliche Differenzen auf ganzen Ackerflächen, wenn man bedenkt, daß zur chemischen Analyse nur kleine Quantitäten Erde angewendet werden. Schleicht sich z. B. bei einer solchen chemischen Analyse nur ein Fehler von $1/10$ Proc. bei einem Stoffe ein, so vergrößert sich derselbe bei Flächen von 30,000—40,000 Quadratfuß um viele Centner. Wer eine Bodenanalyse anstellen will, welche der Agrikultur und Pflanzenphysiologie wirklichen Nutzen bringen soll, der muß sich vor allen Dingen darüber volle Gewißheit verschaffen, daß die analysirte Probe auch wirklich die mittlere Beschaffenheit des Bodens darstellt, dessen Zusammensetzung ermittelt werden soll. Den Zwecken der Landwirthschaft kann nur eine Analyse genügen, die zugleich in die Art der Vertheilung der Bodenbestandtheile und ihre Verbindung zu mineralischen Gemengtheilen, in den Grad der Aufschließung und Verwitterung, in die Löslichkeitsverhältnisse und in den mechanischen Zustand des Bodens überhaupt eine Einsicht gestattet. — Genaue chemische Analysen sind von dem Landwirthe nicht zu verlangen, sie können nur von einem Chemiker von Fach ausgeführt werden . . . . . Schlecht ausgeführte und daher fehlerhafte chemische Analysen, statt zu nützen, schaden nicht allein, wenn dieselben von dem Eigenthümer eines Areals zum Maßstabe bei der Behandlung seiner Aecker genommen werden, sondern sie müssen auch das Vertrauen der praktischen Landwirthe zu den wissenschaftlichen, den Naturwissenschaften und insbesondere der Chemie entlehnten Principien schwächen und dem Staate nachtheilig werden.

Die verschiedenen Vorschriften zur chemischen Analyse der Ackererde, der Pflanzenaschen und Düngerarten sind von Chemikern für Chemiker oder

mit der chemischen Analyse Vertraute, nicht eigentlich für Landwirthe ge=
schrieben. Jeder erfahrene Chemiker und wol auch die meisten Land=
wirthe werden mir Recht geben; ich gebe deshalb auch in diesem Werke keine
Anleitung zu diesen Untersuchungen. Der Chemiker giebt sie sich selbst und
weiß dieselben in den neuesten Werken, in der Journalliteratur zu finden,
der Landwirth aber braucht nur die Resultate dieser Untersuchungen zu
wissen, um Gebrauch davon zu machen."

Indem ich diesem vollkommen beistimme, gebe ich zugleich den Grund
an, warum ich hier die chemische Bodenuntersuchung ganz übergehe. Was
den erfahrenen Chemiker, der eine Anleitung geben konnte, abhielt, diese
zu geben, muß mich, den Laien, noch viel mehr abhalten. Und so gehen
wir auf die andern Erkennungszeichen des Bodens über.

62. — Wie wir schon bemerken konnten, läßt sich Werth und Be=
schaffenheit der Kulturerde schon annähernd aus deren physikalischem Ver=
halten erkennen, und es liegen darüber so viele Erfahrungen vor, daß man
in den meisten Fällen ohne die chemische Analyse auskommen und zu dieser
nur in sehr zweifelhaften Fällen zu greifen braucht. Ein wenig Chemie
kann und muß man jedoch immer anwenden, um Säuren und Alkalien zu
erkennen, wozu man sich einfach der sogenannten Reagentien bedient. So
wird man z. B. Sand oft für reinen Quarz halten, während er kohlen=
sauren Kalt, Gyps, Schwerspath 2c. enthalten kann. Hier beseitigt die An=
wendung von Säuren jeden Zweifel. Auch die Erkennung von thierischen
Stoffen und Humus, welche in einer Erde enthalten sind, ist nicht schwer
chemisch zu erreichen, wenn es nicht auf ganz genaue Bestimmungen ankommt.

Zur Untersuchung und Kenntniß des Bodens ohne chemische Zer=
legung (Analyse) stehen uns folgende Mittel zu Gebote: 1. Die Beobach=
tung seiner physischen Eigenschaften, erkennbar durch das Ansehen, Ge=
fühl, Geruch, Geschmack 2c.; 2. die darauf und in der Nähe kultivirten
und wildwachsenden Pflanzen.

Von den physischen Eigenschaften war im vierten Abschnitt hin=
länglich die Rede, und ich will bei den Erkennungszeichen der einzelnen
Bodenarten nur diejenigen aufführen, die noch nicht erwähnt worden sind.
Die physischen Eigenschaften lassen sich jedoch nicht immer ohne Anstellung
besonderer Versuche erkennen. Vor Allem muß daran liegen, bei Boden,
welcher nicht sofort als guter Boden erkannt wird, die Menge der noch
nicht zu Erde gewordenen, also den Pflanzen keine Nahrung liefernden

Beſtandtheile kennen zu lernen. Will man eine Erde chemiſch unterſuchen
laſſen oder ſelbſt unterſuchen, ſo müſſen vor Allem dieſe groben Theile entfernt werden. Dies gilt jedoch nicht vom Sand, der, obſchon keine Nahrung gebend, häufig den Hauptbeſtandtheil des Bodens bildet. Bei dieſer
Unterſuchung ergiebt ſich dann die Menge der nahrhaften Erde, und man
kann ſogar dabei die mineraliſchen, augenblicklich nicht löslichen Beſtandtheile von den löslichen ſcheiden und ſo kennen lernen. Die Erde nimmt
man von verſchiedenen Plätzen des künftigen Kulturlandes und zwar er-
ſtens in der Tiefe von 4 — 6 Zollen, um die oberſte Bodenſchicht kennen
zu lernen, welche den Pflanzen die erſte Nahrung giebt; zweitens in der
Tiefe von 10—14 Zoll, endlich wenn man auch Gemüſe jeder Art
ziehen will, noch in einer Tiefe von zwei Fuß. Iſt der untere Boden
von guter Beſchaffenheit, ſo kann er ſpäter nach Erſchöpfung der obern
Schicht durch Rigolen in die Höhe gebracht werden, was beim Gemüſebau von größter Wichtigkeit iſt. Iſt die untere Erde bei 12 — 18 Zoll
Tiefe ſo ſchlecht, daß es nicht rathſam iſt, ſie in die Höhe zu bringen, ſo
laſſen ſich nur die nicht tief wurzelnden Gemüſe mit Vortheil anbauen.
Sollen und müſſen aber auch tief wurzelnde Gemüſe, als Artiſchocken,
Meerrettig, Spargel, chineſiſche Bataten, Rhabarber ꝛc., gezogen werden, ſo muß, bei ſchlechter Beſchaffenheit der untern Schicht, der Boden
durch Auffüllen vertieft, bezüglich erhöht werden. Endlich hat man den
Untergrund zu unterſuchen. Zeigt ſich ein zur Gartenkultur beſtimmtes
Land als fruchtbar, durchlaſſend, weder zu feucht noch trocken, dabei bis
18 Zoll tief von ziemlich gleicher Beſchaffenheit in Bezug auf die mineraliſchen Miſchungsverhältniſſe, ſo iſt eine Unterſuchung des tiefern Untergrundes für künftiges Gemüſeland nicht nöthig, wol aber, wenn Obſt-
bäume und Weinreben gepflanzt werden ſollen.

Will man einen Boden, deſſen Anſehen und Pflanzenwuchs auf einen
guten ſchließen läßt, nur nach dem Anſehen unterſuchen, ſo genügt es,
wenn man an verſchiedenen Stellen des Grundſtückes in der angegebenen
Tiefe kleine Löcher macht, aus welchen man, wenn eine genauere Unterſuchung ſtattfinden ſoll, die Erde nimmt. Zeigt die tiefere Schicht eine
ähnliche Beſchaffenheit in Bezug auf Gebundenheit, Miſchung und gleiche
mineraliſche Beſtandtheile, ſo darf man ſich durch die dunklere Farbe der
obern Schicht nicht irre machen laſſen, denn dieſelbe rührt von dem faſt
überall darin enthaltenen Humus her. Ehe man jedoch urtheilt, möge

man, falls es bei ſolcher Unterſuchung ſein Bewenden haben ſoll, die Erde
erſt ſo abtrocknen laſſen, wie ſie bei Trockenheit an der Oberfläche des
Kulturbodens erſcheint, denn erſt in dieſem Zuſtande kann man den Grad
der Gebundenheit, die Art des Zerfallens, wol auch die Beimiſchung
grober Theile richtig erkennen. Den Untergrund lernt man durch tiefere
Löcher kennen, wozu bei Baumpflanzungen ſchon die erſten Baumlöcher
dienen können. Will man aber noch tiefer eindringen und Arbeit er-
ſparen, oder iſt man auf fremden Grundſtücken verhindert, Löcher zu

machen, ſo bedient man ſich des Erdbohrers,
Fig. 1. wovon die beiſtehende Abbildung Fig. 1 u. 2 Fig. 2.
zwei verſchiedene Arten zeigt. Der erſtere
holt die Erde nur aus gewiſſer Tiefe, der zweite
zeigt die Beſchaffenheit der ganzen Erdſchicht
bis zur Tiefe, in welche der Bohrer eingedrungen iſt.

Oft kann man die Bodenbeſchaffenheit,
beſonders die des Untergrundes aus zu andern
Zwecken gemachten Gräben und Gruben erkennen, und man gebe deshalb ja Acht auf Steinbrüche, Bauplätze u. ſ. w. in der Nähe. An
der Richtung der Geſteins- oder Erdſchichten
naher Steinbrüche oder Erdabrutſchungen läßt
ſich bei einiger Kenntniß der geologiſchen
Verhältniſſe unſchwer beurtheilen, wie dieſelben ausſtreichen und ob ſie auf einem gewiſſen
Grundſtücke der Oberfläche nahe kommen.

Zu einer nur oberflächlichen Unterſuchung der phyſiſchen Beſchaffenheit genügt es, wenn man etwas Boden aus verſchiedener Tiefe
nach Entfernung der Steine in ein beliebiges hohes Gefäß thut, fünf-
ſechsmal mehr Waſſer zugießt, die ganze Maſſe einigemal in verſchiedenen Zwiſchenräumen tüchtig umrührt und ruhig ſtehen läßt. Wenn ſich
die feſten Theile wieder vom Waſſer geſchieden und zu Boden geſetzt haben, ſo ſchöpft man das klare Waſſer vorſichtig ab, bis es ſich wieder trübt,
und läßt die Maſſe an der Sonne oder an einem warmen Orte austrocknen. Hat man ein Gefäß mit einem Loch, etwa ein Fäßchen zum Ein-
ſalzen von Fleiſch, ſo läßt man das nach dem Abſchöpfen bleibende Waſſer

vorsichtig unten abträpfeln, wodurch das Austrocknen beschleunigt wird. Kann man das Gefäß mit der ausgetrockneten Erde vorsichtig auf ein Bret stürzen, ohne befürchten zu müssen, daß sie auseinander fällt, so ist es gut; außerdem muß man die Erde schichtenweise mit einem flachen Löffel herausnehmen.

Diese Unterfuchung grünbet sich auf die Schwere der Erde. Zu- unterst findet man den gröbern Kies, dann Sand, dann Schlamm mit feinem Sand vermischt, dann fast reinen Schlamm, endlich als letzte Schicht schwärzlichen oder braunen Schlamm als Kruste. Man kann den Kies und gröbern Sand auch vorher absondern, indem man den Schlamm- brei durch Siebe von verschiedener Stärke laufen läßt, wo dann jene Theile zurückbleiben und mit Wasser rein gespült werden. Hatte die Erde noch unverweste Humustheile, als Wurzel-Holzstückchen, Häute von Thierchen rc., so schwimmen diese bei der Klärung der Flüssigkeit oben auf und werden abgeschöpft, wobei man die Menge dieser Stoffe wohl beach- tet. Der Schlamm bildet die eigentliche Nährerde und ist meist von thoniger Beschaffenheit. Feiner Sand, Glimmer- und Kalkstaub finden sich gewöhnlich in der untern Schicht des Schlammes mit Thon vermischt, während die Mitte die reinere Thonerde, Kieselerde rc., die oberste dunkel- gefärbte thonige Erde mit Humus nach oben meist reinen Humus ent- hält.

Man sieht, daß auf diese Art der Bestand der Erde an Kies, Sand, und andern groben Theilen, sowie die Menge des eigentlichen fruchtbaren Bodens annähernd zu bestimmen ist. Die Ansicht über einen Boden än- bert sich nach der Unterfuchung sehr oft, denn der bloße Anblick und das Gefühl täuschen. So kann ein Sandboden von dunkler Farbe, dessen Bindemittel braune oder röthliche Thonerde ist, das Ansehen einer kräfti- gen, ziemlich gebundenen Erde haben, die Unterfuchung zeigt aber, daß Vieles, was Thonerde schien, dunkelgefärbter Sand ist.

. Das angegebene rohe Verfahren genügt aber nur zu einer oberfläch- lichen Beurtheilung. Will man die Erde näher kennen lernen, so ver- fährt man zwar auf ähnliche Weise, trocknet aber die zu unterfuchende Erde in einem Backofen oder auf einem gewöhnlichen Ofen so aus, daß sie keine Gewichtsabnahme mehr erleidet, was durch öfteres Wägen ermit- telt wird. Man wägt so viel getrocknete Erde ab, daß sie mit 5 — 6 Theilen Wasser vermischt in ein großes Einmachglas geht. Kies und gröberer Sand wird durch Sieben ausgeschieden, so daß diese Theile im Sieb oder Durchschlag zurückbleiben. Diese werden jedes für sich gewogen. Sind diese Theile so mit der Erde verbunden, daß sie sich nicht absondern, so werden sie mit in Wasser abgerührt und naß durchgeschlagen. Um eine recht vollständige Lösung aller Theile zu erzielen, ist es am besten, die vorher gut durcheinander gerührte Erdmasse ungefähr eine Stunde lang kochen zu lassen. Nachdem dies unter öfterem Umrühren geschehen, gießt man die etwas erkaltete Masse in das Glas, wobei man, wenn es nicht schon vorher geschehen, die erwähnten groben Theile durchseiht und den daran haftenden Schlamm mit reinem Wasser spült. Die ebenfalls im Siebe zurückbleibenden gröbern, nicht erdigen Humustheile und Holz-stückchen zc. werden aus dem Sand entfernt und zu denjenigen gewogen, welche später noch auf dem Wasser abgeschöpft werden. Den feinern Sand, welcher sich mit dem erdigen Niederschlag zu Boden setzt, kann man bei diesem genauern Verfahren durch ein Haarsieb oder ein grobes Tuch auffangen, während die feinern Erdtheile durchlaufen, oder man rührt den Schlamm abermals in viel Wasser ab, läßt den Sand zu Boden setzen und gießt die trübe Flüssigkeit ab. Den Humusgehalt der abermals getrockneten Erde erfährt man annähernd durch Glühen der Erde in einem Schmelztiegel oder einem Topf von Chamottethon, wie sie in Farbe- und Porzellanfabriken gebraucht werden. Der Verlust an Gewicht·der sofort nach dem Erkalten gewogenen Erde giebt den Humusgehalt. Sollte dieser Verlust dem Gewicht nach sehr gering scheinen, so muß man beden-ken, daß trockner Humus nicht einmal halb so schwer ist als Sand, Thonerde, Kieselerde, Bittererde, Mergel u. s. w. Da Humus ein Be-standtheil ist, der dem Boden jederzeit zugeführt werden kann und durch Dünger zugeführt wird, so kommt es nicht darauf an, daß sich der Hu-musgehalt nur ungenau auf diese Art ermitteln läßt.

Die löslichen Stoffe, meist Salze, gehen größtentheils in das Was-ser über und können auf diese Weise nicht ermittelt werden. Man könnte sie durch Abdampfen als trocknes Pulver darstellen; da man aber ohne chemische Behandlung nicht erfahren kann, welcher Art diese Salze zc. sind, so würde es nichts nützen. Die Beschaffenheit der ausgesiebten sandigen Bestandtheile prüft man durch Säure. Wirft man davon eine Kleinigkeit in mit zwei Theilen Wasser verdünnte Salzsäure, so zeigt reiner Quarzsand nicht die mindeste Aenderung; enthält er aber Kalk, so braust

die Flüssigkeit auf, und um so stärker und länger, je mehr Kalk darin enthalten ist, und endlich löst sich der Kalk ganz auf. Wiegt man den trocknen Bodensatz, so zeigt das Gewicht der unangegriffenen Körner und des
Kalkpulvers, wie viel von jedem Mineral im Sande enthalten ist. Ich
wiederhole noch einmal, daß bei diesem Verfahren jeder Theil genau gewogen werden muß.

63. — Daß der Zustand der auf einem Grundstück wachsenden
Pflanzen einen ganz sichern Schluß auf die Güte des Bodens ziehen läßt,
bedarf wohl keiner weitern Begründung. Wo Kulturpflanzen und Unkraut üppig stehen, da kann man sicher auf guten Boden schließen, im Gegentheil auf magern. Dabei wird man aber wohl thun, bei schon in Kultur
befindlichen Grundstücken sich zu erkundigen, wenn ein solches zuletzt gedüngt
worden ist, und welche Frucht es zuletzt getragen, denn es kann ein Boden,
welcher durch gute Bearbeitung und Düngung zu den besten gemacht werden
kann, in dem Augenblicke der Besichtigung durch erschöpfende Kulturen und
seltene Düngung ausgemagert sein, dabei aber doch alle Eigenschaften eines
vorzüglichen Bodens haben. Gute Wiesen, mehr feucht als trocken, wo
viel Gras wächst, geben immer sehr gutes Gemüseland zur Kultur im
Großen, ohne Rücksicht auf Frühzeitigkeit. Ebenso läßt der gute Zustand
der Pflanzen auf angrenzenden Grundstücken fast mit Sicherheit auf Boden-
güte schließen, sollte auch das Landstück selbst nicht diesen Pflanzenwuchs
zeigen. Wo man kräftige Obstbäume sieht, da ist auch das Gedeihen der
frisch zu pflanzenden gesichert, falls nicht der Boden wechselt, was allerdings auf kleinem Raume vorkommen kann, aber meist sogleich zu bemerken
ist. Ebenso ist es mit Weinbergen in gleicher Lage.

64. — Es giebt aber noch andere Erkennungszeichen durch die
Pflanzen, nämlich eine ganz eigenthümliche Flora oder Bodenstetigkeit,
wie der Naturforscher Unger das Vorkommen der Pflanzen auf bestimmten
Bodenarten genannt hat. Schon längst hatte man bemerkt, daß Bodenarten mit sehr vorherrschenden Grundbestandtheilen, als Sand, Kalk, Thon,
Salz, eine bestimmte Flora haben, daß gewisse Pflanzen wenn auch nicht an
gewisse Grundbestandtheile gebunden, doch vorzugsweise in solchen Bodenarten vorkommen, worin diese enthalten sind. Besonders scharf tritt dies
in Gebirgen hervor, und Unger stellte auch die Bodenstetigkeit zunächst für
die Alpen fest. So kommt z. B. die haarige Alpenrose (Rhododendron
hirsutum) nur auf den Kalkalpen, die rostfarbige (R. ferrugineum) auf dem

granitischen, felbspathreichen Boden der Centralalpen vor, und wo beide vereinigt auftreten, da kann man mit Bestimmtheit annehmen, daß Kalk- und Feldspathgesteine zusammen vorkommen. Wie überall, wenn Erfahrung in ein System gebracht und dieses wissenschaftlich geordnet wird, sich falsche Annahmen einschleichen, so auch hier: es sind viele von den von Hausmann und Unger, als gewissen Bodenarten eigenthümlich, genannten Pflanzen bei fortgesetzter Beobachtung als bodenvag, d. h. in jedem Boden vorkommend anerkannt worden. Aber das vorzugsweise Vorkommen ist doch so auffallend und stetig, daß man von einer Kalk-, Sand-, Thon-, Moorflora u. s. w. reden kann.

Wie sicher oft auf Pflanzen als Bodenzeichen zu schließen ist, mögen folgende von Schnitzlein und Fricklinger*) angeführte Beispiele zeigen. Sie beweisen, daß selbst die geognostische Unterlage ohne Abschwemmungstheile noch auf die Pflanzen wirkt, „daß die Vegetation im genauen Zusammenhange mit der chemischen Constitution ihrer Unterlage steht". So fand man auf einem Schloß am Riesgau auf Jurakalk Papaver Argemone, eine Pflanze, die man an Sandboden gebunden hält. Eine genaue Untersuchung führte auf Quarzsand, der durch den Mörtel der Maurer in den Boden gekommen war. Zwei andere Sandpflanzen, Spergula arvensis und Lycopsis arvensis, wurden auf Kalkboden an einem Platze gefunden, wo früher einmal ein Sandwagen umgeworfen worden war. Ferner beobachtete man in den bairischen Kalkalpen den Adlerfarrn (Pteris aquilina), eine nur in Sandboden wild vorkommende Pflanze, und fand bei genauerer Untersuchung, daß jener Kalk viel Kali in dem Thon enthalte. Auch das gemeine Haidekraut (Erica v. Calluna vulgaris), welches für eine echte Sandpflanze gelten kann, kommt zuweilen auf anderem Boden vor, man kann dann aber immer annehmen, daß jener Boden viel Kieselerde enthält.

Obschon die in Folgendem aufgeführten Pflanzen nicht sämmtlich als Anzeichen eines gewissen Bodens dienen können, weil, wie gesagt, die Beobachtungen noch nicht oft genug gemacht wurden und öftere Ausnahmen das Gesetz der Bodenständigkeit oder Stetigkeit aufheben, so sind doch die Pflanzen der Kalk-, Kieselerde-, Sand- und Thonflora ziemlich sicher, be-

---

*) In deren „Ueber die Vegetationsverhältnisse der Jura- und Keuperformationen in den Flußgebieten der Wörnitz und Altmühl", abgedruckt in der 2. Auflage von „Deutschlands Boden" von Bernhard Cotta.

sonders die Kalkpflanzen sehr bestimmt begrenzt, so daß selbst dem Nicht-botaniker das besonders häufige Vorkommen gewisser Pflanzen auffällt.

Sandboden und Kieselerdegehalt zeigen an: Elymus arenarius (Sandhafer), Statice arenaria (Sandnelke), Gnaphalium (Helichrisum) arenarium, germanicum und Stöchas (Sandgoldblume), G. dioicum (Katzenpfötchen, dieses jedoch weniger sicher), Carex arenaria (Sand-riedgras), C. pilulifera, C. ericetorum, Festuca ovina, rubra und glauca (Schafschwingel), Plantago arenaria (Sandflohkraut) und Cynops, Agrostis vulgaris (Straußgras), A. Spica venti (Windhalm), Aira canescens (weiße Schmiele), Aira flexuosa (Haferschmiele), Spartium sco-parium, anglicum (Ginster), Dianthus arenarius (Sandnelke), Holcus mollis (welches Honiggras), Bromus tectorum (Mauertrespe), Nardus stricta (steifes Borstengras), Camelina sativa, Miagrum sativum (Leinbotter), Salix arenaria (Sandweide), Verbascum Thapsus (Königskerze), Orni-thopus perpusillus (Vogelkrallenklee), Saxifraga tridactylices (dreifingriger Steinbrech), Arenaria rubra (rothes Sandkraut), Ammophila (Arundo) arenaria (Sandried), A. baltica, Scleranthus perennis (Knauel), Epilo-bium angustifolium (Weidenröschen), Astragalus arenarius (Sandbohne), Erica (Calluna) vulgaris (Haidekraut), Papaver Argemone, Lycopsis ar-vensis, Glaucium luteum, Chelidonium Glaucium (Hornmohn), Pteris aquilina (Adlerfarrn). Dazu kommen noch viele den lateinischen Eigen-schaftsnamen arenaria führende Pflanzen. — Vorzüglich häufig kommen im Sandboden vor, weil gut gedeihend, daher angepflanzt oder verwildert: Birken, Kiefern (Pinus silvestris und maritima), Wachholder (Juniperus vulgaris), Sambucus racemosus (Traubenhollunder), Ackerspergel oder Mastkraut (Spergula arvensis), Buchweizen (Polygonum fagopyrum), Lupinus albus, angustifolius und andere Arten (Lupine, Feigbohne), Spargel, Rübchen rc.

Lehmigen Sandboden sollen anzeigen: Aquilegia vulgaris (Aglei oder Alley), Agrostis vulgaris (Straußgras), Campanula urticaefolia (nesselblättrige Glockenblume), Draba verna (Frühlingshungerblümchen), Genista tinctoria (Färberginster), Myosotis arvensis (Ackermäuseohr), Plantago lanceolata (schmaler Wegbreit), Raphanus raphanistrum (Hede-rich), Thymus Serpyllum (Quendel), Viola tricolor Stiefmütterchen u. a. m. Doch bieten sie wenig Sicherheit.

Im Kalkboden kommen häufig vor: Bromus montanus (Bergtrespe)

Sesleria (Cynosurus) caerulea (bläuliches Kammgras), Briza media (Zitter-
gras), Adonis vernalis, aestivalis (Frühlings- und Sommeradonis),
Anemone Pulsatilla und pratensis (Küchen- oder Kuhschelle) und die meisten
andern Anemonen), Koehlera cristata (Kammschmiele), Carlina acaulis
(Marienbistel), Brachypodium pinnatum (Triticum pinnatum) (Zwenke),
Festuca ovina, montana und andere Schwingelarten (jedoch sehr unsicher,
weil auf jedem trocknen Boden vorkommend und noch mehr an Sand gebunden), Festuca inermis (Trespenschwingel), heterophylla (Waldschwingel),
Gentiana lutea und andere Arten von Enzian, Cypripedium calceolus
und viele andere Orchideen, Onobrychis vulgaris (Hedysarum onobrychis,
(Esparsette), Medicago falcata (Sichelklee), Hippocrepis comosa (Pferde-
hufklee), Medicago lupulina (gelber Hopfenklee), M. minima, Avena pratensis (Wiesenhafer), Trifolium montanum und alpestre (Bergklee), Achi-
lea millefolium (Schafgarbe; unsicheres Zeichen), Astragalus excapus,
glycophyllus und Cicer (Traganth), Ononis spinosa (Hauhechel), Tussilago Farvara (Huflattig), Papaver Rhoeas (Klatschrose), Melica ciliata
(Waldhirse), Nigella arvensis (Schwarzkümmel), Lathyrus tuberosus
(Erdnuß), Trifolium rubens (rother Waldklee), Teucrium montanum und
chamaedrys (Gamander), Caucalis (Orlaya) grandiflora, aucalis, daucoi-
des (Haftdolde), Bupleurum falcatum, rotundifolium, longifolium (Hasen-
ohr), Centaurea solstitialis (Sommerflockenblume), Lithospermum purpu-
reo-caeruleum (Steinsamen) und andere, Stachys annua (Ziest), Turritis
hirsuta (Arabis ciliata), Pimpinella saxifraga (Steinbibernell), Potentilla
caulescens, verna (Fingerkraut; letzteres sehr zweifelhaft), Brunella grandiflora (Braunheil), Marrubium vulgare (Andorn, Gottvergessen), Poly-
gala amara (bittere Kreuzblume; kommt in jedem Boden vor), Gypsophila
repens (Gypskraut; soll vorzugsweise Gyps anzeigen) und andere Arten,
Poterium Sanguisorba (Wiesenknopf), Aster Amellus (Waldsternblume).
Von Gehölzen sieht man auf Kalkboden häufiger als anderwärts: Vibur-
num Lantana (welliger Schneeball), Mespilus Amelanchier (Amelanchier
vulgaris, Felsenmispel) ꝛc. Ueberhaupt zeigt Reichthum an verschiedenen Holzarten meist Kalkgehalt des Bodens an.

Der Thonboden hat weniger ihm besonders eigenthümliche Pflanzen. Es sind besonders: Tussilago Farfara (Huflattig; sehr sicher Thongehalt anzeigend), Sambucus Ebulus (Attich; zeigt sehr fruchtbaren Thonboden an), Lactuca virosa (Giftlattig) und perennis, Cichorium intybus

(wilde Cichorie oder Wegwarte). Die übrigen Pflanzen, welche man noch hierher gezählt hat, als Lotus corniculatus (Hornklee), Medicago lupilina (Hopfenklee), Trifolium pratense und hybridum (Wieſen- und Baſtardklee), Lathyrus pratensis (Wieſenblatterbſe), Orobus tuberosus (knollige Walderbſe), Phleum pratense (Thmothigras), Dactylis glomerata (Knaulgras), Festuca pratensis (Wieſenſchwingel), Bromus mollis (weich- haarige Treſpe), Cynosurus cristatus (Kammgras), Poa pratensis (Wieſen- rispengras), Antoxanthum odoratum (Ruchgras) u. a. m., lieben zwar thonigen Boden, kommen aber auch in jedem andern Boden vor. Ferner hat man noch beſondere Pflanzen für verſchiedene Arten von Thonboden, als ſtrengen Lehm, kalkhaltigen Lehm, ſandigen Lehm genannt; da ſie aber ſehr unſicher ſind und nicht als Erkennungszeichen dienen können, ſo will ich ſie nicht erwähnen.

Mergelboden ſollen anzeigen: Tussilago Farfara (Huflattig), Sal- via pratensis (Wieſenſalbey), Alyssum calycinum (Ackerſteinkraut), Me- lampyrum arvense (Kuhweizen), Medicago lupulina (Hopfenklee), Plantago media (breiter Wegbreit) u. a. m. Doch ſcheinen dieſelben ſehr unſicher.

Die Moorpflanzen ſind beſtimmter geſchieden, ſo daß man an ihnen mit Sicherheit den ſauren Humusboden erkennen könnte, wenn er nicht von ſelbſt ſo leicht kenntlich wäre. Solche ſind: Drosera rotundifolia und longifolia (Sonnenthau), Vaccinium uligunosum und oxycocos (Sumpf- und Moorbeere), Empetrum nigrum (Rauſchbeere), Juncus squarosus (ſparrige Binſe), Molinia caerulea, Hydrocotyle vulgaris (Waſſer- nabel), Poa decumbens (liegendes Rispengras), Gentiana pneumonanthe, utriculosa, verna, acaulis (Enzianarten), Primula farinosa (rothe mehlige Schlüſſelblume), P. Auricula (Aurikel, in den Mooſen Oberbaierns all- gemein), Andromeda polyfolia, Scheuchzcria palustris, Pinguicula vulgaris und alpina, Eriophorum alpinum, vaginatum, capitatum, gracile (Woll- gras), Schoenus albus und ferrugineus, Arundo stricta, Cineraria palu- stris, Carex teretiuscula, pulicaris, flava, paradoxa, ampullacea, limosa, filiformis, Potentilla palustre (Siebenfingerkraut) u. a. m.

Als Haidepflanzen und ſolche, die auf nicht ſaurem Humus wachſen, dabei aber nur auf ſandiger Unterlage gut gedeihen, nenne ich Erica (Calluna) vulgaris (Haidekraut; nur auf Sandboden), Vaccinium Myrtillus und V. vitis Idaca (Heidel- und Preißelbeere), Arbutus (Arctostaphylos) uva-ursi (Bärtraube), Ledum palustre (Sumpfborſt, wilder Rosmarin;

nur auf feuchtem Humus vorkommend), Farrnkräuter, besonders Pteris
aquilina (nur auf Sand), Struthiopteris germanica, Blechnum boreale
u. a. m.

Endlich will ich noch der Salzpflanzen gedenken, welche am
Meeresstrande und im innern Lande auf salzhaltigem Boden vorkommen.
Mag man auch selten in den Fall kommen, daß sie als Erkennungszeichen
des Bodens benutzt werden, so mögen sie doch der Vollständigkeit wegen
hier stehen. Es sind vorzüglich: Plantago maritima, Trichlochin maritimum, Salicornia herbacea (gewisses Zeichen), Salsola Kali (gewisses
Zeichen), Bupleurum tenuissimum, Juncus bottnicus, Scirpus maritimus,
rufus, Glycera maritima, distans, Chenopodium maritimum, Eryngium
maritimum, Arenaria marina und peploides, Cakile maritima (Buncas
Cakile L), Sagina stricta (maritima), Aster Tripolium, Atriplex litoralis,
Pyrethrum maritimum u. a. m.

Man sieht aus dem Obigen, welchen Einfluß die chemische Beschaffenheit des Bodens ausübt, und daß nur diese das Vorkommen gewisser Pflanzen bedingt, daß aber mit Sicherheit aus denselben nur auf
Kieselerde-, Kalk-, Humus- und Salzgehalt zu schließen ist.

65. — Außer den chemischen Bodenbestandtheilen macht sich noch
der Grad der Lockerheit und Feuchtigkeit durch gewisse Pflanzen bemerklich, und man kann eine besondere Schuttflora und Sumpfflora
unterscheiden, der Felsenflora, welche hier nicht in Betracht kommt, nicht
zu gedenken. Wenn es auch andere sichere Zeichen giebt, einen Schutt-
oder Sumpfboden zu erkennen, so können die Pflanzen doch oft einen
nützlichen Wink geben. So kann z. B. eine Wiese im Augenblicke der
Besichtigung trocken, sogar dürr erscheinen; aber einzeln darauf vorkommendes Schilfgras (Phalaris arundinacea), Läusekraut (Pedicularis), Binsen,
Rietgräser u. s. w. zeigen sogleich an, daß der Boden den größten Theil
des Jahres naß und undurchlassend ist. Ebenso findet man in der Nähe
von Ortschaften oft Land, welches durch Auffüllung von Bauschutt entstanden ist, gut aussehen, dabei aber doch im hohen Grade trocken sein
kann. Liegt der Platz wüst oder ist schlecht kultivirt, so zeigen die vorkommenden Schuttpflanzen sofort den Ursprung an.

Sumpfboden zeigen außer den schon genannten Moorpflanzen an:
Parnassia palustris (Sumpfparnassie), Eriophorum (Wollgras), Polygonum Bistora (Schlangenknöterig), Trollius europaeus (Trollblume, Butter-

blume), Caltha palustris (Sumpfdotter- oder Butterblume), Lythrum
salicaria (Weiderig), Trientalis europaea, Equisetum palustre und andere
Arten (Schachthalm, Duwok), Scirpus und Juncus (Binsen aller Art),
Phalaris arundinacea (Schilfgras), Trichlochin palustre (Dreizack), Meni-
anthes trifoliata (Bitterklee), Pedicularis palustris (Läusekraut; in Süd-
deutschland noch andere Arten), Gratiola officinalis (Gottesgnadenkraut),
Epilobium palustre, hirsutum, parviflorum, virgatum (und andere Arten
Weidenröschen), Ranunculus sceleratus und flammula (Gifthahnfuß),
Cyperus (mehrere Arten Cyperus), Valeriana dioica (Sumpfbaldrian),
Cardamine pratensis (Wiesenkresse; zeigt nur feuchte Wiesen an) und viele
andere Pflanzen.

Schuttboden zeigen an: Asperugo procumbens (Scharfkraut),
Atriplex hastata, rosea (und andere Melden), Anthemis Cotula (Hunds-
kamille), Blitum capitatum (und andere Arten Erdbeerspinat), Chenopodium (Gänsefuß, alle Arten), Chelidonium majus (Schöllkraut), Carduus
crispus (und andere Disteln), Euphorbia Peplus (rundblättrige Wolfsmilch),
Erysimum officinale (Kresse), Fumaria officinalis (Erdrauch), Glaucium
luteum (Hornmohn), Hyosciamus niger (Bilsenkraut), Hordeum marinum,
Lepidium ruderale (Mauerkresse), Mercurialis annua (Bingelkraut), Papaver
Argemone (gelber Mohn), Parietaria erecta (officinalis, Glasschmalz)
u. a. m.

Die
Düngung oder chemische Bodenverbesserung.

Einleitung.

66. — Da wir dem Boden jährlich Ernten entnehmen, zu deren Erzeugung die Pflanzen die Stoffe zum größten Theil aus dem Boden ziehen, so ist die natürliche Folge davon, daß derselbe an dem zur Nahrung dienenden Stoffe ärmer wird. Diese Stoffe ersetzen sich zwar zum Theil wieder aus der Atmosphäre, welche dem Boden die wichtigste Pflanzen- nahrung in Form von Kohlensäure und Ammoniak zuführt, aber die Brache, d. h. Ruhe des Bodens, während welcher derselbe durch Lockerung den atmosphärischen Einflüssen ausgesetzt wird, verträgt sich nicht mit dem eine ununterbrochene Bodenbenutzung verlangenden Gartenbau. Durch den Pflanzenwechsel wird die Bodenkraft länger erhalten, indem verschiedene Pflanzen auch verschiedene Stoffe aufnehmen, also ein Boden, welcher einer Pflanzenart keine Nahrung mehr bieten kann, deren oft noch genug für eine andere enthält, bis wieder neue löslich geworden ist. Der Boden- wechsel ist daher auch bei einem gut betriebenen Gemüsebau eingeführt*) und sollte beim Obstbau wenigstens derart ausgeführt werden, daß man junge Bäume derselben Art nicht wieder an die Stelle pflanzt, wo alte gestanden haben. Aber auch der Bodenwechsel ist nur als ein Sparen zu betrachten, durch welches die Erde dennoch ärmer wird. Wir müssen deshalb die dem Boden durch die Pflanzen entzogenen Stoffe wieder zu- führen, und dies geschieht durch die Düngung.

Dünger ist jeder Stoff, welcher dem Boden Nahrung zuführt oder ihn chemisch verbessert. Dünger ist daher nicht gleichbedeutend mit Mist. Weil aber Mist der am allgemeinsten angewendete Dünger ist, manchen Leuten das Wort Mist auch zu gemein klingt, so sagt man oft Dünger für Mist.

---

*) Vergl. Jäger, „Der praktische Gemüsegärtner", Seite 125—128.

Jäger, Boden- und Düngerkunde.   7

67. — Die zur Düngung verwendeten Stoffe sind mannichfaltig und haben sich in neuerer Zeit ungemein vervielfältigt. Sie lassen sich im Allgemeinen in folgende Abtheilungen bringen.

I. Hauptdünger.

1) Stallmist.
2) Reine thierische Auswürfe (Excremente).

II. Bei= oder Nebendünger.

A. Trockener Dünger.

1) Peruanischer Guano.
2) Künstlicher Guano und andere künstliche Düngepulver, Poudrette.
3) Knochendünger.
4) Hornspäne, Huf= und Klauenabfälle.
5) Leim.
6) Andere thierische Abfälle, Wolle, Haare ꝛc.
7) Oelkuchen und Rapsmehl, Malzkeime, Wein,= Bier= und Obsttrebern.
8) Ruß.
9) Asche.
10) Mineralische Dünger, Salze.
11) Kalk, Gyps, Mergel.
12) Composterde, Schlamm, Straßenkehricht.
13) Pflanzenhumus.

B. Flüssiger Dünger.

1) Mistjauche oder Gülle.
2) Reiner Harn.
3) Blut.
4) Künstlicher flüssiger Dünger.

C. Gründünger.

1) Kulturpflanzen, Unkraut und Gras.
2) Seepflanzen.

68. — Stöckhard giebt in den „Chemischen Feldpredigten" folgende Eintheilung der Düngerstoffe nach ihren Bestandtheilen und Wirkungen:

A. **Stickstoffreiche Düngermittel** (treibende):

a. Ammoniakhaltige Substanzen (sehr schnell treibende): Ammoniaksalze, Guano, Urat, gefaulter Harn, gefaulter Stalldünger, namentlich von Schafen und Pferden.

b. Leicht zersetzbare stickstoffhaltige Substanzen (ziemlich schnell treibende):

Hornspäne, Leim, aufgeschlossenes Knochenmehl, Oelkuchen, Malzkeime, frischer Harn, ungefaulter Stalldünger.

c. Schwer zersetzbare stickstoffhaltige Substanzen (langsam treibende):

Knochenmehl, wollene Lumpen, frischer Stalldünger.

d. Salpeterhaltige Substanzen (schnell treibende):

Kalisalpeter, Chilisalpeter, alte Composterde.

B. **Kohlenstoffreiche Düngemittel** (Humus bildend):
Stallmist, Waldstreu, Gründüngung, Torf, erdige Braunkohle 2c.

C. **Kalihaltige Düngemittel** (stark treibende):
Pottasche, Kalisalpeter, Malzkeime, Holzasche, Harn der Zugthiere, Bauschutt, Straßenkoth, Compost.

D. **Natronhaltige Düngemittel** (weniger sichtlich wirkend):
Kochsalz, Chilisalpeter, Seifensiederlauge 2c.

E. **Phosphorsäure reiche Düngemittel** (samenbildend):
Gebrannte Knochenkohle, Knochenkohle, Phosphorit, Kaprolithen, Knochenmehl, Guano, thierische Substanzen aller Art.

F. **Schwefelsäurehaltige Düngemittel** (theils direct düngend, theils Düngestoffe conservirend):
Gyps, Schwefelsäure, Eisenvitriol, Steinkohlen-, Braunkohlen- und Torfasche.

G. **Kalkreiche, an Kieselsäure reiche, Boden aufschließende Düngemittel und Bodenverbesserungsmittel.**

7*

Neunter Abschnitt.
Organische und mineralische Düngstoffe.

———

69. — Die Düngstoffe lassen sich in zwei natürliche Abtheilungen bringen, nämlich in organische und anorganische oder mineralische, erstere aus verwesenden Thier- und Pflanzenüberresten, letztere aus Salzen und Erden bestehend. Die organischen, den Humus bildenden Stoffe brauchen nicht besonders genannt zu werden, da Alles, was in Verwesung übergeht oder fault, als Dünger zu betrachten ist. Die wirksamsten mineralischen Düngstoffe sind die salpetersauren Salze (des Kali und Natrons, Kochsalz), Kalke, Gyps, Ammoniaksalze und Asche. In vielen Düngstoffen sind beide organische und mineralische Stoffe verbunden, da selbst die thierischen und pflanzlichen Abfälle die durch die Pflanzen aus dem Boden gezogenen, in die thierischen Körper übergegangenen Mineralstoffe enthalten.

Die organischen Düngstoffe müssen sich in dem Zustande der Verwesung befinden und unter die Erde gebracht werden, ehe sie ganz zu Erde geworden sind, indem sie sonst an Wirksamkeit verlieren. Dadurch wird jedoch die Anwendung derselben in erdiger Form nicht ausgeschlossen, da sie im Gärtnereibetrieb, obschon weniger Nahrung enthaltend, dennoch viel nützlicher werden. Sie wirken zugleich physikalisch-mechanisch auf den Zustand der Lockerheit, Feuchtigkeit, Wärme u. s. w. des Bodens, wie chemisch, d. h. Nahrungsstoffe in löslicher Form und Verbindung bietend. Wie diese Stoffe auf das Pflanzenwachsthum wirken, wurde schon §. 29 hervorgehoben. J. v. Liebig schlägt bekanntlich den Nahrungswerth dieser Stoffe gering an und hebt auch in den neuen chemischen Briefen über Natur und Landwirthschaft wieder hervor, daß der Humus hauptsächlich durch seine das Ammoniak der Luft aufsaugende Eigenschaft wirke, also nicht selbst Pflanzennahrung liefere, sondern nur dieselbe anziehen und für die Pflanzen genießbar machen soll. Daß schon Mulder diese Anziehungskraft für wahrscheinlich hielt, wurde §. 29 bemerkt. Es ist dies einer jener Punkte, über die ich gern stillschweigend hinweggehe, da eine Entscheidung über die Richtigkeit von mir nicht ausgehen kann und

überhaupt erst noch festzustellen ist.   Daß die mechanischen und physika-
lischen Eigenschaften der organischen Bestandtheile mindestens ebenso große
Wirksamkeit ausüben als die nährenden Bestandtheile, muß auch von Denen zugegeben werden, welche die letztern als die vorzüglichste Nahrungsquelle für die Pflanzen betrachten.   Die Blumengärtnerei liefert uns
hierzu recht auffallende Beweise.   Die Pflanzenkultur in Töpfen ist nämlich erst seit der Anwendung von ganz grober, ungesiebter Erde und Untermischung von Steinen, Moos und andern lockernden Stoffen vollkommen
geworden, und es wachsen viele Pflanzen vortrefflich in Moos, groben
Sägespänen, Steinen, Holz-, Torf- und Haideerdestücken, worin sich nur
wenig lösliche Theile befinden können.   Sie würden eben so kräftig in
reinem Sand wachsen, wenn dieser die Fähigkeit hätte, Gase und Wasser
aufzusaugen und festzuhalten.

Die mineralischen Düngstoffe wirken dagegen hauptsächlich chemisch
oder die Bestandtheile umgestaltend.   Wenn sie in manchen Fällen zugleich mechanisch-physikalisch wirken, den Boden lockerer, bündiger, feuchter,
trockener, wärmer u. s. w. machen, so ist dies Zufall und gehört in das
Bereich der Bodenveränderung.   Als Dünger betrachten wir sie nur chemisch.   Sie sind im eigentlichen Sinne die Ersatzmittel der Bodenkraft,
indem durch sie die ursprünglichen Bodenbestandtheile dem Boden wieder
gegeben werden.   So lange ein Boden bei gewöhnlicher Düngung reiche
Ernten giebt, ist anzunehmen, daß er die den Pflanzen nöthigen mineralischen Bestandtheile noch enthält.   Zeigt er aber trotz reichlicher Düngung keine Triebkraft mehr, so ist es Zeit, mineralischen Dünger zuzuführen.

Diesen Fall kann man oft bei Erdbeerpflanzungen beobachten.   Stehen Erdbeeren lange auf einem Platze, so tragen sie nicht mehr.   Pflanzt
man sie von neuem auf dasselbe, gewöhnlich gegrabene, stark gedüngte
Land, so gedeihen sie trotz aller Düngung nicht mehr, dagegen sehr gut,
wenn man sie auf neuen Boden bringt, wo noch keine Erdbeeren standen.

Liebig sagt: „Wenn ein gegebenes Stück Feld eine gewisse Summe
aller mineralischen Nahrungsmittel in gleicher Menge und in geeigneter
Beschaffenheit enthält, so wird dieses Feld unfruchtbar für eine einzelne
Pflanzengattung, wenn durch eine Aufeinanderfolge von Kulturen ein einzelner dieser Bodenbestandtheile (z. B. lösliche Kieselerde) so weit entzogen
ist, daß seine Quantität für eine neue Ernte nicht mehr ausreicht.   Eine

zweite Pflanze, welche diesen Bestandtheil (die Kieselerde z. B.) nicht bedarf, wird, auf demselben Felde gebaut, eine oder eine Reihenfolge von
Ernten zu liefern vermögen, weil die andern ihr nothwendigen mineralischen Nahrungsmittel in einem zwar geänderten Verhältnisse (nicht mehr
in gleicher Menge), aber für ihre vollkommene Entwickelung ausreichenden
Menge vorhanden sind.   Eine dritte Pflanzengattung wird auf der
zweiten auf dem nämlichen Felde gedeihen, wenn die zurückgelassenen Bodenbestandtheile für den Bedarf einer Ernte ausreichen; und wenn während der Kultur dieser Gewächse eine neue Quantität des fehlenden Be-
standtheils (der löslichen Kieselerde) durch Verwitterung wieder
löslich geworden ist, so kann auf demselben Felde beim Vorhanden-
sein der andern Bedingungen die erste Pflanze wieder kultivirbar sein."

Diese beiden Liebig'schen Sätze erklären den Nutzen und die Nothwendigkeit der Wechselwirthschaft, indem während der Zeit des An-
baues anderer Pflanzen die vorher zwar im Boden vorhandenen, aber nicht
löslichen Mineralbestandtheile durch Verwitterung löslich und lösliche durch
Bodenbearbeitung in den Bereich der Wurzeln gebracht werden.   Die
neuere Chemie will uns aber von der Wechselwirthschaft, von dem Zwang,
gewisse Pflanzen bauen zu müssen, um den Boden wieder für andere fähig
zu machen, befreien, indem sie lehrt, welche Bodenbestandtheile fehlen und
als (mineralischer) Dünger wieder zugesetzt werden müssen, und glaubt an
die Möglichkeit, daß man dieselbe Pflanze „ewige Zeiten" auf einem
Felde bauen könne, wenn man demselben die gerade nöthigen Bestandtheile
zusetzt.   Die Möglichkeit dieser „ewigen" Fruchtbarkeit kann nicht be-
stritten werden, denn die Theorie ist richtig.   Der Beweis für die Praxis
muß aber noch geliefert werden, denn einzelne Fälle beweisen nichts, und
es giebt auch Ländereien, worauf seit fast undenklichen Zeiten, blos
unter Anwendung von Mist, immer die nämlichen Pflanzen gebaut
werden, z. B. Kohlarten.

In den meisten Fällen wird man die Fruchtbarkeit durch Aufbringen
des mineralischen Urbodens, welchen man entweder durch Rigolen oder
Tiefpflügen an die Oberfläche bringt oder von andern Orten herbeiführt,
wiederherstellen, wozu das schon erwähnte Ueberfahren der guten Gemüsefelder zu Gosenheim bei Mainz mit Sand ein schlagendes Beispiel giebt.
Man muß auch diese Wiederherstellung der Nahrungskraft des Bodens
Düngung nennen.   Unter eigentlichen Mineraldüngungen versteht man

jedoch vorzüglich die Salze und Alkalien, vor Allem die Ammoniak bildenden und Phosphorsäure enthaltenden Stoffe.

Nach Liebig ist es auch hier nicht der aus Mineralien sich bildende
Stickstoff, welcher den Pflanzen die Nahrung liefert. Versuche, welche
vom Generalcomité der landwirthschaftlichen Vereine für Baiern auf
Liebig's Veranlassung und unter seiner Aufsicht angestellt wurden,
zeigten die überraschende Thatsache, daß kohlensaures, schwefelsaures und
salpetersaures Ammoniak (welche man als vorzügliche Düngstoffe betrachtet) allein nichts wirken, daß aus Phosphorit bereitetes stickstoff-
freies Superphosphat (schwefelsaure Knochen oder mit Schwefelsäure
„aufgeschlossenes" Knochenmehl) den Ertrag gegen ungedüngt um das
Vierfache steigerte, daß dagegen eine Zugabe von stickstofffreien Salzen
den Ertrag gegen ungedüngt verzehnfachte.

Wenn auch noch lange Zeit vergehen wird, ehe die Lehre der Chemie,
daß man dem Boden genau diejenigen Bestandtheile durch Düngung
wiedergeben soll, welche ihm durch die Ernten entzogen wurden, und die
sich in der Pflanzenasche finden, nach wissenschaftlichen Grundsätzen in
Anwendung kommen werden, so sollte doch von den Gärtnern um so eher
der Anfang gemacht werden, als hier Versuche auch im Kleinen anzustellen sind, beim Mißlingen der Schaden nicht groß, im Falle des Ge-
lingens aber der Nutzen sehr bedeutend sein kann. Die Gärtnerei ist
früher die Lehrerin des Ackerbaues gewesen und sollte nicht so ganz zurückbleiben und ihrerseits nun von den Fortschritten der Landwirthschaft Gewinn ziehen. Um nur ein Beispiel anzuführen, so ist es bewiesen und
unzweifelhaft, daß die phosphorsäurehaltigen Düngemittel auf die Samenbildung wirken, daß viel Stickstoff (durch starke Düngung mit Mist,
Chilisalpeter ꝛc. in den Boden gebracht) derselben entgegenwirkt und den
Kräuterwuchs befördert. Wohlan, so mögen denn die Samenzüchter auf
ihren Feldern solche Düngemittel, namentlich Knochenmehl, Taubenmist,
Abtrittsdünger und Menschenharn anwenden.

In der Wirklichkeit ist der oben ausgesprochene Grundsatz der Wissenschaft eigentlich schon lange geübt worden. Wir wissen, daß wir Hülsenfrüchte, besonders Erbsen und Bohnen nicht frisch düngen dürfen, wenn
wir Früchte haben wollen, weil sie sonst zu sehr „ins Kraut wachsen".
Wir wissen, daß viele Gemüse, namentlich mehrere Wurzel= und Rüben-
arten, keinen frischen Dünger vertragen, daß gewisse Düngstoffe auf den

Geschmack wirken. Man setzt dem Spargel Sand, Asche und Salz zu, ohne daran zu denken, daß der Spargel gerade die in diesem Dünger enthaltenen Stoffe zu seiner Nahrung haben muß, weil er sie verbraucht hat, daß sie aber im Stallmist ungenügend enthalten sind, und nur durch eine verhältnißmäßig zu große Menge in den Boden gebracht werden können. Wir düngen stark ins Holz wachsende, nicht tragbare Obstbäume und Weinstöcke nicht, weil der Stickstoff noch mehr treibt. Würde man im Gegentheil Phosphorsäure haltenden Dünger zusetzen, so würde diese auf Fruchtbildung wirken. Hier und da düngt man mit Muschelsand, Seesalz und besondern Düngerarten zu gewissen Kulturen und erzielt dadurch außerordentliche Erfolge, während anderwärts keine Wirkung hervorgebracht wird, weil die Bodenmischung und physikalische Beschaffenheit eine andere ist. So haben sich in der Praxis eine Menge von Erfahrungen ausgebildet, die mit den Lehren der Wissenschaft übereinstimmen und sich durch diese begründen lassen, und es ist nur schade, daß viele nicht bekannt werden.

Ohne auf die chemischen Stoffe und Verbindungen der verschiedenen Düngerarten, die Art und Weise ihrer Nahrungszuführung und die Ernährung der Pflanzen einzugehen, weil ich solche Erörterungen in diesem praktischen Buche für überflüssig halte, da sie leicht zu weit ab und in das Gebiet streitiger Punkte führen könnten*), wollen wir nun die wichtigsten verschiedenen Düngstoffe näher betrachten und dabei die Erfahrung zu Grunde legen. Hierzu muß noch der Umstand bestimmen, daß die Agrikulturchemie sich bis jetzt fast ausschließlich mit Feld- und Holzpflanzen beschäftigt hat und noch kein Chemiker die Gemüse u. s. w. unter die „Kiesel-, Kalk- und Kalipflanzen" eingereiht hat. Bei einer Anleitung zur Düngung oder chemischen Bodenverbesserung die Chemie, also die darauf be-

---

*) Wer heutzutage über Pflanzennahrung und Düngung theoretisch schreiben will, kommt, er mag es machen wie er will, stets in den Fall, es mit der einen oder der andern Partei zu verderben, wie ich schon in der Vorrede andeutete, obschon eine solche Trennung zwischen den sogenannten „Stickstofflern" und „Mineralstofflern", wie sie jetzt besteht, Unsinn ist, und der berühmte Chemiker Liebig, welcher den Streit veranlaßt (nicht angefangen!), keineswegs ein Verächter des Mistes ist, wie seine eignen Worte in einem der nächsten Paragraphen zeigen. Ich werde also diesen Zankapfel ganz aus dem Spiel lassen und nur Erfahrungssätze mittheilen. Hoffentlich wird bald Vieles, was heute noch Theorie oder gar Hypothese ist, vermittelst der überall eingerichteten Versuchsfelder durch die Erfahrung bestätigt und das Unhaltbare beseitigt.

züglíche Wiſſenſchaft ganz unbeachtet zu laſſen und die von ihr gebrauchten
Ausdrücke zu vermeiden, iſt natürlich nicht möglich und würde als abſicht-
liche Beförderung der Unwiſſenheit erſcheinen.

I. Der Hauptdünger oder Miſt.

70. — Unter Miſt verſtehe ich nicht nur den Stall- und Abtritts-
miſt, ſondern auch manche der in der Eintheilungstabelle unter der Abthei-
lung Nebendünger aufgeführten Stoffe, indem ſie häufig in den Miſt
kommen. Reiner Miſt von einer Thierart kommt zwar oft genug vor,
wo nur eine Thierart gehalten wird, wird aber doch ſeltener zur Düngung angewendet, als der von verſchiedenen Thieren und den Menſchen
erzeugte, mit allerlei Abfällen vermiſchte Hofmiſt.

Die Tonangeber in der Chemie haben nachgewieſen, daß die Boden-
kultur nur dann mit Vortheil (rationell) betrieben werden kann, wenn man
den Feldern zur Erhaltung der urſprünglichen Bodenkraft diejenigen mineraliſchen Beſtandtheile, vorzüglich Kali, Kalk und Kieſelerde wiedergiebt,
welche ihnen durch die Ernte entzogen worden ſind, wie die Aſchenbeſtandtheile
der darauf gezogenen Pflanzen beweiſen. Sie betrachten den Miſt oder
vielmehr den Stickſtoff des Miſtes nur als Mittel zu einer erhöhten Produktion, den man nur brauchen ſoll, wenn man ihn hat, ohne auf ſeine
Erzeugung viel Sorgfalt zu verwenden und beſonders Vieh darauf zu halten, indem ſie die Viehwirthſchaft für eine koſtſpielige lebende Düngerfabrik
halten. Sie geben zwar zu, daß der Miſt auch mineraliſche Stoffe enthält, inſofern er der Reſt des nicht im Körper der Thiere und Menſchen
verdauten Futters iſt, in welches ein Theil des Mineralſtoffes vom Boden
übergegangen iſt, betrachten ihn aber als Neben- oder Beidünger und
wollen die Mineralſtoffe unmittelbar dem Boden zugeführt wiſſen.

Der Landwirth mag ſehen, wie er am vortheilhafteſten zu guten Ernten kommt, ob durch Viehhaltung (die außer Miſterzeugung doch nebenbei
noch einigen nicht zu verachtenden Nutzen bringt), oder durch Kaufen und
Aufbringen von mineraliſchen Beſtandtheilen. Bei der Gärtnerei aber iſt
es durch Jahrhunderte alte Erfahrungen und vor Augen liegende Thatſachen
bewieſen, daß der eigentliche Miſt der Hauptdünger iſt und bleiben muß, daß er dem Boden Alles giebt, was er braucht, immer
von neuem reiche Ernten zu liefern, und daß er überall den
Vorzug verdient, wo er ausreichend zu haben iſt.

Wenn die höchste Vollkommenheit des Landbaues darin besteht, daß
der Boden die reichsten Ernten, die höchste Rente giebt, so nimmt—daran
kann Niemand zweifeln — die Gärtnerei die oberste Stufe ein. Diese
reichen Ernten, diese hohen Erträge aber verdankt die Gärtnerei hauptsäch=
lich dem reichlich angewendeten Mist und dem Humusgehalt des Bodens,
obschon die bessere und tiefere Bodenbearbeitung dabei höher anzuschlagen
ist, als gewöhnlich angenommen wird.

Solche Thatsachen, dächte ich, können nicht täuschen, wenn man nicht
absichtlich kurzsichtig sein will. Ja es zeigen die Gemüsefelder vieler Gegenden,
daß sogar von Natur fast keine Nahrungstheile enthaltender Sandboden
nur durch anhaltende reichliche Düngung mit Mist in das beste Gemüse=
land umgewandelt werden kann. Die Gärtnerei brauchte daher im Allge=
meinen, wenn sie den Bodenwechsel beobachtet und von Zeit zu Zeit das
Rigolen anwendet, durchaus nichts weiter als Mist und Düngerwasser,
wenn diese Stoffe immer in hinreichender Menge zu haben wären und nicht
andere Stoffe von ebenfalls stark düngender Wirkung zur Benutzung stän=
den, wohlfeiler zu haben und hin und wieder bequemer anzuwenden wären.
Wir müssen daher auch den übrigen Düngstoffen große Aufmerksamkeit zu=
wenden, zumal da oft Mangel an Mist ist und dieser, außer in Städten,
immer seltener käuflich zu haben sein und theurer werden wird, namentlich
auch auf Landgütern, wo Feldbau und Gärtnerei zugleich betrieben werden,
da letzterer immer der Mist allzu karg zugemessen ist.

71. — Die Wirkung des Mistes ist eine doppelte: eine physikalisch=
mechanische und eine chemische. Von der erstern war schon bei den Boden=
arten, besonders §. 18, 25, 49, 54, 56 2c. die Rede, und wir werden
auch ferner noch gelegentlich darauf zurückkommen. Hier haben wir es nur
mit der chemischen Einwirkung oder Düngung zu thun.

72. — Da man weiß, daß durch Mist der Boden fruchtbar erhalten
wird, so könnte es eigentlich gleichgültig sein, zu wissen, wie die Einwir=
kung stattfindet. Ich will jedoch einen Ausspruch der jetzt lebenden größten
Autorität in agrikulturchemischen Sachen hier folgen lassen, und nehme mir
die Freiheit, solche Sätze zu wählen, die zu Gunsten des Mistes sprechen,
indem die Werke dieses großen Gelehrten die Eigenschaft haben, daß jeder
etwas zur Vertretung seiner Meinung und Ansicht in diesen Sachen darin
finden kann, woraus hervorgeht, daß genau genommen Liebig gar kein so

erklärter Gegner seiner vermeintlichen Gegenpartei ist. Er sagt an ver=
schiedenen Stellen:

„Durch den Dünger, den Stallmist, die Excremente der Thiere und
Menschen wird die verlorene Fruchtbarkeit wiederhergestellt."

„Der Dünger besteht aus verwesenden Pflanzen= und Thierstoffen,
welche eine gewisse Menge Bodenbestandtheile enthalten. Die Excremente
der Thiere und Menschen stellen die Asche der im Leibe der Thiere und
Menschen verbrannten Nahrung dar, von Pflanzen, die auf dem Felde
geerntet wurden. Der Harn enthält die im Wasser löslichen, die Fäces
(der Bodensatz) die darin unlöslichen Bestandtheile der Nahrung. Der
Dünger enthält die Bodenbestandtheile der geernteten Produkte des Feldes;
es ist klar, daß durch seine Einverleibung in den Boden dieser die entzoge=
nen Mineralbestandtheile wiedererhält. Die Wiederherstellung seiner ur=
sprünglichen Zusammensetzung ist begleitet von der Wiederherstellung seiner
Fruchtbarkeit; es ist gewiß, eine der Bedingungen der Fruchtbarkeit war
der Gehalt des Bodens an gewissen Mineralbestandtheilen."

„Die Pflanzen= und Thierstoffe, die thierischen Excremente gehen in
Fäulniß und Verwesung über. Der Stickstoff der stickstoffhaltigen Bestand=
theile derselben verwandelt sich in Folge der Fäulniß und Verwesung in
Ammoniak, ein kleiner Theil des Ammoniaks verwandelt sich in Salpeter=
säure, welche das Produkt der Oxydation."

„Durch die fortschreitende Verwesung der im thierischen Dünger ent=
haltenen Pflanzen= und Thierüberreste entstehen Kohlensäure und Ammo=
niaksalze; sie stellen eine im Boden thätige Kohlensäurequelle dar, welche
bewirkt, daß die Luft in dem Boden und das in demselben vorhandene
Wasser reicher an Kohlensäure werden, als ohne ihre Gegenwart."

„In dem thierischen Dünger werden demnach den Pflanzen nicht nur
die mineralischen Substanzen, welche der Boden liefern muß, sondern auch
die Nahrungsstoffe, welche die Pflanze aus der Atmosphäre schöpft, zu=
geführt. Diese Zufuhr ist eine Vermehrung derjenigen Menge, welche die
Luft enthält."

„Durch den thierischen Dünger wird den Pflanzen nicht nur eine
gewisse Summe an mineralischen und atmosphärischen Nahrungsmitteln
dargeboten, sondern sie empfangen durch denselben auch in der durch seine
Verwesung sich bildenden Kohlensäure und dem Ammoniak die unentbehr=
lichen Mittel zum Uebergang der im Wasser für sich unlöslichen Bestand=

theile in derſelben Zeit und in größerer Menge als ohne Mitwirkung der verwesbaren organiſchen Stoffe."

„Es giebt nur einen einzigen Dünger, welcher die Fruchtbarkeit der Felder dauernd erhält, und das iſt der Stalldünger, und wenn die Bedürfniſſe der Zeit den Landwirth veranlaſſen, Mittel ausfindig ¦zu machen, um ihn vollſtändig in allen ſeinen Wirkungen zu erſetzen, ſo kann dies vernünftiger Weiſe mit Erfolg nur geſchehen, wenn wir alle ſeine Beſtandtheile erſetzen."

Man ſieht, daß Liebig die im Miſt enthaltenen Mineralſtoffe als beſonders wirkſam betrachtet. Wir wollen dies nicht unterſuchen und zufrieden ſein, daß wir Liebig's Zeugniß haben, daß der Stalldünger zur Zeit noch unerſetzlich iſt, daß es nach ſeinem Ausſpruch der einzige iſt, welcher die Fruchtbarkeit dauernd erhält.

Wir wollen nun die verſchiedenen Arten von Miſt näher betrachten.

73. — Den wichtigſten Beſtandtheil des Miſtes bilden die Auswürfe der Thiere und Menſchen, denn ſie enthalten vorzugsweiſe die chemiſch wirkenden nährenden Stoffe, während die Streu und die zufälligen Gemengtheile, obſchon auch Nährſtoff bietend, vorzugsweiſe mechaniſch-phyſikaliſch auf den Boden wirken und dazu dienen, die flüſſigen Stoffe, nämlich den Harn und die Abſchwemmungen durch Waſſer aufzuſaugen und ſo in den Boden zu bringen.

Je nachdem die Nahrung der den Miſt liefernden Thiere (und Menſchen) verſchieden iſt, iſt es auch die Beſchaffenheit und Wirkung ihrer Auswürfe. Thiere und Menſchen, welche Fleiſch und Körner genießen, liefern vorzugsweiſe Phosphorſäure haltenden Miſt, weil dieſer Stoff im Fleiſch und in den Körnern enthalten iſt. Fleiſch genießt, da man den Miſt der Fleiſchfreſſer unter den Thieren (Hunde, Katzen, Raubthiere) in Menagerien kaum in Anſchlag bringen kann, und der von fleiſchfreſſenden Vögeln entſtandene Vogelmiſt (Guano) hier nicht gemeint iſt, hauptſächlich der Menſch. Daß auch die menſchlichen Auswürfe verſchiedenen Gehalt haben, je nachdem er ſich gut oder ſchlecht nährt, liegt auf der Hand. Daſſelbe iſt auch der Fall bei den Hausthieren. Viel Körner (Getreide und Hülſenfrüchte) freſſende Thiere liefern natürlich einen andern Miſt als wenig oder keinen Samen freſſende, da erſterer mehr phosphorſaure Salze enthält. Zu jenen gehört vorzüglich das Geflügel, unter den Vierfüßlern das Hafer, Mais und andere Körner freſſende Pferd. Offenbar muß aber eine Gans, welche im Sommer meist von Gras lebt, ein Pferd, das kaum Hafer zu sehen bekommt, andern, geringern Dünger hervorbringen, während von mit Körnern gemästeten Rindern und Schweinen ein Mist erzeugt werden muß, welcher mehr Phosphorsäure enthält, als bei gewöhnlichem grünen oder trockenen Futter. Wo die Nahrung kräftig ist, ist es auch der Mist.

· **74.** — Ferner hängt der Gehalt des Mistes wesentlich von der Art der Einstreu und den zufälligen Beimischungen ab. So enthält Stroh stets sehr viel Kieselerde, welche als Mist in den Boden gebracht wird und demselben seinen Bedarf liefern kann, daher besonders in an Kieselerde armem Boden sehr nützlich ist, während das Stroh in Sandboden nur Be= standtheile bringt, die derselbe schon mehr als reichlich hat. Aehnlich ver= hält sich hartes Wiesenheu, welches so oft zwischen den Dünger kommt, und schlechtes Sumpfheu, welches zur Streu dient. In Roggenstroh fand man 64,5 Proc. Kieselerde, in Haferstroh 54,25, in Haferspreu 74,18, in Waizenstroh 67,60, in Wiesenheu 60,10, in Heu von Raigras (Lolium perenne) 22,03, in Riedgras (Carex caespitosa) 53,25, in Maisstroh nur 14,98. Am meisten Kieselerde enthalten die Schachthalme (Equisetum), unter denen der bekannte Durwock oft ein lästiges Feld= und Gartenunkraut ist und unter die Streu kommen kann. Equisetum arvense enthält 86,95 Proc., E. hiemale sogar 97,52 Proc. Kieselerde. — Phosphor= und Schwefelsäure ist weniger im Stroh enthalten und es hängt davon ab, wo das Stroh gewachsen ist, denn man fand manchmal blos Spuren von Schwefelsäure (am meisten in Buchweizenstroh, nämlich bis 10,01 Proc.) und selten über 2—3 Proc. Phosphorsäure, dagegen aber auch schon 48,25 Procent. (Analyse von Herapath). Es ist sicher anzunehmen, daß das Stroh von Feldern, welche mit Knochenmehl gedüngt worden sind, viel Phosphorsäure enthält und daher auch solche als Streu verwendet durch den Mist in den Boden bringt. Stroh von Hülsenfrüchten liefert 5 — 12 Proc. Phosphorsäure, Rapsstroh 7,95, dagegen 11,5 Schwefelsäure.

Auch in Bezug auf Stickstoffgehalt ist die Streu sehr verschieden, was aber von keiner besondern praktischen Bedeutung ist. Kohlenstoff liefern natürlich alle Arten von Streu und die meisten zufälligen Bestandtheile; die wichtigste Quelle der Kohlensäure ist der Humus.

Laubstreu liefert reichlich Humus und wird solcher Mist besonders in Kieselerdeboden und heißem Kalkboden nützlich. Am besten ist weiches Laub, am schlechtesten Eichenlaub. Eichenlaub enthält 1,175 Proc. Stick=

stoff, Rothbuchenlaub 1,177 Proc., Birnbaumlaub 1,36 Proc. Aber Laub saugt gar keine flüssigen Düngertheile auf und läßt daher viel Nahrung verloren gehen. Wird Erde gestreut, so wirkt diese als Bewahrerin des flüssigen Düngers, vorzüglich des Harns, aber auch des flüchtigen Ammoniaks, außerdem nach ihren Bestandtheilen, meist jedoch humusartig, indem man vorzüglich sandige und humusreiche Erden (Torf, Moor, Haideerde, Erde von Triften ꝛc.) zur Streu verwendet, endlich die Salpeterbildung befördernd. Eingestreute Sägespäne wirken ähnlich auffaugend und enthalten die Bestandtheile des Holzes, von welchem sie stammen. Haidekraut enthält nur 1,74 Proc. Stickstoff, bringt aber viel Kieselerde in den Mist, sogenannte. Schneidelstreu (Zweige von Nadelholz), harzige Bestandtheile, ähnlich wie die Haideerde, aber auch viel Alkalien und Salze. Farrnkrautstreu giebt einen sehr kalkreichen, also vorzüglichen Mist. Ebenso ist Moos sehr gut als Streu, verwest aber sehr langsam. Den kräftigsten Mist erhält man aus Ställen, wo Seetang (Fucus) eingestreut wird, was natürlich nur in Küstengegenden vorkommen kann. Er muß aber frisch verbraucht werden.

Folgende Tabelle nach Sprengel, Boussingault und Payen mag den Werth der Einstreu übersichtlich darstellen, wobei allerdings nur das Stroh der Feldfrüchte berücksichtigt ist.

	Salze in 100 Theilen.	Stickstoff auf 100 Th.	Gleichwerth	Düngerbedarf per Morgen.
Erbsenstroh	4,971	1,79	22,34	33,51 Pfd.
Linsenstroh	3,899	1,01	39,60	59,40 „
Hirsenstroh	4,855	0,18	51,28	76,92 „
Weizenstroh, altes		0,49	81,60	122,40 „
„ frisches	3,518	0,24	166,66	249,99 „
Buchweizenstroh	3,203	9,48	83,33	125,99 „
Haferstroh	3,734	0,28	83,33	125,66 „
Gerstenstroh	5,244	0,24	173,90	260,85 „
Roggenstroh	2,793	0,23	235,29	352,49 „
Rapsstroh	3,873	0,17		
Wickenstroh	5,101			
Bohnenstroh	3,121			

Man sieht daraus, daß das Stroh der Hülsenfrüchte die meisten Nährstoffe enthält, und daß der daraus bereitete Dünger den Vorzug verdient.

Da aber die Stengel sehr eintrocknen, leicht zerbrechen und weniger Harn aufsaugen als Getreidestroh, so ist der Unterschied nicht von Bedeutung und würde nur bei altem Mist anzuschlagen sein. Uebrigens ist diese Einstreu selten, weil solches Stroh meist den Schafen verfüttert wird, deshalb auch im Schafmist sehr häufig ist.

Diese Angaben werden genügen, um zu zeigen, wie die Güte des Mistes von der Einstreu und den zufälligen Bestandtheilen abhängt, und wie man seinen Werth darnach beurtheilen kann. Besonders ist hierbei die Menge der nicht aus thierischen Auswürfen bestehenden Stoffe maßgebend, denn diese verringern den Nahrungswerth.

Noch auffallender ist die mechanisch-physikalische Wirkung der Streu und zufälligen Bestandtheile im Dünger und sein Alterszustand. Strohiger und durch andere Beimischungen z. B. Haidekraut, Moos, Nadeln ꝛc., lockerer Mist wirkt mechanisch lockernd und physikalisch austrocknend und wärmend. Bei Mist mit wenig Streu und unter dem Einflusse von viel Feuchtigkeit mehr verfault als verbrannt, ist das Entgegengesetzte der Fall. Wir werden daher gut thun, den strohigen, frischen, lockernden und trocknenden Mist in bündigem (thonhaltigem) und feuchtem Boden, den verfaulten, an Streu armen und an thierischen Auswürfen reichen Mist auf sandigem, heißem und lockerem Boden anzuwenden. Der Werth der Einstreu hängt endlich noch von der Eigenschaft ab, die flüssigen Theile (Harn und Jauche) aufzunehmen, was bei Stroh vermöge seiner hohlen Stengel am meisten der Fall ist. Endlich hängt der Werth des Mistes sehr von der Behandlung auf dem Hofe und von der Einrichtung der Düngerstätte ab. Mist, der breit im Hofe gelegen hat, wo das Regenwasser zufließt und der Mist darin steht oder davon ausgelaugt wird, hat wenig Werth, Mist dagegen, in welchem das Ammoniak durch Aufstreuen von Gyps und Erde und Uebersprissen mit Schwefelsäure gebunden wird, hat mindestens $\frac{1}{3}$ mehr Werth als gewöhnlicher guter Mist. Wer seinen Mist selbst durch Viehhaltung erzeugt, sollte die Düngerstätte in zwei Abtheilungen bringen, damit man stets nach Bedürfniß alten oder frischen Mist haben kann, während bei den gewöhnlichen Düngerstätten der frische Mist stets obenauf liegt und weggeräumt werden muß, um zu dem alten zu kommen.

Die zufälligen Beimischungen sind meist so verschieden und unbedeutend, daß sie keinen besondern Einfluß auf die Güte haben, zuweilen aber auch, wenn durch Handwerks- oder Fabrikbetrieb gewisse Abgänge reichlich in den

Mift kommen, sehr wichtig und den ganzen Dünger verändernd. Wir werden die vorzüglichsten Düngerstoffe der Art weiter unten kennen lernen und können daraus auf ihre Wirkung als zufällige Beimischung im Mift schließen.

Es muß hier noch einer besondern Art von Mift gedacht werden, welcher in manchen Gärten sehr in Anwendung kommt, nämlich des Pferde= miftes aus Miftbeeten, Treibereien und Fabriken (besonders Farbefabriken). Dieser selbst ist durch seine trockene Selbstverbrennung oder Gährung so verändert, daß er nur noch als Pflanzenhumus bildender Stoff zu betrachten und sein Düngerwerth nicht viel höher als der anderer Pflanzenstoffe anzu= schlagen ist. Zwar bleiben darin die Mineralbestandtheile des Strohes und verdauten Futters (der Auswürfe), aber das die meiste Nahrung lie= fernde Ammoniak ist meist bei der Verbrennung entwichen. Auch scheint im brennenden Mift ein ähnlicher chemischer Vorgang stattzufinden, wie bei dem unter Ausschluß der Luft sich bildenden sauren Torfhumus. Solcher alter Pferdemift riecht stechend sauer, wenn man Beete davon ausräumt, wogegen der eigentliche Miftgeruch, der Geruch des etwa noch darin vorhandenen entweichenden Ammoniaks unbedeutend ist.*)

1. Rindermift.

75. — Der Mift vom Rindvieh, gewöhnlich Kuhmift genannt, weil die Kühe den meisten davon erzeugen, ist der am meisten vorkommende, nütz= lichste und bei recht gewählter Einstreu für jeden Boden passendste. Er erhält den Boden feucht und kühl und wirkt unter allen am längsten nach. Obschon kühlend und nässend wirkend, kann diese Eigenschaft doch durch viele strohige oder andere locker haltende Einstreu so gemildert werden, daß der Rindermift auch in schwerem Boden, wenn dieser nur nicht naß ist, sehr gut ist. Die besten Dienste leistet reiner Rindermift in hitzigen troße= nen Bodenarten, also vorzugsweise in Sand= und Kalkboden, sowie in haide= erdigem Humus. Er ist weniger zur Gährung geneigt und bleibt daher auch bei längerem Liegen ziemlich im frischen Zustande. Die breiartigen Auswürfe durchdringen die ganze Masse des Miftes, bis in die hohlen Stengel der Streu, was bei andern trockenen Miftarten nicht der Fall ist,

---

*) Es drängt sich dabei die Frage auf, warum solcher Mift weniger wirksam ist, wenn die Mineralstoffe des Miftes seine düngende Kraft bilden, wie Gelehrte behaup= ten, da diese doch jedenfalls noch darin sind.

so daß die ganze Masse ziemlich die gleiche Beschaffenheit hat. Er löst sich leicht im Wasser und wirkt daher bei starkem Regen oder Bewässern wie flüssiger Dung, mehr als andere Mistarten. Aus demselben Grunde liefert er auch das meiste Düngerwasser aus Mistgruben oder künstlich bereitet.

Wo man stark mit Rindermist düngt, braucht meistens erst nach drei Jahren wieder gedüngt zu werden, wenn man die passenden Pflanzen zieht.

Außer der gewöhnlichen Anwendung des Rindermistes bedient man sich desselben mit Vortheil in erdiger und flüssiger Form als Bei- und Nebendünger. Um solche Düngererde zu bekommen, setzt man den Mist nach Ausschütteln der Streu auf Haufen, oder man kauft die auf der Weide von Hirten gesammelten reinen Auswürfe. Nach zwei- bis dreimaligem Umstechen ist der Mist zu Erde geworden, oder so zerfallen, daß er sich, ohne Stücken zu bilden, ausstreuen läßt. Man benutzt ihn rein oder mit Compost u. s. w. vermischt als Oberdüngung, um schnelle Wirkung zu bekommen. Viel kräftiger wirkt diese Erde, wenn man Abtrittsmist zusetzt.

2. Pferdemist.

76. — Der Pferdemist ist nicht so kräftig und nachhaltig wie der Kuhmist, wird deshalb auch selten rein angewendet. Er erhitzt sich leicht, wärmt und lockert den Boden und macht ihn trocken. Diese Eigenschaften machen ihn besonders fähig für thonigen kalten Boden, dagegen nachtheilig für hitzigen, trockenen Boden. Er ist in dieser Beziehung in Allem das Gegentheil vom Rindermist. Man sollte ihn vorzugsweise frisch anwenden, wo er die meiste Kraft hat. Vom Liegen verbrennt er und verliert dadurch sehr an Werth, selbst wenn er naß gehalten wird, wodurch man die Verbrennung aufhält. Da er meist viel Stroh enthält, so wird dieses durch seine Bestandtheile wirksam (vergl. §. 74). Der Pferdemist ist stets trocken, enthält viel weniger Wasser als Rindermist, dagegen mehr Stickstoff und bei gutem Körnerfutter reichlich phosphorsaure Salze. Da diese Stoffe schnell wirken, so ist der Pferdemist sehr gut zur Ansetzung von flüssigem Dünger, obschon er das Wasser nur wenig färbt.

Trockene reine Auswürfe (sogenannte Pferdeäpfel) werden selten angewendet, könnten aber in schwerem Boden als Beidünger mit Vortheil gebraucht und mit dem Samen eingehackt werden.

Wie sich der Pferdemist durch die Verbrennung verändert, bezüglich verschlechtert, wurde schon §. 74 nachgewiesen. Nach Boussingault enthält frischer getrockneter Pferdemist (ohne Stroh) 2,7 Proc. Stickstoff. Derselbe Dünger auf Haufen gesetzt und vollständig verbrannt, enthielt nur noch 1 Proc. Stickstoff, und es sind 100 Theile zu 10 Theilen zusammen gesunken, so daß sich ein Verlust von ⁹/₁₀ ergiebt. Hat man in Gemüsegärten aus Mistbeeten oder aus Fabriken, wo er zur Zersetzung gewisser Stoffe (zu Farben u. s. w.) gebraucht wird, große Massen von solchem Pferdemist, so ist es am besten, denselben gehörig angefeuchtet und oft mit Mistjauche oder Urin übergossen zu Erde verfaulen zu lassen, die einen sehr guten Beidünger giebt. Man kann ihn auch dem zu Erde bestimmten Abtritts- und Rindermist zusetzen. Will man ihn eingraben, so darf es nur in schwerem Boden ohne großen Humusgehalt geschehen, denn in schon sehr humusreichem lockerem Boden schadet er mehr, als er nützt. Hat man selbst Vieh, so ist es am besten, den alten Pferdemist schichtenweise in die Düngergrube zu werfen, mit anderm Stallmist zu vermischen und oft mit Jauche zu begießen, auf welche Weise der Mist bedeutend vermehrt und wenn auch die Nährkraft nur wenig, doch die mechanische Wirkung sehr erhöht wird.

Wer selbst Pferdemist, aber keinen Rindermist erzeugt, halte ihn mit Jauche oder Wasser so feucht, daß er „speckig" wird, auf welche Weise seine Kraft am ersten erhalten bleibt. Auch durch Einstreuen von Erde wird die Erhitzung verhindert und das flüchtige Ammoniak aufgefangen. So behandelter Pferdemist kann in Ermangelung von Kuhmist in jedem Boden angewendet werden, wirkt schneller und kräftiger und befördert wegen seines starken Gehaltes an phosphorsauren Salzen (durch die Körnernahrung erzeugt) die Samenbildung, weshalb er auch bei der Samenzucht den Vorzug verdient. Am besten ist es freilich, den Pferdemist stets mit Rindermist schon auf der Düngerstätte zu vermischen, wo beide verbunden den besten Dünger geben.

Wie Pferdemist auf verschiedene Gemüse wirkt, ist noch sehr unbestimmt, indem die mit verschiedenem Mist angestellten Versuche, welche im ersten Theile des „Praktischen Gemüsegärtners" S. 87 angegeben sind, zu einer Zeit angestellt wurden, wo man das Versuchen noch nicht genug verstand. Diese Bemerkung gilt für sämmtliche verschiedene Mistarten. Als besonders zuträglich scheint Pferdemist sich für Blumenkohl zu erweisen, ebenso für Spargel.

3. Eselsmist.

77. — Obschon nicht oft vorkommend, ist doch der Mist von Eseln, Mauleseln und Maulthieren in einzelnen Gegenden und Wirthschaften häufig genug, um als Dünger in Betracht zu kommen. Bekommen diese Thiere gutes Futter, hinlänglich Hafer und gleiche Streu wie Pferde, was jedoch meist nicht der Fall ist, so steht ihr Mist an Güte ganz dem Pferdemist gleich. Er soll besonders auf die Bildung von Champignons wirken und kann zu dieser Kultur benutzt werden.

4. Schafmist.

78. — Der Schafmist ist trocken, aber nicht so leicht zerfallend und mit unverbauten Stoffen vermischt, wie der Pferdemist. Er enthält außerordentlich viel Stickstoff (was auch schon das wochenlang anhaltende Ausströmen von Ammoniakgeruch auf den Feldern anzeigt,) zersetzt sich aber, trotz der größern Festigkeit, im Boden sehr schnell. Man bekommt den Schafmist meist in dem Zustande halber Zersetzung, indem er den ganzen Winter im Stalle bleibt, von den Thieren zertreten und durch ihren Harn angefeuchtet wird. Da auf diese Weise viel Ammoniak entweicht, so ist es zweckmäßig, zuweilen Gypsmehl oder eine Schicht sandiger Erde darüber zu streuen. Streu ist meist wenig im Schafmist enthalten, dagegen eine Menge von Stengeln, meist von Hülsenfrüchten (Lupinen, Erbsen, Wicken ꝛc.) abstammend, welche bekanntlich viel Nahrungstheile enthalten. Der Schafmist wirkt kräftiger als Pferdemist, eben so schnell, aber weniger erhitzend und wegen Mangel an Einstreu mechanisch ganz anders. Den Kuhmist übertrifft er an kräftiger, schneller Wirkung, wirkt aber nicht so lange nach. In Bezug auf Düngekraft steht Schafmist am höchsten unter dem von Vierfüßlern herrührenden Mist. Er ist wie Pferdemist in thonigem Boden von vorzüglicher Wirkung. Zur Bereitung von flüssigem Dünger ist er jedem andern Mist vorzuziehen.

Trotz dieser guten Eigenschaften ist er kein Normaldünger, der wie Rind- und Pferdemist in allen Fällen anzuwenden wäre. Es ist eine alte Erfahrung, daß manche Gemüse, besonders Rüben, Rettig u. a. m., mit Schafmist gedüngt einen schlechten Geschmack annehmen; auch dem Wein soll er einen schlechten Geschmack mittheilen, wenn die Stöcke damit gedüngt werden. Uebrigens kommt der Schafmist so selten in den Gärtnereibetrieb, daß solche Nachtheile wenig zu befürchten sind. Hat man ihn zur Verwendung, so ist es zweckmäßig, ihn neben anderm Hofmist oder mit einer Beidüngung anzuwenden, wozu sich besonders Knochenmehl und Hornspäne eignen. Sollte man beim Feldgemüsebau Gelegenheit haben, den Pferch aufschlagen zu lassen, so kann diese Art von Oberdüngung nur nützlich werden. Ich würde sie besonders bei eben gesäeten Zwiebeln an- wenden, denen das Festtreten durch die Schafe nur nützlich ist. Auf Spargel und Kartoffeln wirkt der Schafmist sehr vortheilhaft.

5. Ziegen- und Wildpretmist.

79. — Beide Arten kommen wenig vor, Wildpretmist nur, wo zahmes Wildpret im Winter in geschützten Räumen übernachtet und an den Futter- und Salzplätzen, Ziegenmist dagegen in Gebirgsgegenden und bei ärmern Leuten oft häufig. Ich ziehe beide zusammen, da sie sich in ihrer Wirkung ziemlich gleich sein mögen. Dieser Mist kommt dem Schafmist am nächsten. Der Ziegenmist enthält nach Bouffingault und Payen noch mehr stickstoffhaltige Theile als Schafmist.

6. Schweinemist.

80. — Schweinemist rein anzuwenden, möchte kaum anzurathen sein, und er kommt, wo er in Menge gewonnen wird, auch fast immer unter den Hofmist, wo er wegen seiner wässerigen, kühlenden Beschaffenheit be- sonders zur Vermischung mit Pferdemist dienlich ist. Derselbe wirkt wie Rindermist kühlend und anfeuchtend, eignet sich daher wie dieser in hitzi- gen, leichten Boden. Sein Nahrungswerth ist sehr verschieden und hängt ganz vom Futter ab. Schweinemist von Müllern und Bäckern, wo im- mer viel Mehlabfall und Kleie gefüttert wird, ist sehr nährkräftig und besonders auch reich an phosphorsauren Salzen; desgleichen von Schwei- nen, welche gut gemästet werden. Dagegen ist der Mist zur Zeit, wo blos mit grünem Futter, rohen und schlechten Kartoffeln gefüttert wird, sehr gering; am schlechtesten aber der von Schweinen, welche mit Brannt- weinspülig gefüttert werden. Guter Schweinemist soll länger anhalten als Rindermist. Er soll den Himbeeren und Zwiebeln sehr günstig sein. Daß er Maulwürfe anzieht, ist nicht erwiesen. Dagegen bringt er von Sommer- futter immer viel Unkrautsamen in das Land, namentlich wenn Schweine auf die Weide gehen. In einigen Gegenden der Schweiz düngen übrigens die kleinen Grundbesitzer, welche keine Rinder und Pferde haben, ihre Gemüseländer vorzugsweise mit Schweinemist, und zwar mit bestem Erfolg.

Wer selbst Schweine hält, thut am besten, einen kleinen Hof, auf welchem sich die Schweine vor der Mastzeit den ganzen Tag aufhalten, mit steinfreier Erde zu bedecken, damit sich ihre Auswürfe durch das Wühlen mit Erde vermischen, welche nach 1 — 2 Jahren vortrefflich als Beidünger zu gebrauchen ist.

7. Geflügelmist.

81. — Unter dem Mist der Hausvögel hat der Taubenmist den größten Düngerwerth. Der von Hühnern, welche in gutem Körnerfutter sind, steht ihm nahe, der von Gänsen, Enten und andern Wasservögeln ist wässerig und in der Wirkung mehr dem Schweinemist ähnlich, jedoch bei gutem Körnerfutter immer noch kräftiger als dieser. Doch kommt der Mist von Gänsen und Enten selten vor. Der Geflügelmist ist vorzüglich als Beidünger und im flüssigen Zustande zu empfehlen.

Da Taubenmist der beste ist, so will ich nur von diesem sprechen, indem Alles, was über diesen gesagt wird, auch für die übrigen Auswürfe von Federvieh in geringerem Grade gilt. Der Taubenmist enthält außer den Auswürfen, welche viel phosphorsauren Kalk enthalten, noch Federn und Thiere, sowie Harnstoff, da bekanntlich Vögel nicht harnen. Nach Boussingault und Payen enthält Taubenmist im normalen Zustand 9,6 Wasser und 8,30 Proc. Stickstoff. Demgemäß würden 1440 Pfund Taubenmist so viel Düngerwerth wie 30,000 Pfund Stallmist haben. Nach Girardin enthalten Tauben- und Hühnermist:

	Von Tauben:	Von Hühnern:
Wasser	79,00	72,90
organische Stoffe, Holzfasern, Federn, Harnsäure und harnsaures Ammoniak	18,11	16,20
Salze, phosphorsauren und kohlensauren Kalk, Alkalien	2,28	5,24
kleine Steinchen und Kieselsand . .	0,61	5,66
	100,00	100,00

Der Taubenmist ist der wirksamste unter allen durch Hausthiere erzeugten Düngern und fast dem theuren Guano gleich zu setzen. Er wird

am besten wie dieser als Beidünger in Pulverform und flüssig angewendet.

In der Gärtnerei ist er außerordentlich nützlich, besonders für den
Anbau im Frühjahr und Herbst, wo die Witterung noch kühl und feucht
ist. Er ist hitzig und scharf und erwärmt den Boden im hohen Grade.
In schwerem, feuchtem Boden kann er jederzeit wie anderer Mist mit diesem oder allein benutzt werden; in hitzigem, trocknem Boden dagegen wird
er nur nützlich, wenn man bei feuchtem Wetter obenauf düngt. Der
Taubenmist bildet in einigen Gegenden, wo man viele Tauben hält, einen
gesuchten Handelsartikel, indem man ihn in Säcken verkauft. Dies ist
besonders in Belgien, an der Nordküste von Frankreich und in einigen
Gegenden Italiens der Fall. Seit einiger Zeit wird auch aus Aegypten
Taubenmist nach England gebracht. Im lufttrocknen Zustande enthielt
derselbe nach Johnson:

Wasser 6,65
organische Substanz mit 3,27 Proc.
Stickstoff (= 3,96 Ammoniak) . . 59,68
Ammoniak 1,50
Alkalisalze 0,42
phosphorsauren Kalk und Magnesia 7,96
kohlensauren Kalk 2,37
Sand 21,42

In Nordfrankreich wird der Mist der Taubenthürme verpachtet und man
zahlt durchschnittlich 100 — 150 Franken für 600 — 650 Tauben,
welche jährlich ungefähr 2400 Pfund Mist liefern. Man rechnet dort,
daß 100 Tauben 160 — 200 Pfund Mist liefern.

Der Geflügelmist eignet sich für alle Gemüse und wirkt auch sehr
vortheilhaft auf Obstbäume, Wein und Beerensträucher. Düngt man
alljährlich schwach mit Taubenmist, so kann man viele Jahre lang auf
demselben Lande Erbsen oder Bohnen ziehen. Will man allein mit Taubenmist düngen, so nehme man 1000 Pfund auf den Morgen, soviel wie
man in Belgien zu Lein (der bekanntlich viel zehrt) braucht. Da er
stets Klumpen bildet, so müssen diese so zerkleinert werden, daß die Masse
als Pulver gestreut werden kann. Hat man nicht viel Taubenmist, so ist
es am besten, ihn zur Bereitung von flüssigem Dünger zu benutzen, indem man damit ein staunenswerthes Wachsthum hervorbringt.

8. Abtrittsmist oder Menschenkoth.

82. — Der Menschenkoth wird mit Recht für den wirksamsten thie=
rischen Dünger gehalten, denn er enthält, in Folge der manchfaltigen Nah=
rung, alle den Pflanzen nöthigen Stoffe und Salze in großer Menge.
Gleichwol wird dieser außerordentlich wirksame Düngstoff bei uns so we=
nig und unzweckmäßig benutzt, daß mehr als die Hälfte verloren geht, die
Masse des in Städten durch Wasser fortgeschwemmten Abtrittsmistes nicht
gerechnet. Das Vorurtheil, daß die Gemüse davon einen schlechten Ge=
schmack annehmen, was nur bei einigen der Fall ist, wenn dieser Stoff frisch
aus dem Abtritt angewendet wird, ferner die Schwierigkeit, ihn frisch mit
Erde zu vermischen, der Abscheu gegen den ekelhaften Geruch, die Verach=
tung, welche auf der Arbeit des Ausleerens der Gruben haftet: alles Dieses
trägt dazu bei, die Anwendung dieses ausgezeichneten Düngstoffes zu be=
schränken. Gegenwärtig giebt man sich in vielen Städten Mühe, die Ab=
tritte besser einzurichten, geruchlos und weniger nachtheilig für die Gesund=
heit zu machen, um den Düngstoff zu verwerthen. Aber in den meisten
Orten betrachtet man die menschlichen Auswürfe immer noch als eine Sache,
die man froh ist, ohne Kosten los zu werden, während man doch mit den
durch einen Menschen jährlich erzeugten Auswürfen (mit Einschluß des Urins)
bei gehöriger Anwendung ¼ Morgen Land düngen kann, so daß eine
Stadt mit 15,000 Einwohnern Dünger für wenigstens 3000 Morgen Land
blos an Abtrittsmist liefert. Gleichwol werden damit vielleicht noch nicht
1000 Morgen gedüngt. Metzger*) erzählt von einer Anstalt, wo 40
Knaben erzogen werden, welche den Dünger für sämmtliche, für die ganze
Anstalt, Lehrer und Bedienung, nöthigen Gemüse liefern. Mit dem Dünger
von Strafanstalten, Fabriken u. s. w., wo sich die Auswürfe einer großen
Menge Menschen ansammeln, könnte ein kleines Gut bewirthschaftet werden.
Nach Hermstedt und Schübler erzeugt Abtrittsmist eine doppelt so starke
Ernte, wie eine gleiche Menge Stallmist.

Es giebt aber auch Länder und Gegenden, wo man den Menschenkoth
auf das beste benutzt. In China, wo man in allen Straßen und Winkeln
Aufbewahrungsgefäße für die menschlichen Auswürfe anbringt, knetet man
die Masse mit thoniger Erde zusammen, trocknet sie und wendet sie gepul=
vert an. In Flandern, Oberitalien, Nordfrankreich u. s. w. wird der Ab=

---

*) „Mistbüchlein", herausgegeben vom Freiherrn L. v. Babo.

trittsmist flüssig angewendet. In Paris und andern großen Städten bereitet man vom Abtrittsmist die sogenannte Poudrette, ein Düngerpulver, und London wird, in Folge der Verderbniß des Themsewassers im Jahre 1857, darin nachfolgen. Auch in Deutschland hat man schon hier und da einen Anfang gemacht.

Aber auch bei uns rühren vernünftige Leute diese verabscheute Masse in die Jauche oder erzeugen durch Untermischung mit Erde ein trocknes Düngerpulver. So ist bereits dieser Stoff ein Handelsartikel geworden und wird es noch immer mehr werden, indem durch den Guano derartige Beidüngungen so in Gebrauch gekommen sind, daß man sie auch nach dem Verbrauch der bekannten Guanolager nicht entbehren kann. Er kann auch den Guano vollständig ersetzen, wenn er auch etwas minder kräftig wirkt. Da die menschliche Nahrung sehr verschieden ist, so ist es auch die Güte der Excremente. Der Abtrittsmist aus Familien, wo man gut, namentlich viel Fleisch ißt, also besonders aus Städten, weil man dort im Allgemeinen besser lebt, ist viel nährkräftiger als der aus Familien und armen Dörfern, wo Kartoffeln die Hauptkost bilden. Durch den allgemeinen Brodgenuß und Hülsenfrüchte kommt viel Phosphorsäure in den Abtritt.

Berzelius fand in der Asche menschlicher Excremente 27 Theile, Enderlin sogar 34 Proc. phosphorsaure Salze. Auch Alkalien sind darin reichlich enthalten. Man sieht daraus, daß dieser Dünger auch Denen recht sein muß, welche den Mineralstoff für die Pflanzennahrung für wichtiger halten als den Stickstoff. Aber auch an diesem ist er ungemein reich.

Der Abtrittsmist wird, wie schon erwähnt, meistens nur als Beidünger angewendet, könnte aber überall, wo genug davon zu haben ist, den Hauptdünger für die Gemüsegärten bilden, und man brauchte nur so viel anderm mit Streu vermischten Dünger anzuwenden, als nöthig ist, um von Zeit zu Zeit die mechanische Wirkung des Mistes (siehe §. 71) zu erreichen. Da man ihn nie in so großer Menge anwenden darf wie Stallbünger, so muß die Düngung öfter wiederholt werden, weil sich wenig Nachwirkung einstellt. Man hat es aber bei zweckmäßiger Behandlung in der Gewalt, diesen Dünger zu jeder Zeit auch auf schon bestellten Beeten in Anwendung zu bringen, sei es flüssig als Düngerguß oder trocken. Er wird für hitzig gehalten, aber dies ist in einem ganz andern Sinne zu verstehen, wie beim Pferde- und Schafmist, denn er ist eigentlich nicht hitzig, d. h. den Boden wärmend, sondern frisch nur scharf, zu scharf, um als Pflanzennahrung zu dienen, daher oft schädlich. Diese Eigenschaft verliert er aber sofort, wie die Zersetzung eingetreten ist, welche durch die Verbindung mit andern Stoffen und Berührung mit der Luft in kurzer Zeit vor sich geht. In diesem Zustande eignet er sich für jeden Boden, auch für heißen Sandboden, auf welchem er an vielen Orten mit bestem Erfolg angewendet wird.

83. — Betrachten wir die verschiedenen Behandlungsweisen, durch welche der Abtrittsmist in einen guten, keine Unannehmlichkeiten verursachenden Dünger verwandelt wird. Das einfachste Verfahren, welches bei dem im Hause und Garten selbst erzeugten Abtrittsdünger vorzugsweise angewendet werden sollte, besteht darin, daß man ihn mit Erde vermischt. Man richte die Gruben so ein, daß man leicht und zu jeder Zeit Erde hinein werfen kann. Hierzu dient lockere, steinfreie Erde, am besten Compost oder andere humusreiche Erde, wie sie sich von Holzabfällen, Laub, Nadeln, Unkraut u. s. w. bildet. Wirft man wöchentlich mehrmals so viel Erde in die Grube, daß der Mist einige Zoll hoch bedeckt wird und die Erde die flüssigen Theile einsaugt, so wird einestheils das Ammoniak festgehalten und der Gestank fast ganz beseitigt, anderntheils erhält man eine Masse, die nach einigen Monaten mit der Schaufel und ohne viel Gestank zu verbreiten ausgetragen werden kann, wobei der sonst mit dieser Arbeit verbundene Abscheu keine Ursache mehr hat. Jährlich einmal im Winter oder noch besser zweimal wird die Grube geleert und die Erde entweder sogleich auf das Land gebracht und als Hauptdünger untergegraben, oder auf Haufen gesetzt und durch mehrmaliges Umarbeiten völlig zu Erde verwandelt, als trockene Beidüngung angewendet. Will man einen noch wirksamern Dünger, so streue man die so gewonnene Erde nochmals in den Abtritt oder benutze als Einstreu andere von Mist gebildete Erde, Knochenmehl ꝛc. Auf diese Art erhält man eine Erde, welche dem echten Guano an Wirksamkeit wenig nachsteht. Zur sogenannten Desinfection (d. h. Binden und Beseitigen des Geruchs) kann man noch Gypspulver, Kohlenpulver, Steinkohlenasche, thierische Kohle aus Zuckerfabriken, Bauschutt, gebrannte kalkhaltige Thon- und Schlammerde, Haus- und Straßenkehricht, Torf, Sägespäne u. s. w. anwenden, was noch besser durch einen Zusatz von aufgelöstem oder pulverisirtem Eisenvitriol (schwefelsaures Eisen), welcher das Ammoniak und Schwefelwasserstoffgas des Menschenkothes vollständig bindet, erreicht wird. Durch diese Desinfection oder Entstinkung wird zugleich der Düngerwerth erhöht, indem das Stickstoff bildende Ammoniak ganz darin erhalten wird.

Kauft man Abtrittsmist, so kann man die Vermischung im Garten in einer
besonders dazu eingerichteten Grube vornehmen. Am leichtesten geht dies
in großen Städten, wo die Nachtgeschirre jeden Morgen in den Straßen-
reinigungswagen entleert werden und mit Straßenkehricht vermischt sind.

In Frankreich, wo in den Städten die Desinfection der Abtritte gesetzlich geboten ist, wendet man nach Girardin folgende Mischung mit
größtem Nutzen dazu an. Zu 6 Scheffel (ungefähr 12 Kubikfuß) Koth-
masse nimmt man 24 Pfund Kohlenstaub, zwei Pfund rohen fein gepulverten
Gyps und 2 Pfund zerstoßenes schlechtes Eisenvitriol, mischt diese staubartige Masse und streut sie unter fortwährendem Umrühren mit einer langen
Stange in die Grube. Hierdurch wird das flüchtige Ammoniak und Schwefelwasserstoffgas sofort gebunden und der widerliche, gefährliche Geruch vertilgt. Wenn man bedenkt, wie nützlich schon die Kohle in der Gärtnerei ist,
so erklärt sich, daß sie, mit den kräftigsten Düngstoffen durchdrungen, noch
viel mehr bewirken muß. Der so geruchlos gemachte Dünger ist aber noch
breiartig und muß getrocknet oder mit Erde rc. vermischt werden. Das
Kohlenpulver läßt sich durch eine größere Menge von andern verkohlten
Pflanzenstoffen ersetzen.

Ein zweites nicht weniger zu empfehlendes Verfahren besteht darin,
daß man den Menschenkoth flüssig macht und flüssig anwendet. Dieses ist,
wie schon erwähnt, in vielen Gegenden, besonders in Flandern, allgemein
gebräuchlich. Führt man eine solche Benutzung in der eignen Wirthschaft
ein, so ist es am besten, die Excremente frisch sogleich in eine Wasser hal-
tende Grube, am besten in das Jauchenloch zu leiten oder die damit gefüllten

Fig. 3.

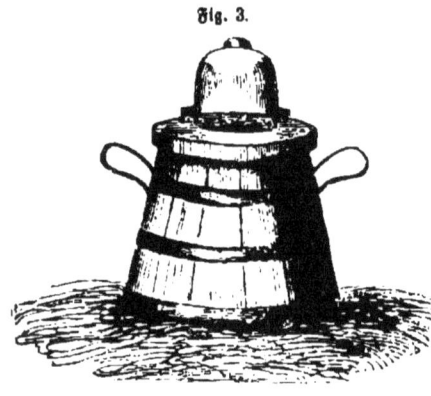

Gefäße in diese zu schütten.
Richtet man anstatt der gewöhnlichen Abtritte Kübel ein,
welche als Nachtstuhl dienen,
so sind erstere in Haus, Hof
und Garten ganz entbehrlich.
Fig. 3. zeigt eine zweckmäßige
Form dieser nützlichen, bequemen und die oft unangenehmen
feststehenden Abtritte entbehrlich machenden Kübel, welche
sich an den Handhaben bequem

fortschaffen laffen. Diefelben können auch bei Entleerung der düngenden Flüffigkeit auf das Gartenland zum bequemen Transport bienen, ober man benutzt hierzu ein großes Jauchefaß ober im Garten ben Fig. 6. abgebil= beten Handjauchenfarren. In die Sammelgrube wird auch alles Seifen= waffer, gutes Aufwaschwaffer, der Inhalt der Nachttöpfe, furz jede düngende Flüffigkeit geleitet ober gefchüttet und das Mift= und Stallwaffer hinein= geleitet. Die Maffe tritt bald in Gährung und es verlieren biefe frisch fo ftinfenden Stoffe baburch faft ganz ihren befonbern unangenehmen Geruch. Will man aus andern Häufern von biefem Dünger fammeln, fo fann man folche Fäffer bort auffteIlen, von wo fie fich leicht transportiren laffen.

Kauft man größere Maffen von Abtrittsmift, welcher flüffig verwendet werden foll, fo ift es am beften, dem Beifpiel der flandrifchen Landwirthe zu folgen und auf bem Grundftücke felbft geräumige, wafferhaltige, ver= becte Gruben einzurichten. Sie find, wie Fig. 4 zeigt, eingerichtet, haben oben eine mit einem Bohlenftück verschließbare Oeffnung und nach der Seite ein Luftloch, welches fie entbehren können, wenn die Oeff= nung aus einem durchbrochenen Gitter befteht. In Flandern faßt eine folche Grube meift über 8000 Kubikfuß flüffigen Dünger. Man holt den Dünger aus der Stabt,

Fig. 4.

fo oft man Zeit und Gelegenheit hat, auf einem befonders bazu eingerich= teten Wagen mit Fäffern, und füIlt ihn in die Gruben. Ift er zu fteif, fo wird Miftjauche ober Waffer zugefchüttet und untergerührt. In Flandern wirft man gewöhnlich noch zerkleinerte Oelfuchen ober Rappsmehl hinein, woburch der Düngerwerth noch erhöht wird. Will man biefen Dünger an= wenden, fo wird er in Kübeln ausgetragen und burch eine fehr langftielige Düngerfchaufel von zähem Holz (Fig. 5) über das Land gefchleudert und überaII gleichmäßig ver=
theilt. Diefer Dünger
wird ftets auf bas Land
gebracht, nachbem es
fchon gegraben ober ge=
pflügt ift, oft erft nach der Saat ober Pflanzung, fogar bei bem erften

Fig. 5.

Behacken, überhaupt stets, wo man zu besserem Wachsthum anreizen will, ganz wie man andern flüssigen Dünger verwendet. Anstatt dieser Düngerschaufel kann man sich zum Ausbreiten des flüssigen Düngers jeder Art auch eines sogenannten Schöpfstutzes (Schöpf= kübelchen) mit sehr langem Stiel bedienen, womit die Bleicher das Wasser auf hundert Schritt weit werfen. Das Gefäß darf aber nur einige Maß fassen, muß leicht von weichem Holze gearbeitet sein und einen 10—12 Fuß langen leichten Stiel haben. So nützlich diese Art Düngung ist, so verdient die Anwendung des Abtrittdüngers in trockner Gestalt, wie oben beschrieben, als Hauptdün= gung doch den Vorzug, da dieselbe Wirkung erzielt wird und die Arbeit reinlicher und weniger widerlich ist. Die Wirkung dieses Düngers tritt, wie überhaupt bei flüssigem Dünger, allerdings schneller ein als bei trock= ner Anwendung, und es ist damit fast kein Verlust an Stoffen verbunden, was bei dem Austrocknen immer der Fall ist.

Endlich muß hier noch des aus menschlichen Auswürfen bereiteten käuflichen Düngerpulvers, der sogenannten Poudrette, gedacht werden, wovon in §. 86 die Rede sein wird.

II. Bei= und Nebendünger.

84. — Die Düngstoffe, welche §. 67 als Bei= oder Nebendünger genannt wurden, können, in genügender Menge vorhanden, auch als Hauptdünger betrachtet, also ganz für sich allein zur Düngung verwendet werden, jedoch nicht in dem Maße wie der Mist, sondern nur zuweilen als Ersatz desselben. Sie sind auch zum Theil vielfältig dem Hofmist bei= gemischt und verändern dann den Stallmist in einer ihren Eigenschaften entsprechenden Weise. Viele davon eignen sich vorzüglich zur Düngung des Landes während der Kulturzeit, weil sie, ohne untergegraben werden zu müssen, angewendet werden können, und dienen dazu, um schnell ein größeres Wachsthum zu erzeugen. Oder sie werden neben dem Mist an= gewendet, wenn dieser nicht ausreichend, von schlechter Beschaffenheit oder zu langsam wirkend ist. Bei andern beabsichtigt man bei ihrer Anwen= dung eine längere, später eintretende Wirkung, als durch Mist möglich ist. Endlich werden die schnell wirkenden Stoffe angewendet, um auf einem Boden, welcher nicht mehr Kraft genug hat, Gemüse, das frischen Mist nicht vertragen kann, zu bauen.

Der Nebendünger ist trocken, d. h. pulverförmig und erdartig, oder flüssig. Der meiste pulverförmige kann, wenn eine schnellere Wirkung beabsichtigt wird, in flüssigen Dünger verwandelt werden. Endlich gehört hierher der Gründünger, welcher in gewissen Fällen die Stelle des Mistes vertreten kann und wie dieser vorzüglich mechanisch-physikalisch wirkt.

A. Trockner Peidünger.

1. Guano.

85. — Der echte peruanische Guano oder Vogelmist von den Chinchainseln ist unter allen der kräftigste Dünger, welcher alle zur Pflanzennahrung dienenden Stoffe in geeignetem Verhältniß in großer Menge enthält. Ich würde ihn für die Gärtnerei auf das wärmste empfehlen und seine Verwendung überall anrathen, wo Mist nicht in genügender Menge zu haben ist, wenn nicht seine Anwendung voraussichtlich in nicht ferner Zeit durch den großen Verbrauch ein Ende finden müßte, wenn er nicht in Folge der großen Nachfrage zu theuer würde und so großen Verfälschungen unterworfen wäre, endlich wenn er nicht durch andern wohlfeilern Düngerstoff, besonders durch die menschlichen Excremente (§. 82) zu ersetzen wäre. Da ich mich so sehr zu Gunsten der letztern ausgesprochen und erklärt habe, daß sie den Guano vollständig ersetzen können, so werde ich den Guano nicht so ausführlich besprechen, als es in einer Düngerkunde der Fall sein sollte. Der Guano (oder eigentlich Huano) besteht aus den Auswürfen von nur Fische fressenden Seevögeln und' deren Ueberresten selbst, wie sich dieselben auf den Felseninseln unfern der Küste von Peru und Chili in einem regenlosen Erdstriche seit Jahrtausenden gebildet haben. Er findet sich auch anderwärts, wo solche Vögel in großen Massen leben, ist aber vom Regen ausgelaugt und entkräftet, daher von geringem Werth. Er bildet ein braunes Pulver, fein staubartig mit innen meist weißlichen Klumpen und Knochenstückchen vermischt, mit ungemein starkem, stechendem Salmiakgeruch, in guter Beschaffenheit ganz trocken. Ein Hauptkennzeichen von gutem Guano ist der stechende eigenthümliche Geruch, weil sich derselbe nicht künstlich erzeugen läßt, wenigstens nicht lange anhalten würde, überhaupt wol zur Verfälschung nicht angewendet wird, indem er nur durch stark ammoniakhaltige Stoffe gegeben werden könnte und diese zu theuer kämen. Es läßt sich daher schlechter Guano in Bezug auf den Geruch nur mit gutem verfälſchen. Hat ein Guano keinen oder nur ſchwachen Ammoniakgeruch (ähnlich wie Salmiakgeiſt und die Käfige der Raubthiere), ſo iſt er entweder aus einer andern Gegend, wo es viel regnet, alſo ausgelaugt, oder er iſt naß geworden und wieder getrocknet, oder aber ſehr verfälſcht.

Nach A. Stöckhardt geſchieht die Prüfung des Guano auf ſeinen Werth auf folgende Weiſe:

1) Prüfung durch Trocknen: 4 Loth zerriebener Guano werden auf einen Bogen Papier ausgebreitet und in einem geheizten Zimmer ſo lange liegen gelaſſen, bis er völlig lufttrocken iſt; manche Guanoſorten verlieren 20 — 24 Proc. an Gewicht.

2) Prüfung durch Verbrennen: 1 Loth Guano wird in einem Löffel auf glühenden Kohlen ſo lange erhitzt, bis eine weiße oder graue Aſche zurückbleibt; die guten peruaniſchen Sorten hinterlaſſen 30—33 Proc. Aſche; die guten Sorten riechen während des Verbrennens ſtechend nach Ammoniak, die ſchlechtern wie verbranntes Horn.

3) Prüfung durch Kalk: Ein Löffel Guano und eine gleiche Quantität friſch gelöſchter Kalk werden mit etwas Waſſer übergoſſen und umgerührt; je intenſiver der ſich entwickelnde Ammoniakgeruch iſt, deſto beſſer iſt der Guano.

4) Prüfung durch Auswaſchen: Ein Loth lufttrockner Guano wird auf einem Filter (Trichter mit einem Löſchpapier oder Seihtuch) ſo lange mit ſiedendem Waſſer gewaſchen, als das Waſſer noch gefärbt abläuft; der Rückſtand wird getrocknet und gewogen. Falls der Guano mit Seeſalz oder Glauberſalz verfälſcht ſein ſollte, entſcheidet die Prüfung durch Verbrennen. Gute Sorten hinterlaſſen 50—55 Proc. Rückſtand, die ſchlechtern 80 — 90 Proc.

5) Prüfung durch Eſſig: Der Guano darf mit Eſſig (oder verdünnter Salzſäure) übergoſſen nicht aufbrauſen, er enthält ſonſt kohlenſauren Kalk.

Man ſieht, daß eine dieſer Proben nicht ausreicht, daß aber auch keine chemiſchen Kenntniſſe dazu gehören, um ſie auszuführen.

Auf den Geruch allein kann man ſich nicht verlaſſen, denn es kann ſehr guter Guano mit Lehmerde, Knochenpulver, Sand, Kalk ꝛc. verfälſcht ſein und doch ſcharf riechen.

Stöckhardt fand in Guano von

	Peru. 1850.	Pacu. 1851.	Saldanha. 1847.	Chili. 1848.	Patagonien. 1848.	Afrika. 1850.
Feuchtigkeit	10	8	8	20	6	15
verbrennliche oder flüchtige stickstoffhaltige Körper .	59	65	22	11	15	13
phosphorsauren Kalt . .	25	22	64	51	77	53
Kalisalze	3	4	—	—	—	—
Natronsalze	1	—	1	13	—	—
Gyps	—	—	—	2	—	13
Kieselerde, Sand, Steine ꝛc.	2	1	5	3	2	6

Andere Analysen weichen wesentlich davon ab, überhaupt ist der Guano sehr verschieden, je nach Fundort, Tiefe des Lagers, Alter u. f. w. Eine Hauptsache dabei ist, daß er reichlich Ammoniak, Phosphorsäure und Alkalien enthält. Dem Werth nach steht der Angamas-Guano, ein peruanischer Guano neuerer Bildung von hellgrau-brauner Farbe, obenan, doch kommt er selten vor. Dann folgt der gewöhnliche peruanische Guano, darauf in abnehmender Güte der Ichaboe, der patagonische, Saldanha u. a. m. Ich kann Gärtnern, welche Guano anwenden, nichts Besseres anrathen, als von einer Sorte, von deren vorzüglicher Güte sie sich durch üppiges Wachsthum überzeugt haben, so viel zu kaufen, als sie in mehreren Jahren zu brauchen gedenken und aufbewahren können.

Da der Guano so viel flüchtiges Ammoniak enthält, so muß er in Säcken oder besser in Fässern und Kisten festgedrückt aufbewahrt werden. Eine Bedeckung mit einer Schicht rohem Gypspulver oder Pulver von Eisenvitriol könnte nur vortheilhaft wirken.

Der Guano wirkt kräftig, schnell, aber nicht nachhaltig. Er ist unübertrefflich, wenn man sofort ein starkes Wachsthum erzeugen will, von geringem Werth für die Nachfrucht, außer in ganz trocknen Jahren, wo er, trocken angewendet, nicht löslich werden konnte. Will man eine ganz sichere, schnelle Wirkung, so muß er flüssig angewendet werden. Man gräbt oder pflügt ihn selten unter, damit er in die Nähe der jungen Wurzeln kommt, wenn die Pflanzen noch klein sind, da er gerade in der ersten Wachsthumszeit am meisten nützt. Geschieht es aber, so muß es unmittelbar vor der Bestellung sein. Das gewöhnliche Verfahren der Anwendung ist, daß man ihn mit der Saat einhackt oder eggt, mit Erde vermischt auf die aufgegangene Saat oder um bereits versetzte Pflanzen oder auch in die Pflanzlöcher streut. Mit dem Samen selbst darf man Guano nicht vermischen, weil manche davon beim Keimen zu Grunde gehen würden. Man darf nie viel auf einmal anwenden, weil er sonst schädlich, oft tödtlich wirkt, und manche Pflanzen, wo die Krautbildung nicht begünstigt werden darf, z. B. Wurzelgewächse, zu üppige Blätter machen. Da Guano beim Gemüsebau noch wenig angewendet worden ist, so fehlt es an Erfahrung über die anzuwendende Menge. *) Ein Pfund auf die Quadratruthe können alle Gemüsepflanzen vertragen, auch wenn das Land schon gedüngt worden oder noch kräftig ist. Ebenso ist ein tüchtiger Eßlöffel voll für eine stark wachsende, schon größere Gemüsepflanze, um die Wurzeln oder vor dem Pflanzen in das Loch gebracht, nicht zu viel. In allen Fällen dünge man lieber öfter und mäßig und mache erst selbst Versuche. Wollte man mit Guano allein düngen, so würden 200 Pfund für den Morgen noch wenig für stark zehrende Gemüse sein.

In allen Fällen, wo es angeht, soll man den Guano einhacken, damit sich das Ammoniak nicht so verflüchtigen kann, und es müssen daher, wo ein Einhacken nicht möglich ist, 4 — 20 Theile Erde darunter gemischt werden. Auch Gypspulver ist zur Untermischung sehr geeignet. Zu Spargel vermischt man ihn mit Salz und Asche, zu Rüben mit Knochenmehl und Mehl von schwarzer Knochenkohle. Zum Samenbau, wobei der Guano wegen seines großen Gehaltes an phosphorsauren Kalk ganz besonders geeignet ist, würde eine Untermischung mit Knochenmehl sehr nützlich sein.

Ueber die Düngung der Obstbäume mit Guano ist noch nichts bekannt geworden. Hätte man aber keine Mistjauche, Abtrittsmist und dergleichen kräftige Stoffe, oder wäre der Transport derselben auf weit entfernte Pflanzungen schwierig, so muß Guano ebenfalls ausgezeichnete Wirkung auf junge Bäume und bei alten, an Fruchtbarkeit nachlassenden hervorbringen. In gleicher Weise könnten auch Spalier- und andere Zwergbäume, welche wegen Mangel an Nahrung nur kleine Früchte bringen, zur Zeit, wenn das Wachsthum der Früchte am stärksten ist, also

---

*) Der Verein zur Beförderung des Gartenbaues in den preußischen Staaten hat vor mehreren Jahren zu Versuchen mit Guano, Chili-Salpeter u. s. w. an verschiedenen Gemüsen, Obstbäumen ꝛc. aufgefordert und Tabellen zur Ausfüllung vertheilt; es ist aber, so viel ich weiß, der Erfolg noch nicht bekannt geworden.

2—6 Wochen vor der Reife (ersteres bei Kirschen und Beeren), mit Guano gedüngt, gleichzeitig aber gegoſſen werden.

Der Guano hat ſich in allen Bodenarten als ein außerordentliches Düngmittel bewährt. Er wirkt in lockerem, warmem Boden, wenn er zugleich von Regen feucht iſt oder begoſſen wird, ſchneller und auffallender als in ſchwerem Boden, wird aber bei Hitze und Trockenheit dann um ſo unwirkſamer und nachtheiliger. Aus Allem, was über den Guano geſagt wurde, geht hervor, daß er in der Gärtnerei als Hauptdünger nicht zu empfehlen, aber der wirkſamſte Beidünger iſt.

Nach A. Stöckhardt ſoll 1 Centner guter Guano dieſelbe Düng=kraft haben, wie 65—70 Centner guter Stallmiſt. Dieſer Vergleich kann zum Maßſtabe ſeiner Anwendung dienen.

Dr. A. Roſe empfiehlt in Stöckhardt's „Chemiſchem Ackersmann" den Guano mit einer Auflöſung von Knochen in Salzſäure zu miſchen. Es ſoll hierdurch das oxalſaure und harnſaure Ammoniak im Guano in oxal=ſaure und harnſaure Kalkerde verwandelt, leichtlöslicher Salmiak gebildet und dadurch die Wirkſamkeit des Guano in ungünſtigen (trocknen) Jahren geſichert werden. Außerdem wird durch die Zuführung von phosphorſau=rem Kalk die Wirkſamkeit bedeutend erhöht. Man ſoll auf 1 Ctr. Guano 15 — 20 Pfund Knochenlöſung*) nehmen. Da die Maſſe feucht wird, ſo iſt es nothwendig, trocknen Sand oder dergleichen Erde darunter zu miſchen, auch wird gerathen, die Miſchung 8 Tage liegen zu laſſen. Wo die ſo bereiteten Knochen nicht käuflich zu haben ſind, kann man ſich dieſe Auflöſung auf die §. 89 angegebene Weiſe ſelbſt bereiten.

2. **Künſtlicher oder nachgemachter Guano und Düngerpulver von ähnlicher chemiſcher Beſchaffenheit und Wirkung.**

86. — Der hohe Preis des echten Guano und die Erfahrung, daß Stoffe von gleicher chemiſcher Beſchaffenheit ähnliche Wirkung üben, hat zur Bereitung von Düngepulvern geführt, welche den Namen künſtlicher Guano führen, wol auch zuweilen als echter in den Handel kommen. Dieſe Fabrikate ſind von ſehr verſchiedener Beſchaffenheit.

---

*) Solche Knochenauflöſung iſt bereits in chemiſchen Fabriken zu haben, z. B. in der zu Schöningen in Braunſchweig zum Preiſe von 1⅔ Rthlr. per Centner.

Dem echten Guano am nächsten kommen soll der sogenannte Fisch=
guano. Dieser wird an Seeplätzen, wo viele Fische und Fischtheile
weggeworfen werden, besonders in Neufoundland, Norwegen und an eini=
gen Häfen der Ost= und Nordsee aus verdorbenen Fischen und den Ueber=
resten der zum Handel kommenden und ausgethranten Fische, deren Ein=
geweiden, kleinen Fischen u. s. w. bereitet. Da die Seevögel, welche den
Guano liefern, sich von Fischen nähren, so hat man angenommen, daß
die Fische selbst einen gleichen Stoff liefern müßten. Dies ist aber sicher
ein falscher Schluß, denn sonst müßte man auch Kuhmist aus Gras und
Stroh u. s. w. machen können. Indessen, der aus Fischen bereitete Dün=
ger ist ein kräftiges Düngerpulver. In Nordfrankreich, Norwegen und
Schweden führt dieser Düngstoff den Namen Heringsguano oder
Tangrum und wird meistens aus den zu Thran verarbeiteten Herin=
gen bereitet. In Frankreich bereitet man auch aus Seekrebsen (Granaten,
Garnelen) Guano, welcher als Granatguano in den Handel kommt.

Französischer Fischguano enthielt 11,6 Proc. Stickstoff und 22,5 Proc.
phosphorsauren Kalk; englischer Green'scher 9,1 Proc. Stickstoff, 16,8
Proc. phosphorsauren Kalk; eine andere Sorte davon 13,8 Proc. Stick=
stoff, 0,5 Proc. phosphorsauren Kalk. Im Granatguano fand Wicke
11,234 Proc. Stickstoff und 5,263 Proc. phosphorsaure Erden.

Nach Johnston bereitet man guten künstlichen Guano aus:

Knochenmehl	315	Pfund
schwefelsaurem Ammoniak	100	„
Kochsalz	100	„
frischer Asche	5	„
trocknem Glaubersalz	11	„
	531	Pfund

Nach Potter wird Guano bereitet aus:

Knochenmehl	200	Pfund
schwefelsaurem Kalk (Gyps)	100	„
Kochsalz	100	„
Glaubersalz	75	„
in Jauche zerrührtem schwefelsaurem Ammoniak	25	„
	500	Pfund

Diese 500 Pfund sollen eine Wirkung wie 400 Pfund echter Guano ausüben.

Wer solchen nachgemachten Guano kauft, möge erst Versuche über seine Wirksamkeit anstellen. Ich würde indessen nur dazu rathen, wenn es ganz an anderm Dünger fehlen sollte.

Unter verschiedenen aus meist organischen Stoffen bereiteten Dünger= pulvern will ich nur die sogenannte Poudrette erwähnen. Das früher unter diesem Namen im Handel vorkommende Pulver bestand aus einge= trocknetem Menschenkoth, wovon ein Theil des darin enthaltenen Stickstoffs schwer löslich, folglich von geringer und langsamer Wirkung ist. Neuer= dings ist man von dieser Poudrette abgekommen. Man setzt den Excre= menten vor dem Eintrocknen schwarze Knochenkohle (Beinschwarz) oder andere Desinfectionsmittel zu. Auch dieses Düngerpulver ist je nach Zu= satz und Behandlung sehr verschieden, und es können nur Versuche die Güte und Nährkraft bestimmen.

Diese und ähnliche käufliche Dünger sind nur zu empfehlen, wenn sie wohlfeil zu haben sind und ihre Wirksamkeit erprobt ist. Gegenwärtig liefern auch in Deutschland eine Menge Fabriken die verschiedensten Düngepulver.

3. Knochenmehl, phosphorsaurer Kalk und Knochenkohle.

87. — Der Werth des Knochenmehls als Düngmittel ist schon im Alterthum erkannt worden. Im landwirthschaftlichen Betriebe ist es ein schon vielfach, in der Gärtnerei hingegen kaum angewendetes Düng= mittel. Die Ursache dieser Nichtachtung liegt in dem Umstand, daß das gewöhnliche Knochenmehl sehr langsam wirkt und sich bei der ersten Ernte fast nicht bemerklich macht. Dagegen bewirkt es eine dauernde Boden= verbesserung. Aus diesem Grunde kann es nur vortheilhaft auf die Obstbäume und Weinreben, sowie auf Gemüse wirken, welche lange auf demselben Platze stehen, und ist deshalb gewiß für Spargelbeete zu em= pfehlen. Die Knochen enthalten frisch die wirksamsten Nahrungsstoffe für die Pflanzen, nämlich Stickstoff und Phosphorsäure in großer Menge, alte ausgekochte oder lange im Wetter gelegene Knochen (Leseknochen) noch immer allen phosphorsauren Kalk, welchen ja die neuen Chemiker höher als den Stickstoff schätzen, außerdem kohlensauren Kalk.

9*

Die Bestandtheile des Knochenmehls wechseln sehr, je nach der Art, dem Alter und selbst der Nahrung der Thiere und der Behandlung der Knochen vor der Fabrikation. Man kann daher den Düngerwerth nicht nach dem Gehalt der Knochen im Allgemeinen prüfen, sondern nur nach dem Gehalt desjenigen Knochenmehles, welches man anwenden will. Nach Stöckhardt enthielten mehrere in Sachsen verwendete Arten von gewöhnlichem Knochenmehl folgende Bestandtheile:

Knochenmehl, sehr rein und trocken aus

	Scharfrichterknochen	Lesek[nochen], Feldknochen	Fleischknochen mit Flechsen
Wasser	5	11	14	9
verbrennliche Stoffe mit			
Stickstoff	33	34	28	49
phosphorsaure Erden	5	4,5	4	6,5
kohlensauren Kalk	53	47	50	36
Sand	8	7	65	5
Erde	1	1	1,3	1

Knochenmehl hat mehr phosphorsaure Salze, aber weniger stickstoffhaltige Theile als Guano. In Sachsen schätzt man 1 Ctr. feines Knochenmehl = 25 — 30 Ctr. Mist und 1 Ctr. Guano = 2 — 2½ Ctr. Knochenmehl.

Da auch das Knochenmehl vielfältig verfälscht in den Handel kommt, so ist eine Prüfung zu empfehlen. Diese wird nach Stöckhardt auf folgende Weise vorgenommen: Man schüttet das Knochenmehl in eine Schüssel und gießt soviel Wasser hinzu, daß ein Brei entsteht, welcher so lange zwischen den Fingern gerieben wird, bis sich die gröbern Stücke von den pulverigen Theilen getrennt haben. Nachdem die Masse einige Zeit ruhig gestanden hat, gießt man das überstehende Wasser in ein Glas, worauf man wieder Wasser zugießt, es zwischen die Knochenmehlmasse rührt und wiederum abgießt, was so lange fortgesetzt wird, bis das Wasser ziemlich klar wird. Das gewaschene Knochenmehl wird getrocknet und auf einen weißen Bogen Papier gebreitet, wo man die fremdartigen Theile, als Kalk, Steinchen, Sand u. s. w. leicht erkennen kann. Die zufällig oder absichtlich dazwischen gekommenen Sand- und Erdtheile sondern sich, wenn das Wasser stehen bleibt, bald ab, so daß man ihre Menge und

Beschaffenheit beurtheilen kann. Gröberer Sand u. dergl. sinkt schon beim Waschen auf den Boden des Gefäßes.

Die langsame Verwesung und späte Wirkung des Knochenmehls hat zu einer Zubereitung desselben auf chemischem Wege geführt, wodurch es schneller verweslich und wirksam, dazu noch kräftiger wird. Dies geschieht 1) durch Behandlung mit Schwefelsäure, wodurch man das sogenannte Superphosphat (schwefelsaures Knochenmehl, überphosphorsaurer Kalk) erhält, ein Stoff, der dem Boden die den Pflanzen nützliche, das Ammoniak bindende Schwefelsäure zuführt; 2) durch Dämpfen oder Schwelen, wodurch ein Theil in Leim verwandelt wird und die Knochen so spröde werden, daß sie leicht in das feinste Pulver verwandelt werden können; 3) auf eine ähnliche Weise mit Anwendung von Pferdemist, wovon §. 89 die Rede sein wird.

88. — Das mit Schwefelsäure aufgeschlossene Knochenmehl oder Superphosphat findet gegenwärtig die allgemeinste Anwendung. Das durch Fermentation in Pferdemist bereitete dagegen ist, weil man es selbst sehr wohlfeil bereiten kann, für den Gärtnereibetrieb um so mehr zu empfehlen, da es in jedem Garten, wo Mistbeete angelegt werden, als Nebenprodukt gewonnen werden kann.

Emil Wolf fand in mit 20—25 Procent Schwefelsäure behandeltem Knochenmehl aus der Frankfurter Fabrik:

	I. Sorte.	II. Sorte
Feuchtigkeit	5,1	6,0
organische Substanz und chemisch an Gyps gebundenes Wasser	28,9	24,6
Stickstoff in organischer Verbindung	3,3	2,3
phosphorsauren Kalk } in Wasser löslich	7,1	8,1
phosphorsaure Magnesia }	2,3	—
phosphorsauren Kalk in Wasser unlöslich	27,4	17,2
Gyps, wasserfrei	6,3	6,0
schwefelsaures Alkali	2,1	2,5
Schwefelsäure	6,5	8,3
Eisenoxyd	1,0	2,5
Sand	10,3	22,8

Neuerdings benutzt man zur Bereitung des sauren phosphorsauren Kalkes (Superphosphat) noch die sogenannten Kaprolithen oder fossilen

Fischexcremente, welche hier und da schwache Schichten bildend im
Boden gefunden werden. In Deutschland hat man sie bisher nur bei
Rothenburg an der Tauber gefunden, und ich weiß nicht, ob sie bei uns
schon zu solchem Düngerpulver benutzt werden. Da man auch aus dem
Phosphorit (eine Abart des Apatits) solches Superphosphat bereiten
kann, so weiß man nicht, ob man käuflich nicht Mineralstoffe für Knochenmehl bekommt, was bei gleicher Wirkung natürlich ganz einerlei sein
kann.

89. — Ein sehr gutes, feines, schnell wirkendes Knochenmehl bereitet man nach Angabe von Schenkel (Apotheker in Ludwigsburg, in
der „Zeitschrift für Pomologie und praktischen Obstbau" von Lucas und
Oberdieck, 10. Jahrgang, Seite 220) auf folgende Weise:

„Frische ganze Knochen und frischer Pferdedünger werden auf nachstehende Weise zusammengebracht. Auf den Boden bringe man eine etwa
zwei Schuh hohe Lage Heu oder Stroh, etwa 10 Schuh lang und 10
Schuh breit, und bedecke diesen Raum mit einer 1 Schuh hohen Lage
Pferdedünger. Auf diesen bringe man die Knochen, einen an den andern,
so daß sie etwa einen Schuh von den Begrenzungslinien des Vierecks entfernt zu liegen kommen. Auf diese Knochenschicht, deren Höhe etwa 3—4
Zoll beträgt, kommt jetzt eine Lage Pferdedünger von einem Schuh Höhe
und zwar so weit nach außen, daß nicht nur die Knochenlage, sondern auch
die Stroh- und Heuunterlage bedeckt ist, und so wird mit den Schichten
von beiden fortgefahren, bis der Haufen eine Höhe von 8 — 10 Schuh
erreicht hat. Die letzte Schichte ist Pferdedünger. Ist die Witterung
anhaltend trocken, so ist Begießen mit Wasser oder Gülle von Zeit zu Zeit
nothwendig.

Nach Verfluß von 9 — 12 Monaten findet man im Innern des
Haufens eine theils pulverige, theils käseartige Masse. Der Haufen
wird jetzt fleißig umgearbeitet, um ein gleichartiges Gemenge zu erhalten,
was dann wie Knochenmehl verwendet wird. Auf den Morgen 40—50
Pfund. Unter guten oder geeigneten Knochen sind solche zu verstehen,
die man sich in seiner Haushaltung entweder selbst sammelt oder von
Metzgern oder Abdeckern kauft. Solche, welche Jahre lang im Felde
gelegen, sogenannte Feldknochen, sind aus dem Grunde, den ich weiter
unten angeben werde, zu unserem Zwecke völlig zu verwerfen.

Betrachten wir vorerst die Bestandtheile der Knochen vor ihrer Zer=. störung. Sie bestehen d u r c h s c h n i t t l i c h nach den neuesten Analysen im Hundert aus:

57 phosphorsaurer Kalkerde,
2 phosphorsaurer Bittererde,
3 kohlensaurem Kalk,
3 Natron, mit wenig Kochsalz,
35 Chondrin (Leim),
_____
100.

Letzteres durchdringt die Poren der Knochen nach allen Richtungen. An= gesteckt durch die stickstoffhaltigen Materien, Feuchtigkeit und Wärme des Pferdedüngers, zerfällt das Chondrin zum Theil in kohlensaures Ammo= niak und löslichen Leim. Etwa die Hälfte der Phosphorsäure der phos= phorsauren Kalkerde wird von dem Ammoniak des kohlensauren Ammoniaks aufgenommen und somit phosphorsaures Ammoniak erzeugt. Die Koh= lensäure des kohlensauren Ammoniaks bemächtigt sich inzwischen des von der Phosphorsäure verlassenen Kalkes. Das Ganze ist ein Gemenge von 1) phosphorsaurem Ammoniak, 2) phosphorsaurer Bittererde, 3) kohlen= saurem Kalk, 4) Natron mit Kochsalz, 5) phosphorsaurer Kalk, 6) Leim. Nr. 1 und 4 werden durch ihre Leichtlöslichkeit im Wasser den Pflanzen= wurzeln sogleich zugängig. Nr. 2, 3 und 5 sind im Wasser unlöslich und werden erst im Laufe der Zeit durch den Einfluß der Atmosphärilien wie gewöhnliches Knochenmehl zersetzt. Nr. 6 giebt eine lange andauernde Quelle von Kohlensäure und Ammoniak ab.

Nachdem wir gesehen haben, welche wichtige Rolle der Leim in den Knochen bei ihrer Zersetzung spielt, ist es selbstredend, daß Feldknochen, welche ihren Leim bereits verloren haben, schlechterdings keine Anwendung finden können.

Zwei mächtige Factoren des Pflanzenwachsthums, Phosphorsäure und Ammoniak, resp. Stickstoff, finden wir in dem Gemenge aufs glück= lichste ungewöhnlich reich als Pflanzenernährer vereinigt. Huldige man der Stickstoff= oder Phosphorsäure=Theorie, immerhin kann man sich mit solchen höchst günstigen Resultaten befriedigt fühlen." — Hierzu bemerke ich, daß man die Mistbeete zu diesem Zwecke benutzen kann.

Man kann sich auch selbst Knochenmehl durch Anwendung von Salz= säure bereiten, welche, wie §. 85 erwähnt, besonders nützlich zur Unter=

mischung mit Guano sein soll. Dr. A. Rose giebt in Stöckhardt's „Chemischem Ackersmann" folgendes Verfahren an. Man gräbt ein gutes Faß in die Erde, schüttet die Knochen hinein und gießt die zur Hälfte mit Wasser verdünnte Salzsäure darüber. Nach 4 Tagen löst die Säure nichts mehr auf und wird abgefüllt. Sind die Knochen so weich, daß sie sich mit der Scheere schneiden lassen, so sind sie hinlänglich aufgeschlossen, wo nicht, so gießt man neue Säure darauf. Die von den Knochen abgelassene Flüssigkeit ist vortrefflich, um der Jauche zugesetzt zu werden, um wie Schwefelsäure das flüchtige Ammoniak dadurch zu binden.

Zur Düngung der Obstbäume kann das Knochenmehl jedoch, trotz der oben gerühmten Eigenschaften, nicht unbedingt empfohlen werden, denn es sind auch verschiedene Stimmen dagegen laut geworden. Einmal wird von verschiedenen Seiten erwähnt, daß man vom Knochenmehl nicht die geringste Wirkung verspürt habe. Dies mag wol daher kommen, weil das Knochen= mehl überhaupt schlecht war, oder der Boden bereits dieselben mineralischen Bestandtheile wie das Knochenmehl enthielt, nämlich Kalk und Phosphor= säure in hinreichender Menge, dagegen wenig Stickstoff bildende Stoffe. Herr Pfarrer E. Fischer in Kaaden, welcher sich viel mit Düngever= suchen abgegeben, erwähnt sogar in der Pomologischen Monatsschrift von 1859 (S. 208), daß er durch Knochenmehl seine Topfobstbäumchen ver= dorben habe. So viel ist gewiß, daß Knochenmehl in manchen Bodenarten ganz unwirksam bleibt, demnach erst Versuche angestellt werden müssen, ehe man es in großer Menge anwendet und sich Kosten macht.

90. — Die Knochenkohle (schwarzgebrannte), welche auch als Bein= schwarz und Zuckerkohle in den Handel kommt, gilt für ein sehr aus= gezeichnetes Düngmittel, ist aber von sehr verschiedenem Werth; denn obschon beide aus den Zuckerfabriken kommen, so ist die mit geronnenem Ochsenblut vermischte Kohle reich an Stickstoff und organischer Substanz, während die aus den Zuckerfiltern kommende, oft benutzte Zuckerkohle kaum den dritten Theil jener Bestandtheile enthält. Daher bildet die erstere Art einen ausgezeichneten, die letztere einen ziemlich werthlosen, fast nur mechanisch wirkenden Dünger.

Sonst ein Stoff, den man in Fabriken froh war los zu werden, ist die Zuckerblutkohle jetzt ein sehr gesuchter Dünger, wovon auch die Gärt= nerei Gebrauch machen sollte, wo er wohlfeil zu haben ist. Der wirk= samste Stoff darin ist das geronnene Ochsenblut, welches 20—25 Proc.

ausmacht, aber in dieser Verbindung sechsmal so starke Düngerkraft besitzt, als reines geronnenes Blut. Auch der in der Kohle bleibende Zucker ist nicht ohne günstige Wirkung. Unter allen Knochendüngern ist die mit Blut getränkte schwarzgebrannte Knochenkohle die am schnellsten und stärksten wirkende, was jedenfalls von ihrem Gehalt an stickstoffhaltigen Bestandtheilen herrührt, was man wieder für einen Beweis nehmen könnte, daß dieser den Pflanzen doch mehr Nahrung zuführt, als die phosphorsauren Salze, während bekanntlich von vielen Gelehrten das Gegentheil behauptet wird. Die Zuckerkohle kommt als grobes und als feines Pulver in den Handel. Erstere hat geringen Düngerwerth, letztere ist das werthvollste. Leider wird dieser Düngstoff sehr verfälscht, und man findet unter schlechten Sorten häufig die verschiedensten Arten von Pflanzenkohle (auch Torf= und Steinkohle), Abfälle aus Schmiedeöfen, Coaksabfälle, schwarze Haideerde, Moorerde rc. Man sollte ihn daher nur anwenden, wenn Versuche seine Güte bewiesen haben, außerdem einem Chemiker zur Untersuchung auf den Gehalt an löslichen Salzen geben. Aus Zuckerfabriken selbst wird man übrigens diesen Dünger schwerlich absichtlich verfälscht bekommen. Gute Knochenkohle eignet sich sehr zur Untermischung mit der Saat.

Der Knochendünger eignet sich für jeden Boden, ist aber besonders in schwerem, kaltem Boden nützlich, vorzüglich der aus Blutknochenkohle bereitete, weil bei diesem die schwarze Farbe erwärmend wirkt. Aus diesem Grunde hält man diesen Dünger auch für den vorzüglichsten in schwerem Boden. Da die Zersetzung und Löslichkeit des Knochenmehls, besonders des gewöhnlichen, nur durch den Einfluß der Luft und obern Feuchtigkeit vor sich gehen kann, so darf man es nicht tiefer, als der Boden bearbeitet wird, eingraben, und es wäre gefehlt, wenn man es in den Grund der Pflanzlöcher bei Bäumen oder unter die Spargelstöcke bringen wollte, obschon nach längerer Zeit ebenfalls eine Zersetzung und Wirkung stattfindet.

Will man gewöhnliches Knochenmehl anwenden, so würde ich rathen, es vorher mit Mistjauche zu begießen oder mit einem dünnen Brei von Menschenkoth und Mistjauche zu vermischen, damit es diese schnell wirkenden Stoffe einsaugt, oder aber gleichzeitig andere an Stickstoff reiche, daher schnell wirkende Düngerpulver, besonders Guano und pulverförmigen Menschenkoth anzuwenden. Man kann auch das Knochenmehl derart vorbereiten, daß man es mit feuchter Erde, am besten mit Misterde oder

Humus vermischt, den Haufen mit Mistjauche begießt und jährlich zwei- bis dreimal umarbeitet. So behandelt, äußert es sofort nach der Anwendung eine günstige Wirkung. Es sind von vielen Seiten Klagen laut geworden, daß das feine, mit Dampf behandelte Knochenmehl durchaus keine düngende Wirkung äußert. Sicher sind eigenthümliche Bodenverhältnisse die Ursache dieser Nichtwirkung; aber es muß doch diese Erfahrung uns bestimmen, solches Knochenmehl nicht eher im Großen anzuwenden, als bis wir seine Wirkung erprobt haben.

Da die Engländer, die uns in solchen Dingen gewiß als Muster gelten können, ihre außerordentlichen Erfolge in der Kultur der Rüben dem Knochenmehl verdanken, so empfehle ich dasselbe ganz besonders zu diesem Zwecke.

4. Hornspäne, Klauen- und Hufabfälle.

91. — Die Hornspäne sind bei der Blumengärtnerei längst ein vielgebrauchtes Düngmittel, welches ein außerordentlich kräftiges Wachsthum hervorbringt; beim Gemüse- und Obstbau hat es aber noch wenig Eingang gefunden. Nach Boussingault und Payen enthalten die Hornspäne 14,36 Proc. Stickstoff. Die Hornspäne wirken viel kräftiger und schneller als Knochenmehl, um so schneller und vorübergehender, je feiner, um so später und nachhaltiger, je gröber sie sind. Leider sind sie so gesucht, daß sie wegen Theurung selten zum Gartenbau im Großen verwendet werden können. Um einen schnell wirkenden kräftigen Dünger zu bekommen, versetze ich die gröbern Hornspäne im Herbst mit Düngererde (meist Abtrittsdünger mit Erde vermischt), lasse den Haufen bei Trockenheit mit Mistjauche begießen und im Frühjahre umstechen. Nach 4 — 6 Monaten sind die Hornspäne so verfault, daß sie oberflächlich eingegraben sogleich auf den Pflanzenwuchs wirken. Gröbere Hornstücke, Klauen und Hufstücke von Pferden, Rindern, Ziegen und Schafen lassen sich schwer zerkleinern und werden deshalb meist ganz angewendet. Sie sind ausgezeichnet für Obstbäume und bilden, in Menge bei der Pflanzung im Bereich der Wurzeln eingegraben, eine unversiegbare Nahrungsquelle. Durch eine ähnliche Behandlung mit Pferdemist, wie §. 89 für die Knochen angegeben wurde, müßte die Verwesung schnell vor sich gehen, auch kann man solche grobe Stücken einige Jahre in feuchte Erde eingraben, um sie schneller wirksam zu machen. Hierher gehören auch andere horn-

artige Abfälle von Messerschmieden, Kammmachern u. s. w. Unter dem Mist von Hornbrechßlern, Kammmachern und Metzgern ist meist eine Menge dieser Stoffe enthalten und thut man sehr wohl, diesen zu kaufen.

5. Thierischer Leim.

92. — Es wurde schon oben bei den Knochen hervorgehoben, daß der darin enthaltene Leim ein außerordentlich stickstoffreicher wirksamer Düngstoff sei. In der Blumengärtnerei macht man längst Gebrauch davon, und auf der Versammlung der Pomologen und Weinzüchter in Wiesbaden 1858 wurde von verschiedenen Seiten der Leim zur Düngung der Obstbäume empfohlen und von Herrn Geschwind mitgetheilt, daß diese Düngung von ihm vom Mai bis August flüssig als Leimwasser vorgenommen werde. An dem guten Erfolg kann Niemand zweifeln, nur ist zu bedenken, daß wirklich fabricirter Leim, sei er auch von der schlechtesten Sorte, viel zu theuer kommt und daß man für denselben Preis eine viel größere Menge gleich wirksamer Düngstoffe bekommen kann. Kann man jedoch Abfälle aus Abdeckereien, Leimsiedereien, Gerbereien u. s. w. wohlfeil bekommen, in denen noch Leim enthalten ist, so ist deren Anwendung bringend zu empfehlen, besonders auch für Obstbäume und Beerensträucher.

6. Verschiedene thierische Stoffe und Abfälle.

Es sind dies vorzüglich **Haare, Borsten, Wolle, wollene Lumpen, Federn, Seide, Blut, Fleischabfälle, Fische, Gerbereiabfälle, Lederstücken, Muskeln, Flechsen aus Leimsiedereien** und andere nicht näher zu bezeichnende Stoffe, welche als zur technischen Verwendung und Nahrung unbrauchbar weggeworfen werden. Zwar kommen diese Dinge selten in so großer Menge vor, als daß sie als Dünger von Bedeutung wären, doch sind mehrere käuflich zu haben und bereits als Düngmittel in großem Ruf. Sollte man sie aber auch nicht für sich allein anwenden, so kann man doch, ihren Düngwerth kennend, den Hofmist, welchem sie in größerer Menge beigemischt sind, darnach beurtheilen.

93. — **Haare, Borsten, Filzabfälle** und andere Haarstoffe, welche man von Metzgern, Gerbern, Bürstenmachern, Kürschnern, Friseuren bekommt, verhalten sich ähnlich wie Hornspäne, zersetzen sich aber noch langsamer. Es ist am besten, sie mit Mist zu vermischen oder einen

Composthaufen (wie bei den Hornspänen angegeben wurde) anzulegen. Sehr nützlich ist dieser Dünger für Obstbäume und Nüsse. In Frankreich hält man die Haare besonders zuträglich für Aepfelbäume und Maulbeeren. Am meisten und schnellsten wirken Kuhhaare von Gerbern, welche mit Haut= theilen untermischt sind. Der Stickstoffgehalt der Menschenhaare wird auf 17,14, der der Kuhhaare auf 13,78 geschätzt. In China, wo die Köpfe so oft geschoren werden, kommen die Menschenhaare als Dünger in den Handel. Da man den jährlichen Abgang der Haare des Menschen (wol etwas zu hoch) auf 14 Loth anschlägt, so würde dies jährlich bei 20 Millionen Bevölkerung 7,500,000 Pfund Haardünger ausmachen. Hat man viele Filzabfälle aus Fabriken, so behandelt man sie wie wollene Lumpen.

94. — Wolle und Seide. Wolle hat unter allen Haarstoffen den größten Düngerwerth, Seide dagegen einen ziemlich geringen. Da Seide überhaupt selten und nur in Form von Abfällen in Fabriken als Dünger vorkommt, so mag es bei dieser Andeutung bleiben. Wolle er= halten wir als Abfall in Fabriken, worunter auch die zum Putzen der Maschinen gebrauchten abgenutzten, mit Fettstoff durchzogenen Lumpen, und in Form von Lumpen. Da die letztern käuflich und wohlfeil genug sind und man mit 3 Centnern einen Morgen düngen kann, so sind sie sehr zu empfehlen, auch bereits als ausgezeichneter Dünger für Obst=, Maulbeer=, Oel= und Haselnußbäume häufig angewendet. Sie bilden einen sehr langsam wirkenden Dünger, der in heißem, trocknem Boden noch dadurch nützlich wird, daß er mehr als jeder andere die Feuchtigkeit an sich hält, wenn er feucht in die Erde gebracht wird.

Zur Düngung im Gemüsegarten möchte ich sie nur dann empfehlen, wenn es an anderem Dünger mangelt und Lumpen wohlfeil zu haben sind. Um die Zerkleinerung zu ersparen und sie schneller wirksam zu machen, thut man die Lumpen entweder auf den Grund der Düngergrube oder des Jauchenloches und läßt sie ein Jahr lang liegen, oder man ver= mischt sie wie Hornspäne mit Erde oder Mist und begießt den Haufen mit Mistjauche oder Wasser. So zersetzen sie sich der Art, daß sie schon nach mehreren Monaten den Pflanzen Nahrung bieten. Vor der Anwendung sollte man die Lumpen stets von Mistjauche oder einem andern sehr kräf= tigen Dünger durchdringen lassen, wodurch sie eine reiche Nahrungsquelle werden. Will man Obstbäume düngen, zu welchem Zwecke sie ganz be=

sonders zu empfehlen sind, so gräbt man sie im Bereich der Wurzeln ein. Legt man solche Lappen unmittelbar um alte dicke Baumwurzeln, so bilden sich an dieser Stelle viele Saugwurzeln, die durch den Lappen wachsen und von der mittlerweile unschädlich gewordenen Jauche zehren. Aus diesem Grunde empfehlen sich die Lumpen auch sehr bei der Pflanzung schon älterer Obstbäume mit wenig feinen Wurzeln. In England düngt man damit vorzüglich Hopfen und Haselnüsse.

95. — Grobe Federn, wie sie beim Schließen und Schlachten des Geflügels abfallen, haben reichlich so viel Düngerkraft wie Haare und besitzen (nach Payen) 15,34 Proc. Stickstoff. In Italien, wo so viel Geflügel gegessen wird und Millionen kleine Vögel (darunter auch unsere ziehenden Singvögel) getödtet werden, sammelt man sie hier und da sorgfältig. Hätte man bei uns Gelegenheit, solche Abfälle um ein Billiges zu bekommen, so würde es am besten sein, sie mit Mist vermischt einige Monate liegen zu lassen. Jedenfalls hat Mist von Höfen, wo viel Geflügel geschlachtet wird und umherläuft, einen sehr vermehrten Düngerwerth.

96. — Die Abfälle aus Gerbereien, aus Schleim, Leim, Hautstückchen und Haaren bestehend, bilden einen sehr kräftigen Dünger, der, wo er in Menge zu haben ist, sehr empfohlen werden kann, schnell und dabei nachhaltig wirkt. Diese Masse, Schund genannt, enthält meist viel Kalk-, oft auch Aschen-, Salz- und geringe Alauntheile.

Noch reicher an Düngstoffen sind die sogenannten Talgtrester, Rück-stände von verschiedenen Fettarten, aus Haut, Muskeln, Hautknötchen mit Blut und kleinen Knochen bestehend. Da sie zur Düngung bestimmt nicht besonders aufbewahrt werden, so enthalten sie Salz-, Asche- und Kalktheile, die Ueberreste und Unreinigkeiten der Seife.

Lederabfälle und altes Leder sind sehr langsam zersetzbar und nicht so wirksam als Abfälle von ungegerbter Haut. Hat man viel davon, so ist es am besten, sie in den Grund der Düngergrube zu werfen und einige Jahre liegen zu lassen. Aus dem Mist muß man alle größern Sohlenlederstücken auslesen, indem sie beim Graben Aufenthalt geben, wenn man darauf sticht. Weißgares Leder verfault eher und ist nahr-hafter als lohgares.

Der unter dem Namen Leimkäse in den Kalkgruben der Weißger-bereien vorkommende Bodensatz hat, je nach der Menge der beigemischten thierischen Stoffe, verschiedene Zusammensetzung und Düngkraft. Nach A. Stöckhardt's „Chemischem Ackersmann" enthielten Leimkäseproben aus Berlin:

	Nr. 1.	Nr. 2.
organische Stoffe	48,3	45,6
darin Stickstoff	2,8	3,4
phosphorsauren Kalk	6,2	3,8
kohlensauren Kalk	34,2)	
kohlensaure Talkerde	4,3)	45,0
Feuchtigkeit	7,0	6,5
	100,0	100,0

Dieser Stoff hat sich in leichtem Boden als vorzüglich bewährt, wird aber sicher auch in schwerem nicht minder wirksam sein.

Die schwer lösbaren Lederabfälle zersetzen sich sehr schnell, wenn man sie mit dreifach verdünnter roher Salzsäure übergießt, wozu man sich am besten einer Gießkanne mit Brause bedient, und den Haufen zuweilen wendet. Man wiederholt dies so lange, bis die Lederstücke sich zerrupfen lassen, und bringt sie dann in den Composthaufen oder zu Düngerhaufen von ähnlichen Stoffen.

Der Schlamm aus Oelraffinerien wird zwar noch vortheilhaft zur Seifenfabrikation und als Wagenschmiere verwendet, ist jedoch oft genug wohlfeil zu haben. Jedenfalls ist die nach dem Ausscheiden des Fettes blei= bende, noch sehr wirksame Flüssigkeit billig oder umsonst zu bekommen. Man kann sie zur Lösung von Knochen und Knochenkohle benutzen, indem diese Flüssigkeit bei längerem Stehen noch 9 Theile phosphorsauren Kalkes auflöst, oder man setzt sie der Jauche zu und begießt damit Mist= und Com= posthaufen. Nach dem „Chem. Ackersmann" enthielt solcher Schlamm: fettes Oel 23,5, Schwefelsäure 27,7, Phosphorsäure (in löslicher Verbin= dung) 3,6, organische kohlige Masse 23,8, Kalkerde, Thonerde Eisenoxyd, Kieselerde, Alkalien 9,4, Wasser 12,0, im Ganzen Stickstoff 0,66.

Die ausgekochten Farbehölzer werden am besten zu Asche verbrannt als Düngung angewendet, da sie im Composthaufen sehr lange der Ver= wesung widerstehen. Die Asche von Blau= und Rothholz enthält vorzugs= weise Kalk, mit kleinen Mengen von Kali, Schwefel= und Phosphorsäure.

97. — Das Fleisch von verendeten oder ungenießbaren Thieren, sowie Abfälle von Schlachtthieren (Eingeweide und andere nicht benutzte Theile), Muskeln, Flechsen, Knorpel, Rückstände von Fett und Leim, Fischabfälle u. s. w. bilden einen Dünger, der dem Guano an Kraft gleichzuschätzen ist und welcher aus Ländern, wo die Abdecker nicht mehr so dumm sind, die krepirten und getödteten Thierreste, welche keinen Leim, Talg u. s. w. liefern, in Gruben nutzlos verfaulen zu lassen, schon längst ein gesuchter Handelsartikel nach Westindien zur Düngung der Zuckerplantagen geworden ist. In Zukunft werden sich wol die Düngerfabriken dieser und ähnlicher Stoffe bemächtigen und es wird Fleischdünger käuflich zu haben sein, der dem künstlichen Guano an Werth gleich ist.

Für die Gärtnerei kann auf die Düngung mit Fleischtheilen nur gelegentlich gerechnet werden. Da aber auch eine Menge kleinere Thiere sterben, welche entweder in einem entlegenen Winkel eingegraben werden und nutzlos verfaulen oder unbedeckt liegen bleiben und die Luft verpesten, so gebe man sich wenigstens die Mühe, alle todten Mäuse, Maulwürfe, Ratten, junge Katzen und Hunde, Vögel, ordnungsmäßig unter Fruchtbäumen einzugraben und so nach und nach vielen Bäumen einige Jahre lang wirkende Düngung zu verschaffen. Wie nützlich selbst die kleinen Mäusen werden können, hat mich ein Versuch gelehrt. Ich legte in einem an Mäuse reichen Jahre an eine Stelle, wo eben Rasen gelegt wurde, eine ganze Reihe Mäuse, je einen Fuß von einander, unter die Rasenstücke. Schon im Herbst sah man an diesen Stellen üppiges Gras und im folgenden Jahre bezeichnete jedes Mäusegrab die üppigsten Grasbüschel. Hätte man Gelegenheit, viel todtes Fleisch zu bekommen, so ist es am besten, es stückweise mit Kalk und Gyps vermischt in einen Composthaufen zu bringen, wo es nach einem Jahre brauchbar wird.

98. — Das Blut der Thiere gehört zu den kräftigsten Düngstoffen und ist, weil der Transport auf die Felder viel Mühe macht, recht eigentlich für die näher liegenden Gärten bestimmt. Leider wird es, wo noch keine Blutdüngerfabriken bestehen, welche ihr Produkt zu guten Preisen in den Zuckerpflanzungen Amerikas verwerthen, noch überall weggeworfen. Flüssiges Blut enthält nach Boussingault und Payen 2,712 bis 2,945 Proc. Stickstoff, gut getrocknetes bis 18,730 Proc., dabei Fettstoffe, Salze und Eisen. Payen rechnet 5 Loth trocknes Blut auf 10 Quadratfuß oder 375 Pfd. auf den Morgen.

Das Blut ist meist billig, oft schon gegen ein Trinkgeld an Metzger= und Abdeckerknechte zu bekommen. Die Anwendung des frischen Blutes ist etwas schwierig und widerlich, da es geronnen eine zähe Masse bildet und schnell übelriechend wird. Am besten ist es, wenn man es so mit feiner Erde, Torfstaub, Asche, Straßenkehricht, Sägespänen ꝛc. vermischt, daß diese Stoffe sich ganz vollsaugen. Dies geschieht in einer Grube, mit einem Sammelloche für die abfließenden flüssigen Theile, welche von Zeit zu Zeit wieder auf den Haufen geschüttet werden. Der Haufen ist mit Gypspulver zu bestreuen, um das entweichende Ammoniak zu binden. Eisenvitriol oder verdünnte Schwefelsäure würde noch besser dazu sein. Nachdem dieser Compost 6 Monate gelegen hat, kann er wie Guano ver= wendet werden, und nützt, stärker angewendet, fast so viel wie dieser, wäh= rend die Kosten sich kaum auf den zehnten Theil des Guanopreises stellen.

7. Oelkuchen, Rapsmehl, Malzkeime, Trestern.

99. — Die Samen aller Oelpflanzen enthalten eine große Menge von phosphorsauren Salzen, bilden daher ein sehr kräftiges, in der Wir= kung dem Knochenmehl ähnliches, aber stickstoffreicheres, daher schneller wir= kendes Düngmittel, das in neuerer Zeit zur Kultur der Zuckerrüben all= gemeine Anwendung findet und auch die Aufmerksamkeit der Gemüsebauer verdient. Wer selbst Vieh hält, thut wol besser, Oelkuchen zu füttern und auf diese Weise den Mist zu verbessern; wo dies aber nicht der Fall ist, mag man es wol versuchsweise anwenden. Da es auf die Zuckerrüben so außerordentlich vortheilhaft wirkt, so ist nicht zu zweifeln, daß es auch für andere Gemüse, besonders Wurzelgemüse passend ist. Nach Stöckhardt wirkt 1 Ctr. Rapskuchen so viel wie 18 — 20 Ctr. Stallmist, $1\frac{1}{2}$ Ctr. = 1 Ctr. Knochenmehl, 3 Ctr. = 1 Ctr. Guano. Der Preis der Oel= kuchen muß entscheiden, ob er, wenn man seine Wirkung berechnet, mit Vortheil anzuwenden ist. Den besten Dünger bildet Rapsmehl. Dieser Dünger hält 3 Jahre lang an, giebt aber im ersten Jahre die Hälfte seiner Nahrungstheile an die Pflanzen ab. In der Gegend von Magdeburg wendet man gegenwärtig bis 18 Ctr. Rapsmehl auf den preuß. Morgen an, und der Ertrag gleicht diesen großen Aufwand vollkommen aus. Uebri= gens sprechen sich erfahrene Landwirthe vielfältig gegen die alleinige Anwen= dung von Oelsamendüngung aus. Jedenfalls ist es zweckmäßig, zugleich Asche, Chilisalpeter, schwefelsaures Ammoniak und ähnliche Düngstoffe anzuwen=

ben. Das Rapsmehl wird nur oberflächlich in den Boden gebracht. Gärtnern möchte ich empfehlen, die Oelkuchen in die Grube für flüssigen Dünger zu werfen und faulen zu lassen. Auch unter den Abtritt kann man das Oelkuchen= oder Rapsmehlpulver mischen.

Ganz außerordentlich wirksam erwiesen sich Rapsmehl und Oelkuchen zur Düngung der Obstbäume, und es genügte, nach Versuchen des Herrn C. Fischer in Kaaden (Monatsschrift für Pomologie, 1859, S. 204) eine sehr geringe Menge, um junge Obstbäume durch Anwendung einer Oel= kuchenlösung in das üppigste Wachsthum zu bringen.

100. — Ganz auf ähnliche Weise wirken Malzkeime, Wein= trestern, Biertrebern, Obsttrestern und ähnliche Stoffe. Sie bilden allesammt einen guten Dünger für Obstbäume oder Weinberge (hier besonders Weintrestern). Die Obsttrestern müssen aber mit gebranntem Kalk und Erde vermischt und halb zu Composterde werden, weil sie frisch oder in saurer Gährung begriffen nachtheilig wirken. Am meisten Stick= stoff enthalten Malzkeime, wovon 1320 Pfund einen Morgen gut düngen, die geringste Düngkraft Obsttrestern und Biertrebern.

8. Ruß.

101. — Der Ruß, welchen man sich in Städten leicht in Menge und wohlfeil verschaffen kann, bildet eines der kräftigsten, am schnellsten wirkenden Düngemittel. Der sogenannte Glanzruß ist dem lockern Ruß vorzuziehen, gewöhnlich bekommt man aber beide vermischt. Der Ruß ent= hält 20,60 stickstoffhaltige Materie, 10,84 lösliche Salze, 22,11 schwefelsau= ren, phosphorsauren und kohlensauren Kalk, 30,20 Humussäure; das Uebrige besteht aus Kohlenstoff und Wasser. Steinkohlenruß enthält mehr Stickstoff. Der Ruß wird obenauf gedüngt und wie Guano angewendet. Da er schnell wirkt, so hält er natürlich nicht lange an; indessen lösen sich doch die darin befindlichen Rußstückchen erst nach und nach, so daß auch im zweiten Jahre noch Wirkung eintritt. Legt man eine Grube für flüssigen Dünger an, so ist Ruß ein vortrefflicher Zusatz. Der Ruß ist sehr beliebt für Spargel, hat aber für alle Pflanzen Werth, so auch für schwächliche und alte Obstbäume. Will und muß man Beidünger kaufen, so weiß ich zur Erreichung einer schnellen Wirkung nichts Besseres zu empfehlen als Ruß, zumal da er von Schornsteinfegern, Ofenreinigern und Hausmädchen wohlfeil zu kaufen ist.

9. Asche.

102. — Wenn wir unter Asche alle bei dem Verbrennen bleiben=
den Rückstände verstehen, so ist die Asche als Düngmittel von sehr verschie=
denem Werth. Wir müssen Holz=, Torf=, Braun= und Steinkohlen=
asche unterscheiden, endlich noch die Asche von Stroharten, Seepflanzen
und des Rasens berücksichtigen.

Die Asche von Holz und andern Pflanzen ist ein außerordentlich kräf=
tiges Düngemittel, jedoch in ihren Bestandtheilen sehr verschieden, weil
diese nicht allein bei der Pflanzenart, sondern auch je nach Beschaffenheit
des Bodens, worauf diese gewachsen, verschieden zusammengesetzt sind.
Die Holzasche enthält an löslichen Bestandtheilen: kohlensaures Kali, kohlen=
saures Natron, schwefelsaures und phosphorsaures Kali, Chlorcalcium,
kieselsaures Kali und kieselsaures Natrum; an unlöslichen: kohlensaure
Salze von Kalk und Bittererde, phosphorsaure Salze, Aetzkalk und kau=
stische Bittererde, Kieselerde, Eisen= und Manganoxyd, Kohlentheil=
chen. Den wichtigsten Düngstoff darin bilden Kali und phosphorsaure
Salze, deren Gehalt im Allgemeinen nicht festzustellen ist. Die meisten
phosphorsauren Salze enthält Buchenasche, die wenigsten Eichenasche. In
Buchenasche bilden sie oft den fünften Theil des Gesammtgewichtes. Nach
W. Hamm*) führen 100 Pf. Aescherig von Buchenholzasche dem Boden
dieselbe Menge von Phosphorsalzen zu, wie 200 Pf. Abtrittsdünger oder
1000 Pf. Weizenstroh.

In der Gärtnerei wird von der Aschendüngung selten Gebrauch ge=
macht. Der Grund davon ist nicht Mißachtung, sondern der Umstand,
daß die Asche lieber zur Wiesendüngung verwendet wird, und die Anwen=
dung von andern Düngmitteln als Mist überhaupt wenig im Gebrauch ist.
Hier und da düngt man damit Spargel, Erbsen und Bohnen, wodurch
es möglich wird, diese Gemüse Jahre lang auf demselben Platze zu bauen.
Streut man aber die Asche in die Saatfurchen oder Löcher, so darf es nicht
zu stark geschehen, denn wenn davon zu viel auf eine Stelle kommt, so
gehen die jungen Wurzeln und Keime zu Grunde. Ueberhaupt schadet
Asche im Uebermaß angewendet stets, am leichtesten auf trocknen, kiesigen,
sandigen oder kalkigen Bodenarten. Dagegen ist die Asche für schweren
thonigen Boden, für sauren Humusboden (Torf und Moor), in feuchtem

---

*) „Grundzüge der Landwirthschaft nach Girardin und Dubreuil.“

Kiesboden und überall, wo Kalk fehlt, von ausgezeichneter Wirkung. Soll aber diese eintreten, so gehört dazu eine ziemliche Menge von Feuchtigkeit; deshalb ist bei trockner Witterung die Wirkung nicht sichtbar. Auch dieses ist ein Grund, warum die Asche wenig Anwendung bei der Gemüsekultur findet. Zu Spargel ist die Aschendüngung sehr beliebt. Unentbehrlich wird die Asche, wenn man an Humussäure reiches Sumpfland in Gemüse= land umwandeln will, ein Fall, der sehr oft vorkommt. Hierzu ist jedoch sogenannter Aescherig (Seifensiederasche) wegen seines größern Kalkgehal= tes noch besser. Asche bildet wegen des großen Kaligehaltes einen ausge= zeichneten Dünger für Weinstöcke, wozu sie auch schon seit Menschengeden= ken angewendet wird.

103. — Der Aescherig hat durch die Lauge einen großen Theil seiner löslichen Salze verloren, enthält aber deren immer noch genug, um als ein gutes Düngemittel zu gelten. Dazu enthält er noch fast die Hälfte kohlensauren Kalk, weshalb er in kalkarmem Boden, besonders Humus= boden, sehr nützlich wird. Man verwendet ihn auch gern zur Bildung von Composterde, indem man Schichten davon zwischen den faulenden Stoffen anbringt, wodurch die Zersetzung befördert und die Humussäure unschädlich gemacht wird. Bereitet man Compost zur Auffüllung der Spargelbeete, so ist Aescherig in reichlichem Maße ein vorzüglicher Zusatz. Schlamm aus Teichen und Gräben verwandelt man durch Untermischung von Aescherig am schnellsten in gute Erde.

104. — Eine sehr werthvolle Düngerasche bildet der Rückstand von verbrannten Seepflanzen, wie sie das Meer in Massen auswirft. Der Tang (Fucus), woraus sie bestehen, wird an den Küsten häufig zu Asche verbrannt, wovon die sogenannte Varel=Soda, ein jetzt kaum mehr zur Sodabereitung benutzter Stoff, gewonnen wird. In England ist diese sehr salzhaltige Asche sehr zur Gemüsezucht beliebt, besonders zu Spargel und Artischocken. Sie enthält unter andern Stoffen noch 12,23 — 24,20 Proc. Schwefelsäure, 10 — 14 Proc. Kalk, bis 20 Proc. Kali, dagegen wenig phosphorsaure Salze. — Auch die Asche von Hülsenfrüchten und Mohn wird als besonders düngkräftig geschätzt, und es ist daher immer zweckmäßig, das Stroh zu verbrennen, wenn es nicht zum Füttern ge= braucht wird.

105. — Will man Holzasche in der Gärtnerei anwenden, was ich überall empfehle, wo sie wohlfeil genug zu haben ist, so rathe ich, sie gleich=

10*

zeitig mit dem Miſt anzuwenden, oder zu Gemüſen, welche mehr Nahrung verlangen, als ein nicht friſch gedüngter Boden liefern kann, damit allein oder auch mit Compoſt, Abtrittserde, Knochenmehl, Ruß, Guano ꝛc. zu düngen. Vortrefflich iſt die Aſchendüngung für Baumſchulen, wo man bis zu 30 Scheffel auf den Morgen verwenden kann und dadurch eine 6 — 7jährige Wirkung erzielt. Wendet man Aſche gegen Ungeziefer, beſonders Erdflöhe an, ſo wird hierdurch zugleich das Land gedüngt.

106. — Hierher gehört auch die Raſenaſche, welche man durch Brennen der abgeſchälten Raſenſtücken, nachdem dieſe ſorgfältig getrocknet ſind, erhält. Die Wirkung der Raſenaſche iſt, weil viel Erde darunter iſt, ſchwächer als die der reinen Aſche, immer aber noch hoch genug anzuſchlagen. Ueber den Nutzen des Raſen- oder Plaggenbrennens und die Art der Erzeugung von Raſenaſche war ſchon §. 59 die Rede. Verwandelt man ein Raſengrundſtück in Gemüſeland oder Baumſchulen, ſo iſt das Verbrennen des Raſens ſehr zu empfehlen, bei Moorboden aber unentbehrlich. Man kann die Raſenaſche bei dem Pflanzen junger Bäume mit etwas Erde vermiſcht unmittelbar an die Wurzeln bringen, was mit Holzaſche nicht gewagt werden kann.

107. — Die Torfaſche, welche an manchen Orten als ein läſtiger Stoff betrachtet wird, iſt, obſchon der Holzaſche an Werth ſehr untergeordnet, dennoch ein gutes Düngmittel, das man wenigſtens nicht wegwerfen ſollte, wenn man es haben kann. In Belgien, Holland und einigen Gegenden Norddeutſchlands iſt dieſe Aſche als Dünger ſo geſchätzt, daß man ſie eigens aus Torf brennt. Beim Erbſenbau iſt dieſe Aſche ein guter Dünger und bei der Umwandlung von moorigem Raſenland in Gartenboden faſt ſo gut wie Holzaſche. Da ſie in Holland mit beſtem Erfolg zur Hopfendüngung verwendet wird, ſo liegt der Gedanke nahe, daß ſie auch beim Spargelbau nützlich ſein müſſe. Die beſte Torfaſche iſt weiß und leicht. Emil Wolf fand in 2 verſchiedenen Torfaſchen:

	I.	II.
Kalk	15,25	20,00
Thonerde	20,50	47,00
Eiſenoxyd	5,50	7,50
Kieſelerde	41,00	13,15
phosphorſauren Kalk mit Gyps	3,10	2,60.

108. — Steinkohlenasche wird meist als ganz unwirksam weg= geworfen, hat aber jedenfalls düngende Bestandtheile und giebt in Sumpf= land und schwerem Boden einen sehr nützlichen Dünger. Aehnlich verhält sich Braunkohlenasche, die übrigens sehr verschieden ist und bald mehr der Torfasche, bald mehr der Steinkohlenasche ähnlich ist. Sie enthält oft viel Schwefel und kann, vorsichtig angewendet, dadurch sehr nützlich werden.

In einer Braunkohlenasche aus Böhmen fand man:

schwefelsauren Kalk	26,42
kohlensauren Kalk	30,93
Aetzkalk . . .	17,22
Eisenoxyd . . .	20,67
Thonerde . . .	1,23
Natron . . .	1,86
Kali	1,67

Hierher gehört auch die Asche von andern fossilen Brennstoffen, wie man sie neuerdings häufig aus Fabriken, welche Photogen und Paraffin bereiten, bekommen kann. Außer Braunkohlen und Torf werden noch ver= schiedene bituminöse Gesteine dazu verwendet, besonders sogenannter Posido= nienschiefer. Die Asche ist reich an phosphorsauren und schwefelsauren Erden, dagegen hat sie nur geringe Spuren von Alkalien. Diese erhält man nach Dr. H. Bohl (im „Polytechnischen Centralblatt") aus denselben Fabriken, indem dort schwefelsaure Alkalien reichlich als Abfall vorkommen. Man vermischt beide auf einem Haufen.

10. Düngesalze und sogenannter Mineral-Dünger.

109. — Es sind vorzüglich die salpetersauren Salze und die Am= moniaksalze, welche zur Düngung verwendet werden. Am kräftigsten wirken die erstern. Das wichtigste Düngesalz ist der sogenannte Chili= oder Würfelsalpeter (salpetersaures Natron); weniger findet das sal= petersaure Kali (Kalisalpeter) Anwendung. Der Chilisalpeter ist von Manchem in der Wirkung dem Guano gleichgestellt worden und jedenfalls ein sehr kräftiges Düngmittel, besonders in Verbindung mit Knochenmehl und phosphorsauren Erden. Versuche haben festgestellt, daß die Nitrate (salpetersauren Salze) und Ammoniaksalze nichts wirken in einem Boden, welchem Mineralbestandtheile fehlen. Der Chilisalpeter zeigt besonders auf thonigem Boden seine Wirkung und soll die gute Eigenschaft haben, den dort oft vorkommenden Duwok (Equisetum arvense) zu vertilgen. Ueber seine Anwendung im Gartenbau ist noch wenig bekannt geworden, doch hat er sich bei Spargel, Erbsen und Bohnen sehr bewährt und am meisten genützt, wenn er zugleich mit gleichen Theilen Kochsalz angewendet wurde. Leider ist der Preis des Salpeters jetzt ein so hoher, daß man ihn kaum empfehlen kann. Sollte sich aber je der Centner auf 5 Thaler stellen, so verdient er sehr der Beachtung. Die Wirkung des Chilisalpeters und anderer leicht löslicher Salze dauert blos ein Jahr. Man düngt damit stets obenauf, bei aufgelaufener Saat jedoch schwach und mit Erde vermischt, weil er sonst die jungen Pflanzen verbrennt.

110. — Die Ammoniaksalze bilden sich auch im Mist, wenn das flüchtige Ammoniak durch schwefelsäurehaltige Stoffe gebunden und durch andere Stoffe am Entweichen verhindert wird. Die gewöhnlichste Verbindung ist das schwefelsaure Ammoniak, welches, käuflich dargestellt, einen Bestandtheil verschiedener Mineraldünger bildet und ähnlich wie die Nitrate wirkt. Auch salzsaures Ammoniak (Salmiak) ist ein sehr wirksames Düngmittel und nach Annahme der Chemie fähig, das Ammoniak des Stallmistes zu ersetzen. Man soll die Salzdüngung zugleich mit einer andern Düngung durch Stallmist oder Knochenmehl anwenden.

111. — Das Kochsalz würde für viele Pflanzen ein sehr guter Dünger sein, wie er es schon bei dem Spargel geworden ist, wenn es nicht in den meisten deutschen Ländern zu theuer wäre. Wo man sich aber dasselbe als Viehsalz wohlfeil verschaffen kann, da ist es zu Versuchen zu empfehlen und als Beidüngung gewiß sehr nützlich. In manchen Gegenden Nordbeutschlands düngt man den Spargel nur mit Salz und läßt sich sogar Seesalz *kommen, weil man dieses für besser hält. Wendet man indessen Salz als Oberdüngung bei jungen Pflanzen an, so muß man es sehr sorgfältig ausbreiten, denn wo zu viel hinkommt, verbrennt Alles. Es wirkt nur in feuchtem Boden vortheilhaft.

Das sogenannte Düngesalz enthält außer manchen andern Stoffen meist viel Gyps und Zusatz von Kalk. Es ist im Gartenbau fast noch nicht beachtet worden, sollte aber, wo es in der Nähe von Salinen billig zu haben ist, zu Versuchen benutzt werden. Den Hülsenfrüchten ist es jedenfalls zuträglich und zur Verbesserung eines an Mineralstoffen armen Humusbodens sicher zu empfehlen. Noch wirksamer ist der noch nicht mit Kalk vermischte Pfannenschlamm oder Rückstand in den Salz- pfannen, woraus das Düngesalz bereitet wird. Auch das Glaubersalz (schwefelsaures Natron) muß sehr kräftig wirken, wird schon häufig künst- lichem Mineraldünger zugesetzt und sollte, wo es in Salinen billig zu haben ist, zur Düngung benutzt werden. — Endlich verdient noch das Pökelsalz aus Heringstonnen u. s. w. Beachtung, da es sehr kräftig wirkt. Diese Salzlauge muß aber sehr vorsichtig angewendet werden.

112. — Eisenvitriol oder schwefelsaures Eisenoxydul, welches das gewöhnlichste Desinfectionsmittel ist und zur Bindung des flüchtigen Ammoniaks angewendet wird, hat sich bei der Blumenkultur in 100 Theilen Wasser aufgelöst als außerordentlich wirksam erwiesen und scheint als Düngemittel große Beachtung zu verdienen. Am zweckmäßig- sten zeigt sich die Anwendung im aufgelösten Zustande, und es ist daher rathsam, dieses wohlfeile Salz in die Grube für flüssigen Dünger zu wer- fen, außerdem mit Mist auszustreuen. In frische Mistjauche aus Ställen gethan, benimmt es dieser die schädliche Schärfe, so daß sie sofort aus dem Stalle weg zum Begießen angewendet werden kann.

113. — Unter dem Namen Urat oder Urinat kommt jetzt ein mineralischer Dünger vor, welchen man durch Eindampfen flüssiger Düng- stoffe, darunter auch Harn, erhält, nachdem man durch Zusatz von Gyps, Eisenvitriol oder Schwefelsäure das Ammoniak in schwefelsaures Ammo- niak verwandelt und mit allerlei trocknen Stoffen, als Gypspulver, Kohlenstaub, Knochenmehl, selbst Humuserde, vermischt hat. Nach Stöckhardt sind die in Sachsen gebrauchten englischen Urinate ein Gemenge von Ammoniaksalzen, Mineralstoffen nud Knochenmehl. Dieser Dünger soll sich vorzüglich bei Rüben und Wurzeln vortheil- haft zeigen. Der früher blos durch Eindampfen von menschlichem Harn gewonnene Urat, welcher aus Phosphorsäure, Stickstoff und Alka- lien besteht, kommt jetzt nicht mehr vor.

114. — Sogenannte Vitriolasche ist eine schwefelreiche Erde, die man aus Vitriolfabriken, welche schwefelhaltige Kohlen verarbeiten, z. B. die sogenannten Oberhohndorfer Kohlen in Sachsen u. a. m., als Rückstand erhält, aber auch als Schwefelerde und Schwefelasche in rohem, verwitter- tem Zustande verwendet. 14,7 Pfund solcher Rückstand sollen 100 Pfund Mist gleich wirken. Alle schwefelhaltigen Dünger müssen wie die Salze sehr vertheilt und mäßig angewendet werden, weil sie sonst tödtlich auf die Pflanzen wirken.

115. — Man versteht unter Mineral- oder Patentdünger verschiedene Gemenge von stickstoffreichen Salzen, welche für sich allein und ohne Mist in die Erde gebracht den Pflanzen alle nöthigen Mineral= stoffe bieten sollen. Sie enthalten diejenigen mineralischen Stoffe, welche dem Boden durch die Ernten entzogen werden und nebenbei die Ammo= niaksalze (schwefelsaures und salzsaures oder Salmiak), welche das Ammo= niak des Stallmistes ersetzen sollen und die Löslichkeit und Aufnahmefähigkeit der Mineralstoffe bewirken helfen. Sie sind besonders durch Liebig und auf dessen Anregung entstanden. Dieser Dünger hat noch keine große Gel= tung erlangt und würde nur dann nützlich werden, wenn er so zubereitet wäre, daß er genau die jedem Boden fehlenden Bestandtheile ersetzte, was natürlich bei einem Universaldünger nicht der Fall sein kann. Die ver= wendeten Stoffe sind Soda, Pottasche, Kreide, Gyps, phosphorsaurer Kalk, Kochsalz, kieselsaures Kali, phosphorsaure Ammoniak= und Talkerde u. s. w. Ich kann den Gärtnern nichts Besseres rathen, als daß sie, falls es an anderem bewährten Dünger fehlt, mit solchen Stoffen die verschie= densten Versuche machen.

11. Kalk, Gyps und Mergel.

Wenn man unter Düngemittel jeden Stoff begreift, der die Pflanzen zu einem vermehrten Wachsthum treibt, so gehören unter gewissen Um= ständen auch die Kalkerden dazu. Man darf aber nicht darunter ver= stehen, daß sie den eigentlichen Dünger, vorzugsweise Mist ersetzen könnten.

Die Zufuhr von Kalkerden ist in dem Gartenbetrieb fast nicht gebräuch= lich, höchstens wird thoniger Boden bei neuen Gartenanlagen und Moor= boden damit verbessert. Die Kalkerde ist überhaupt so verbreitet, daß sie selten in einem Boden fehlt, auf der andern Seite aber wieder so nützlich, daß gutes Obst ohne sie gar nicht wachsen kann und die Wirkung des Humus und der organischen Stoffe eine viel schnellere, kräftigere ist. Aus diesen Gründen kann und muß eine Kalkdüngung im Gartenbau zuwei= len ebenso nützlich sein wie bei dem gewöhnlichen Feldbau.

116. — Der kohlensaure oder gewöhnliche Kalkstein wird roh, blos zermahlen, oder gebrannt angewendet. Im erstern Falle ist die Wirkung eine viel langsamere, schwächere, aber längere, als im letztern,

wo durch das Brennen Aetzkalk erzeugt wird. Man wendet den gebrann=
ten Kalk vorzüglich auf Thonboden in der Menge von 6 — 20 Scheffel
preuß. auf den Morgen an. Er ist um so wirksamer, je mehr der Bo=
den Pflanzenreste und Dünger enthält, indem er diese rasch ihrer Zer=
setzung zuführt, immer aber unnütz, ja nachtheilig in einem an Humus
und Dünger armen Boden. Der gebrannte Kalk wirkt ferner auf die
rasche Auflösung der mineralischen Bodenbestandtheile, namentlich auf die
Kieselerde. In stark eisenhaltigem Boden, wo das Eisenorydul den
Pflanzen schädlich wird, verwandelt der Kalk dieses in unlösliches Eisen=
oryd, welches dann unschädlich ist. Das Kalken geschieht höchstens alle 6
Jahre im Herbst oder Winter, bis Frühjahr bei trocknem Wetter, so daß
die Vermischung des Kalkpulvers mit dem Boden trocken vor sich geht und
dasselbe überall vertheilt wird. Der gebrannte Kalk nimmt aus der Luft
und dem Boden Kohlensäure an und wird wieder zu kohlensaurem Kalk,
was er erst war. Schon bestellte Ländereien darf man nie kalken. Ge=
schieht es, um Schnecken und Erdflöhe von jungen Pflanzen abzuhalten,
so muß es in sehr geringer Menge sein, und es kann dieses Mittel leicht
schädlich werden. Es ist nicht rathsam, den Kalk zugleich mit Mist in den
Boden zu bringen.

Das Kalken zeigt besonders günstige Erfolge bei Erbsen, Bohnen
und Kartoffeln. Man hat die Erfahrung gemacht, daß Erdflöhe und die
Maden, welche die Knotenkrankheit der Kohlgewächse (den sogenannten
Kropf hervorbringen, durch Kalken weichen oder sich verringern. Jedenfalls
ist es gut, einem guten, fortwährend reichlich gedüngten Boden, welcher
von Natur keinen oder wenig Kalk enthält, zuweilen Kalk zuzuführen,
indem durch dieses Reizmittel die Humusbestandtheile viel wirksamer und
die schädlichen Säuren dagegen unwirksam gemacht werden. Verwandelt
man Sumpf und Moor in Gartenland, so muß unbedingt Kalk angewen=
det und dies oft wiederholt werden, wodurch es auch möglich wird, daß,
falls die Feuchtigkeit nicht hinderlich wird, in solchem Humusboden
Obstbäume gezogen werden können. Zur Düngung der Obstbäume ist
Kalk in kalkarmem, besonders in Humusboden sehr zu empfehlen, indem
man entweder Aetzkalk mit dem Boden um die Bäume vermischt, oder noch
besser Pulver von ungebranntem Kalk mit der Erde vermischt, indem es hier
auf eine schnelle Wirkung nicht ankommt. Ausgezeichnete Dienste thut
Kalk, wenn man ihn schichtenweise in die zu Composterde bestimmten Hau=

fen streut, wodurch die Zersetzung viel schneller vor sich geht. In Baumschulen auf kalkarmem Boden sollte vor jeder andern Bepflanzung der Boden gekalkt werden.

Wer Kalk anwenden will, muß überzeugt sein, daß der Boden arm
daran ist, denn sonst ist die Ausgabe für das Kalken mindestens überflüssig.

Man hält denjenigen Kalk, welcher die Kalkerde am reinsten enthält,
für das beste Düngmittel; neuere Erfahrungen in Sachsen haben aber bewiesen, daß talkhaltiger Kalk (Dolomit und Zechstein), welcher bis 42 Proc.
Talkerde enthält, ein viel besseres Düngmittel ist, ein Beweis, daß die
Talkerde (Bittererde, Magnesia) wichtiger für die Pflanzen ist, als man
bisher annahm.

117. — Noch seltener wird Gyps oder schwefelsaurer Kalk bei
der Gärtnerei angewendet, obschon bekannt ist, daß er auf Erbsen und
Kopfkohl sehr günstig wirkt. Bestimmte Angaben über seine Wirkung
auf Gartenfrüchte kann ich nicht machen, und man kann nur aus seinem
Gehalt an der auf das Pflanzenwachsthum so günstig einwirkenden
Schwefelsäure auf seine Nützlichkeit schließen. Ich würde rathen, Gypspulver zur Bindung des Ammoniaks anzuwenden und so in den Boden
zu bringen. Man muß es zu diesem Zwecke auf die Misthaufen und den
schon gebreiteten Dünger streuen, mit Guano und flüssigem Dünger untermischen. Als Versuch möchte ich rathen, sogleich nach starkem warmem
Regen ein schon bestelltes Beet mit feinem Gypspulver zu bestreuen, um
zu sehen, ob er das durch Regen in den Boden gekommene Ammoniak bindet, was sich durch üppigeres Wachsthum der gegypsten Stellen zeigen
müßte.

118. — Der Mergel kann noch weniger eine Düngung genannt werden, als die vorhergehenden Kalkarten, und ist mehr eine physikalische Bodenverbesserung zu nennen. Er wirkt chemisch hauptsächlich
durch seinen Gehalt an kohlensaurem Kalk und muß unter denselben Bedingungen angewendet werden, nämlich stets in einem an Dünger und
Humustheilen nicht armen Boden. Er kommt dem Kalk um so näher in
seiner Wirkung, je mehr er davon enthält, was im Verhältniß von 10 —
90 Proc. stattfindet. Er enthält stets mehr oder weniger Talkerde.
Außerdem übt er eine physische Wirkung aus, indem sehr kalkiger Mergel Thonboden locker, wärmer und auch fruchtbarer, Thonmergel, d. h.

solcher, worin Thon vorherrscht, Sandboden, leichten Humusboden und hitzigen Kalkboden bündiger, feuchter und daher fruchtbarer macht. Der Mergel wird entweder im Herbst auf das Land gebracht, wo er bis zum Frühjahr offen liegen bleibt und dann bei trocknem Wetter mit dem Boden vermischt wird, oder man setzt ihn mit allerlei faulenden Stoffen von Pflanzen, Mist u. s. w. zu einem Composthaufen zusammen, sticht die Masse mehrmals durcheinander und bringt sie nach einem Jahre auf das Land.

Da in jedem landwirthschaftlichen Buche ausführlich vom Mergel die Rede ist, so will ich nicht weiter darauf eingehen und nur noch bemerken, daß ich das Mergeln im Garten überall, wo Mergel billig herbeizuschaffen ist, alle 10 — 12 Jahre für eben so vortheilhaft halte, wie auf dem Felde, besonders aber auf sehr humusreichem und sandigem Boden, Haide- und Waldboden für sehr nützlich halte, besonders auch für Obstbäume. Ist aber Mergel weit herzuholen und Kalk billiger zu haben, so verdient das Kalken den Vorzug, wobei natürlich die physische Wirkung eine andere ist. In neuerer Zeit ist der Mergel ein beliebter Weinbergsdünger geworden und wird hierzu besonders in Würtemberg benutzt.

Wer Mergel anwenden will, muß sowol seinen Boden als den anzuwendenden Mergel genau kennen. Auf kalkhaltigem Boden ist gewöhnlicher guter Mergel, in welchem Kalk vorherrscht, mindestens überflüssig, während Thonmergel denselben verbessern kann. Auf Thonboden, welcher sehr bündig ist, kann sandiger Kalkmergel außerordentliche Wirkung hervorbringen. Da es auch Mergellager mit organischen Resten (Knochen) giebt, so kann durch Anwendung solchen Mergels auch unmittelbare Pflanzennahrung in den Boden gebracht werden.

12. Composterde, Schlamm, Straßenkehricht und Abraum.

119. — Da von der Bereitung der Composterde und deren Anwendung schon im ersten Theile des „Gemüsegärtners", S. 80, die Rede war, so will ich mich darüber kurz fassen. Der Composthaufen ist, um mit Stöckhardt zu reden, die Düngersparkasse, wo alle nicht sogleich benutzbaren düngenden Abfälle aufbewahrt werden, um dort fertige Pflanzennahrung zu werden. Alle bisher genannten und nicht besonders genannten organischen Stoffe (mit fast alleiniger Ausnahme der gebrauchten Gerberlohe und mit Säuren behandelter Farbenholzrückstände, welche

wenigstens kein wesentliches Bestandtheil bilden dürfen) sind gutes Material für den Composthaufen.   Seine Güte hält mit dem Düngerwerth
der Stoffe, aus welchen er zusammengesetzt ist, ganz gleichen Schritt, und
man kann dieselbe darnach genau beurtheilen.

Die Composterde ist in der Gemüsegärtnerei ganz unentbehrlich und
bei der Obstbaumzucht von größtem Nutzen.   Nichts reizt die Wurzeln
und das Pflanzenwachsthum so schnell als unmittelbar an die Wurzeln
gebrachte fette Composterde.

120. — Schlammerde ist als ein sehr guter Dünger zu betrachten, jedoch von sehr verschiedenem Werth.   Es giebt Meerschlamm
von salziger Beschaffenheit und mit vielen Thierresten, welcher in der Gemüsegärtnerei wie kräftiger Mist, aber noch nachhaltiger wirkt, und
Schlamm aus Teichen, in Höfen und Dörfern, worein die Gänse und
Enten Jahre lang ihre Auswürfe und Federn fallen lassen, wohin das von
den Bauern meist so vernachlässigte Düngerwasser aus den Höfen und
Gassen läuft, welcher nicht weniger werthvoll ist; dagegen auch Schlamm,
welcher nichts als Sand, rohen Gebirgsboden ohne Humus und blos
etwas Laub enthält und welchen man höchstens zur physischen Verbesserung
des Bodens verwenden kann.   Da viele kleine Muscheln, Schnecken ꝛc.
im Wasser leben, so enthält der Schlamm aus ruhigen Gewässern meist
reichlich kohlensauren und phosphorsauren Kalk und überall, wo Schachthalm und Schilf in Menge wächst, in den Humustheilen eine Menge
der feinsten Kieselerde.   Ausgezeichnet ist auch der Schlamm, welcher
sich in Kanälen, welche aus Städten kommen, in Masse bildet, da er wirkliche Misttheile und viel Abtrittmist enthält.   Wer Gelegenheit hat,
solchen Schlamm in erweiterten Becken aufzufangen, soll es ja thun, und
es würde selbst der Mühe lohnen, einen durch die Stadt fließenden Kanal
durch einen Teich zu leiten, um dort Schlamm aufzufangen.

Aller Schlamm enthält mehr Humussäure, als den Pflanzen nützlich
ist.   Diese wird durch längeres Liegen an der Luft, Umarbeiten der Haufen, Zusatz von Kalk u. s. w. vermindert und unschädlich gemacht.   Frischer
Schlamm ist immer schädlich.   Er muß mindestens im Herbst bis zum
April im Wetter auf Häuschen oder gebreitet auf dem Lande gelegen haben, bevor man das Land bestellen kann.   Besser ist es aber, dem Schlamm,
nachdem er abgetrocknet ist, bei dem Umarbeiten des Haufens humus-
bildende Stoffe, als alte Sägespäne, Holzabfälle, halbvermodertes Laub

u. s. w., zuzusetzen. Auch ¹/₁₀ Kalk als Zusatz ist gut, wenn der Schlamm nicht schon viele Kalktheile hat, was in Kalkgegenden natürlich immer der Fall ist. — Wenn man mit Schlamm düngt, so baue man darauf Gemüse, welche behackt werden können, nicht aber solche, welche mit der Hand gejätet werden müssen, weil fast immer viel Unkraut darnach wächst. Da die Gemüseländereien an manchen Orten mit Wassergräben durchzogen sind, so wird der Schlammdünger alle 2—3 Jahre durch Ausstechen der Gräben gewonnen. Viele berühmte Gemüsegegenden verdanken ihre besten Erfolge solchem Schlammdünger, so Dreienbrunnen bei Erfurt, Lübbenau an der Spree, die Vierlande bei Hamburg u. a. m.

121. — Straßenkehricht und Koth aus den Gassen der Dörfer sind wichtige Düngemittel von verschiedenem Gehalt. Das Straßenkehricht der Stadt, aus allen möglichen düngenden Abfällen, mit erdigem Staub, Sand und Asche vermischt, bestehend, giebt nach der sehr schnell eintretenden Zersetzung einen ungemein schnell wirkenden, auch nachhaltigen Dünger, der besonders in schwerem, feuchtem Boden viel nützt und hier auch in ziemlicher Menge angewendet werden kann, aber auch in leichtem, heißem Boden mäßig angewendet nützlich wird. Man schätzt einen Wagen guten Straßenkoth an Wirkung gleich 3—4 Wagen Mist(?). Man läßt das Kehricht einige Monate lang auf Haufen liegen und sticht dieselben einmal um. Viel schneller geht die Zersetzung der Düngstoffe vor sich, wenn man ¹/₂₀ Aetzkalk oder auch Aescherig zusetzt.

Der Schmutz von den Dorfstraßen wird meist nur auf Haufen gebracht, wenn er Schlamm geworden ist, und er wird wie dieser behandelt, braucht aber, weil er sich nicht unter Wasser gebildet hat und wenig Säure enthält, nicht lange zu liegen und kann sogleich angewendet werden. Er enthält viel Misttheile von dem, welchen die Thiere und Mistwagen auf der Straße verlieren und was von Höfen als Wasser abläuft. Diesem ist fast gleich zu achten der Koth von Wegen nächst den Ortschaften, während der entfernt davon liegende weniger Dünger enthält. Dieser Landstraßenkoth hat natürlich verschiedene mineralische Bestandtheile, je nachdem das Straßenbaumaterial verschieden ist. Kieselige, quarzreiche Straßensteine geben einen schlechten Dünger ab, schon bessern Granit und Porphyr, den besten Basalt, welcher besonders auf hellem Kalk- und Lehmboden durch seine schwarze Farbe wohlthätig einwirkt und die Gebundenheit vermindert, während er auf Sandboden zwar anfangs dessen Wärme fast vermehrt, später aber, zu Lehm werdend, ihn bündiger macht.

Uebrigens bringt der Dorf- und Landstraßen-Abraum viel Unkraut auf das Land, weshalb man ihn nur zu Hackfrüchten benutzen sollte. Schlamm, Kehricht und Straßenkoth geben ein vortreffliches Grund= material zu Composthaufen, und wer sich darauf versteht, sich diese Stoffe recht zu Nutze zu machen, wird seine Gärtnerei ohne große Ausgabe für Mist immer im besten Stand erhalten.

13. Pflanzenhumus.

122. — Der Pflanzenhumus ist, wie ich schon §. 30 nachgewiesen habe, eines der besten Düngemittel in jedem dieses Stoffes ermangelnden Boden, mag auch seine Wirkung übrigens vor sich gehen, wie sie will, ob chemisch wirkend und ernährend, oder, wie ein Theil der Chemiker, an der Spitze Liebig, behauptet: durch die Fähigkeit, die atmosphärischen Nah= rungstheile aus der Luft und dem Wasser aufzusaugen, und seinen Gehalt an Mineralstoffen.

Solchen Humus liefern uns vorzugsweise die Composthaufen, aber es können auch besondere Erdhaufen, nur aus Pflanzenstoffen (Laub, Na= deln, Abraum aus Holzställen, geölte Baumwollenabfälle aus Spinne= reien u. s. w.) bestehend, angelegt werden, welche Erde jedoch der ge= mischten Composterde nicht an Düngerwerth gleichkommt. Moor- und Haideerde, eine schon fertige Humuserde, hat zwar wenig düngende Kraft, wird aber in einem Boden, welchem der Humus fehlt, zugleich mit Aetz= kalk angewendet immer als Dünger wirken. Die Humusbildung muß, als die schwächste von allen, sehr stark angewendet werden, wenn sie wirk= sam sein soll.

B. Flüssiger Dünger.

123. — Den Dünger in flüssiger Gestalt geben, heißt: den Pflan= zen die Nahrung fertig zubereitet, so zu sagen, mundgerecht reichen, wenn und wie sie dieselbe eben nöthig haben. Wäre die Ausführung bei dem Betriebe der Landwirthschaft im Großen möglich, so sollte man den Dün= ger nur flüssig anwenden, denn die mechanische Wirkung verschiedenartiger Mistarten auf dem Boden ließ sich auch auf andere Weise erreichen. Bei dem Gartenbau ist die flüssige Düngung viel leichter anzuwenden und

leistet die ausgezeichnetsten Dienste, und wenn sie nicht so allgemein angewendet wird, wie sie es verdient, so liegt dies, wenn nicht geradezu
Schwierigkeiten, besonders Wassermangel im Wege stehen, in dem Festhalten an der alten gewohnten Weise und in der Bequemlichkeit der Leute.
Es ist freilich bequemer, ein- für allemal den Mist einzugraben, als rechtzeitig flüssig zu düngen. Wenn man sich nicht die Mühe geben will,
künstlich flüssigen Dünger zuzubereiten, so will ich es noch entschuldigen,
daß aber Leute, die das beste Düngerwasser selbst haben, es nicht für den
Gemüsebau benutzen, ist unverantwortlich. Hier und da sind die Gärtner
und gemüsebauenden Landleute schon längst so klug, allen flüssigen Dünger zu benutzen und denselben künstlich zu bereiten. In Belgien und der
Schweiz fährt der kleine Landwirth den Düngerguß in einem auf einem
Handkarren angebrachten Jauchenfasse bis zwischen die Gemüsereihen.
In Baden wird zu Kohl und Kraut fast nur mit Jauche gedüngt; der
flandrische Bauer legt im Felde seine gemauerten, wasserdichten Behälter
zum Sammeln des flüssigen Düngers an, und kluge Leute machen es überall so, denn wer keinen flüssigen Dünger anwendet, versteht seinen Vortheil nicht. Wie der Gartenbetrieb einmal eingerichtet ist, ist die flüssige Düngung eine Ergänzungsdüngung, die überall angewendet wird,
wo der Boden nicht mehr Kraft genug hat, eine erst darauf anzubauende
oder schon darauf stehende Pflanze zur gehörigen Ausbildung zu bringen,
eine Mistdüngung aber entweder unanwendbar oder schädlich ist.

Die flüssige Düngung ist jedoch nur als Nebendüngung zu betrachten und kann die Hauptdüngung nie ganz ersetzen. Zwar werden durch
dieselbe dem Boden die wichtigsten Düngstoffe des Mistes in löslichem
Zustande zugeführt, nicht aber der nöthige Humus, und vor Allem fehlt die
wohlthätige, physikalische, lockernde, bald erwärmende, bald erfrischende
und kühlende Wirkung, welche durch eine bedachte Wahl des rechten Mistes für jede Bodenart so außerordentlich ist. Am wirksamsten und nütz-
lichsten zeigt sich die flüssige Düngung in allen leichten und in humusreichen Bodenarten, welche den lockernden, erwärmenden Mist leichter entbehren können als schwerer Boden. Dies möge zur Richtschnur für die
Anwendung des flüssigen Düngers als Hauptdüngung im Allgemeinen
dienen. Wenn man aber auch in schweren, thonigen Bodenarten nicht
mehrere Jahre lang zu mehreren Kulturen flüssig düngen kann, wie es in
leichtem Boden ohne Nachtheil längere Zeit geschieht, so bleibt darum die

zeitweiſe Anwendung zur Düngung von Zwiſchenkulturen und zur Nach-
hülfe nicht ausgeſchloſſen, wenn man nur alle 2 — 3 Jahre gehörig mit
gutem Stallmiſt düngt.

124. — Auf noch leeren Ländereien wendet man vor der Pflanzung oder Saat flüſſigen Dünger an, wenn eine Pflanze keinen friſchen
Miſt verträgt oder bedarf, dieſer ihr, wegen kurzer Wachsthumszeit, faſt
verloren geht, und doch die Pflanze einer Aushülfe durch ſchnell wirkende
Düngung bedarf. Noch vortheilhafter iſt eine ſolche ſchnell wirkende
Düngung, wenn man aus einem Lande, welches man im folgenden Jahre
nicht mehr hat, noch Nutzen ziehen will. Zuweilen hat es auch an gewöhnlichem Miſt zur vollſtändigen Düngung gefehlt, und man giebt eine
flüſſige Düngung als Ergänzung nach, oder es fehlt daran, während flüſſiger
Dünger zu haben oder leicht zu bereiten iſt. Werden Wurzelgemüſe, z. B.
Möhren, Schwarz-, Zucker-, Paſtinakwurzeln, rothe Salatrüben ꝛc., oder
Hülſenfrüchte, Zwiebeln und andere Pflanzen, die man nicht gern in
friſche Düngung bringt, auf zu mageres Land gebracht, ſo iſt eine vorher-
gehende flüſſige Düngung ſehr zu empfehlen. Dieſe Art von Düngung
wird vor der Bearbeitung des Landes vorgenommen, am beſten kurz vorher, und dann das Beſtellen ſogleich darauf. Die dabei anzuwendende
Quantität richtet ſich nach dem Zuſtand und der Nährkraft des Landes
und nach den anzubauenden Pflanzen. Eine große Menge kann nur ſol-
chen Pflanzen ſchaden, die in Bezug auf Düngung genügſam ſind, namentlich Bohnen und Erbſen. Wenn man nicht etwa großen Vorrath
von flüſſigem Dünger hat, der keine andere Verwendung finden kann, ſo iſt
es immer verkehrt, wenn man ein Stück Land vor dem Beſtellen ſehr ſtark
damit düngt, denn ſowie dieſe Düngung ſchnell wirkt, ſo verliert ſie auch
wieder ihre Wirkung, ſei es durch Verdunſtung, verbunden mit Verflüch-
tigung des Ammoniaks, oder Eindringen in die tiefern Bodenlagen.
Letzteres findet jedoch nach neuern Erfahrungen nicht ſtatt, indem die
obere Erde ſehr ſchnell die kräftigſten Theile anzieht und nur eine dem
reinen Waſſer nahe kommende Flüſſigkeit in die Tiefe dringen läßt.
Jedenfalls iſt es beſſer, den Pflanzen dieſe kräftige Nahrung in dem
Maße zu reichen, wie ſie dieſelbe brauchen, alſo im Verhältniß zu ihrem
Wachsthum, zu ihrer Größe. Man beſtimme alſo auch bei dieſer Düngung ſchon vor deren Anwendung die Gemüſe, welche darauf gezogen werden ſollen, was beſonders in kleinern Gärten zum eignen Gebrauche,

wo häufig jedes Beet eine andere Gemüseart trägt, nothwendig ist, damit man nicht aus Unachtsamkeit etwa Kohlarten, Sellerie, Gurken, Salat, Lauch rc. auf schwach gedüngtes, Erbsen, Bohnen, Zwiebeln rc. auf stark gedüngtes Land bringt, und so das eine Gemüse aus Mangel, das andere aus Ueberfluß an Nahrung zu Schaden kommt. Der vor dem Anbau auf das Land gebrachte flüssige Dünger kann ganz frische, scharfe, starke Jauche sein, weil er mit den Wurzeln nicht sogleich in Berührung kommt.

Die zweite Art dieser Düngung auf schon mit Pflanzen besetzten Beeten oder Ländern ist ungleich wichtiger. Hier handelt es sich darum, den Pflanzen gerade so viel Nahrung zu geben, als sie brauchen, um die möglichste Voll=kommenheit zu erreichen. Man hat so das Wachsthum, wenn sonst nicht Witterungszustände hindernd entgegentreten, ganz in der Gewalt. Man wirkt dabei aber nicht nur auf die gegenwärtig darauf stehenden, sondern auch auf die nachfolgenden Pflanzen, indem man dafür sorgt, daß die eben darauf wachsenden Pflanzen von der gereichten Nahrung wenig oder gar nichts übrig lassen. Dies ist oft Vortheil, ja Nothwendigkeit. Wollte man z. B. auf gutem, sehr nahrhaftem Boden nach Früherbsen oder Frühkar=toffeln, noch Kohlarten, Endivien, Spinat und ähnliche stark zehrende, Dün=gung verlangende Gemüse bauen, das folgende Jahr aber wieder Hülsen=früchte, so würde gutes Land durch das Eingraben von frischem Mist für diese Frucht zu fett werden. Durch flüssigen Dünger, mag er nun vor oder nach der Bestellung des Landes angewendet werden, macht man es möglich, frische Düngung verlangende Pflanzen auf einem Lande zu ziehen, deren Nach=folger wenig oder nichts davon bekommen dürfen. Es giebt keine Gemüse=pflanze, der nicht eine rechtzeitige flüssige Düngung unter gewissen Umstän=den, d. h. bei Mangel an Bodenkraft, von Nutzen wäre, wenn das rechte Maß gehalten wird. Eine häufig und stark angewendete derartige Dün=gung aber bedürfen alle Kohlarten, Sellerie, Salat (Lattig), Spinat, En=divien, Lauch (Porree), Gurken, Kürbis, Spargel, Mangold (Römischkohl) und alle in frischer Düngung gedeihenden Pflanzen. Hierbei kommt viel auf die Zeit der Anwendung an. Kohl, Sellerie, Lauch rc. kann man z. B. bis zur Vollendung des Wachsthums düngen, während Kopfsalat mit schon ausgebildeten Köpfen in Folge reichlichster Nahrung schossen würde, Gurken, im Beginn, Früchte anzusetzen, zu viel „ins Kraut" wachsen wür=den. Die Quantität richtet sich nach der Art und Größe der Pflanzen, und sie muß sich steigern, wenn die Pflanze größer wird. Die anzuwendende

Kraftbrühe darf, sofern sie aus eigentlicher Mistjauche oder Gülle mit viel Urin vermischt besteht, nicht frisch und unvergohren angewendet werden, weil davon die Pflanzen „verbrennen", wie man sagt, b. h. Nahrung auf= nehmen, die sie nicht verarbeiten können und die ihre Nährgefäße zerstört. In schwachen Gaben, das heißt stark mit Wasser vermischt, oder angewendet, wenn der Boden bei oder kurz nach Regen viel Wasser enthält, kann jedoch auch frische Jauche nichts schaden. Wendet man Jauche an, so ist es nie so einzurichten, daß kein frischer Zufluß dazu kommt, und man muß zufrie= den sein, wenn nur der größte Theil davon älter ist. Bei frischer Mist= jauche kann man durch einen mäßigen Zusatz von Schwefelsäure oder von schwefelsaurem Eisen (Eisenvitriol) bekanntlich sofort die schädlichen Ein= wirkungen beseitigen, die Flüssigkeit den Pflanzen dadurch mundgerecht machen und die Wirkung durch die Düngekraft der Schwefelsäure noch sehr verstärken. Man wende nie zu viel auf einmal an, denn, wie gesagt, es ist thöricht, mehr zu geben, als die Pflanzen bedürfen. Oefter gegossen und stark mit Wasser verdünnt, wirkt viel heilsamer und sicherer. Aus dem näm= lichen Grunde ist auch der Düngerguß hauptsächlich während oder nach Re= gen vorzunehmen oder unmittelbar nach dem Begießen mit Wasser. Han= delt es sich darum, Pflanzen mit langer Vegetationszeit zu düngen, so kann jede Woche wenigstens einmal gegossen werden. Andere Pflanzen gießt man nur einmal oder einigemal.

Eine weitere Art der Anwendung ist das unmittelbare Eintauchen oder Einschlemmen und Anfeuchten der Samen und Pflanzen mit flüssigem oder reinem breiartigem Dünger. Man gießt Samen von Zwiebeln, Spinat, Runkelrüben, Schwarzwurzeln, Möhren 2c. nach der Aussaat mit Mist= jauche an, um schnelleres Keimen herbeizuführen und den jungen Pflanzen sofort reiche Nahrung zu verschaffen. Harte Samen, z. B. Runkeln und Mangold, weicht man wol auch förmlich ein. Die breiartige Düngung wird besonders bei Kohlpflanzen angewendet und ist hauptsächlich vortheil= haft, wenn die Pflanzen weit transportirt werden und nach dem Ausziehen länger liegen bleiben. Auch bei Pflanzen, welche wenige Faserwurzeln haben und leicht welken, z. B. bei Carbonen (Cardy), Gurken, Kürbis, En= divien 2c., ist dieses Verfahren von Nutzen. Die Düngung besteht in einem Eintauchen der Wurzeln junger Pflanzen in einen dünnen Brei von Mist= jauche oder anderem flüssigen Dünger und lehmiger Erde, oder von Lehm, frischem Kuhmist, ohne Stroh und Wasser bereitet. Man läßt in diesem

Brei die Pflanzen, nachdem die Wurzeln beschnitten, mehrere Stunden oder eine ganze Nacht ziehen. Werden dann die Pflanzen bis zum Setzen trocken, so bildet sich über den Wurzeln ein Ueberzug, der dieselben frisch erhält und kein Welken zuläßt. So kann man die Pflanzen stundenlang ohne Scha= den offen liegen lassen, was besonders bei Gemüsebau auf dem Felde von großem Nutzen ist. Es wirkt jedoch dieses Eintauchen nicht nur mechanisch als Ueberzug, sondern auch wirklich düngend. Die Wurzeln ziehen einen Theil der Flüssigkeit ein und sind so leichter fähig, ohne Stillstand des Wachsthums die Störung des Ausreißens und Verpflanzens zu ertragen, bis die neuen Wurzeln wieder Boden fassen und Nahrung zuführen. Diese bilden sich unter dem Ueberzug viel schneller, und derselbe wirkt wie das Umgeben mit guter Erde. Dieses Eintauchen der Wurzeln ist auch bei Obstbäumen und jeder andern Pflanzung von Gehölzen von größtem Nutzen. — Endlich giebt es noch ein anderes hier und da gebräuchliches Verfahren, den Pflanzen sofort bei der Auspflanzung aufgelösten Dünger zuzuführen. Man macht nämlich große Pflanzlöcher und füllt diese mit Mistjauche oder einer noch kräftigern aus Jauche und Rindermist oder Men= schenkoth bereiteten Flüssigkeit. Die Holländer erziehen auf diese Weise sehr großen Blumenkohl. Die Pflanze wird entweder sofort mit eingegossen oder, nachdem sich die Flüssigkeit verzogen hat, mit Composterde umgeben, ohne sie weiter anzudrücken, und nur, wenn diese Erde trocken ist, ange= gossen.

Ganz besonders zweckmäßig erweist sich die flüssige Düngung auch für Obstbäume, Wein, Beerenfrüchte und andere Fruchtgehölze. Wenn man die Erde, so weit die Wurzeln reichen, besonders entfernter vom Stamm, so reichlich mit Jauche, Harn oder anderm flüssigen Dünger durchnäßt, daß dieser tief in den Boden bringt, was noch durch vorher gegrabene Löcher mehr befördert wird, so muß natürlich die Wirkung eine viel stärkere und sichrere sein, als wenn der Düngstoff oberflächlich aufgebracht wird und nur bei sehr starkem Regen oder Begießen zu den Wurzeln gelangt. Düngt man im Winter, so kann man ohne Gefahr die stärkste Mistjauche anwen= den, düngt man aber im Sommer, was sehr zur Vergrößerung der Früchte beiträgt, so muß das Düngerwasser sehr verdünnt angewendet werden.

Wir wollen nun die einzelnen Stoffe betrachten, welche besonders vor= theilhaft als flüssiger Dünger verwendet werden. Außer den flüssigen Ex= crementen der Thiere entsteht jeder flüssige Dünger durch Auflösung in Wasser,

11*

und es braucht kaum erwähnt zu werden, daß die am leichtesten löslichen Stoffe am zweckmäßigsten dazu sind.

1. Harn oder Urin.

125. — Der thierische Harn ist der einzige von Natur flüssige Stoff (da wir das Blut als solchen hier nicht mitzählen wollen), zugleich der kräf= tigste, wichtigste, da er die meisten Salze, besonders phosphorsaure Salze in großer Menge, sowie Ammoniak bildende Stoffe enthält. Leider geht dieser vortreffliche Düngstoff größtentheils verloren, da der menschliche Harn fast gar nicht, der thierische nur ungenügend gesammelt wird. Da die be= sonders wirksamen Stoffe aus dem Vorhergehenden bereits bekannt sind, so wird die Angabe derselben am besten die Bedeutung des Harns als Düngstoff zeigen.

Es sind nach E. von Bibra enthalten in 100 Theilen Harn von

	Pferden	Kühen	Ochsen	Ziegen	Schafen
kohlensaurer Kalk	12,50	—	1,07	Spur	0,82
kohlensaure Magnesia	9,46	—	6,93	7,3	0,46
kohlensaures Kali	46,09	12,10	77,28	Spur	—
kohlensaures Natron	10,33	—	—	53,0	42,45
schwefelsaures Kali	—	—	13,30	—	2,98
schwefelsaures Natron	13,04	7,00	—	25,0	7,72
phosphorsaures Natron	—	19,00	—	—	—
phosphorsaurer Kalk phosphorsaure Magnesia }	—	8,80	—	—	0,70
Chlornatrium	6,94	53,10	0,30	14,7	32,01
Kieselerde	0,55	—	0,35	—	—
Chlorkalium	—	Spur	—	—	—

Boussingault fand in 100 Theilen Harn von

	Kühen	Pferden	Schweinen
Harnstoff	1,85	3,10	0,49
hippursaures Kali	1,65	0,47	—
milchsaure Alkalien	1,72	2,01	nicht bestimmt
zweifach kohlensaures Kali	1,61	1,55	0,07
kohlensaure Magnesia	0,47	0,42	0,09
kohlensauren Kalk	0,06	1,08	Spur
schwefelsaures Kali	0,36	0,12	0,29

	Harn von Kühen	Pferden	Schweinen
Chlornatrium	0,15	0,07	0,13
Kieselsäure	Spur	0,10	0,01
phosphorsaure Salze	—	—	0,10
Wasser	93,13	91,08	97,91

Im menschlichen Harn fanden sich in 1000 Theilen:

	nach Berzelius	nach Lehmann	nach Machaub
Wasser	933,10	937,682	938,856
Harnstoff	30,10	31,450	30,321
Extractivstoff	17,14	12,837	11,915
Harnsäure	1,00	1,021	1,001
Schleim	0,32	0,112	0,201
schwefelsaures Kali	3,71⎫		3,201
schwefelsaures Natron	3,16⎭	7,314	3,011
phosphorsaures Natron	2,94⎫		2,998
saures phosphorsaures Ammoniak	1,65⎭	3,765	1,231
Chlornatrium	4,45⎫		4,001
Chlorammonium	1,50⎭	3,646	1,231
phosphorsaurer Kalk und Magnesia	1,00	1,132	1,001
Kieselsäure	0,03	—	—
milchsaure Salze	—	1,897	1,032

Boufsingault bestimmte den Gehalt an Ammoniak und Stickstoff in dem Harn verschiedener Menschen und Thiere wie folgt:

In 100 Theilen Harn waren enthalten:

	Stickstoff	Ammoniak
Kind von 8 Monaten	3,20	0,34
Kind von 8 Jahren	6,04	0,28
Mann von 20 Jahren	16,04	1,14
Mann von 46 Jahren	18,40	1,40
Derselbe	15,70	1,27
Derselbe	12,20	0,74
Kuh	13,30	0,06
Andere Kuh	18,10	0,10
Andere Kuh	15,14	0,09
Pferd	16,25	0,00

	Stickstoff	Ammoniak
Anderes Pferd	12,04	0,04 .
Anderes Pferd	17,31	Spur.

Was schon bei den festen Ercrementen bemerkt wurde, daß der Stoff-
gehalt mit der Nahrung wechselt, gilt auch hier.   Je besser die Nahrung,
desto besser der Harn.

Um sich von der schnellen, starken Wirkung des Harns zu überzeugen,
genügt es, etwas davon auf Rasen zu gießen oder die Plätze auf Rasen,
wohin geharnt worden ist, zu betrachten.   Metzger sagt in seinem vortrefflichen „Mistbüchlein", daß man mit 3 Schoppen Jauche (meist aus Thier-
harn bestehend) auf völlig magerem Boden einen Krautkopf von 10 Pfund
Schwere erziehen könne, an dem eine Familie von 6 Personen genug habe.
In je 1000 Pfund Harn sind ungefähr 52,84 Pf. feste Stoffe enthalten,
welche einen mindestens eben so hohen Werth als guter Guano haben.

Wenn man den Harn eines Menschen durchschnittlich gering jährlich
auf 114 Pfd. veranschlagt, was für Erwachsene gewiß zu wenig ist*), so
können damit 10 Quadratruthen Land genügend gedüngt werden.   Was
eine Familie demnach zur Düngung beitragen kann, ist leicht zu berechnen.
Nimmt man dazu den Urin der Gartenarbeiter, so sammelt sich eine große
Menge von Düngstoffen an, mit welchen bei sorgfältiger Sammlung eine
bedeutende Düngkraft gewonnen würde, welche den Vorzug hat, daß sie
neben dem Stickstoff dem Boden eine große Menge mineralischer Bestandtheile zuführt.   Man sollte daher an verschiedenen versteckten Theilen des
Gartens und am Hofe Fässer aufstellen, worein der Urin gelassen wird, wodurch zugleich stinkende Winkel beseitigt und Unanständigkeiten vermieden
würden.   Man möge wenigstens allen Arbeitern befehlen, daß sie ihren
Urin auf das Kulturland, nicht in die Wege laufen lassen.   Diese Gefäße
werden entweder auf Erdhaufen oder, wo es paßt, unmittelbar auf das
Land oder in das Jauchenloch entleert.   Wie nützlich es wäre, den Urin
aus öffentlichen Anstalten und Orten, wo viele Menschen zusammen sind
(jedoch nicht in Bierhäusern), sammeln zu lassen und um ein Billiges zu
kaufen, braucht nur angedeutet zu werden.   Man kann für 1000 Pfd. bis

---

*) Nach Fleitmann betragen die mineralischen Bestandtheile, welche ein Mensch
täglich im Harn absondert, 14,8483 Gramm.   Vielleicht sind bei der Veranschlagung
von jährlich 114 Pfund nur die festen Stoffe gemeint.

2 Thaler geben, wird aber, wenn man die Fässer dazu stellt, gern das Zehnfache dafür erhalten oder mit einem Trinkgeld an Dienstleute bezahlen können. Menschenharn wird von einigen Gärtnern für Sellerie als ganz besonders wirksam betrachtet, ist es aber, richtig verwendet, in der That für alle Pflanzen.

Man ist der Meinung, daß der Harn im frischen Zustande zu scharf und daher schädlich sei. Man kann sich aber leicht überzeugen, daß dies nur der Fall ist, wenn er im Uebermaße angewendet wird. Es findet sich jedoch selten Gelegenheit, den Urin frisch in Menge zu bekommen; wo es aber der Fall ist, da sollte man ihn vorziehen, denn durch die faule Gährung verwandelt sich ein Theil davon in flüchtiges kohlensaures Ammoniak, welches, wie der stechende Geruch in Pißwinkeln bezeugt, sich leicht verflüchtigt und verloren geht. Um dieses zu binden, ist der Zusatz von schwefelsaurem Eisen (Eisenvitriol) oder Schwefelsäure und andern Desinfectionsmitteln zu empfehlen.

Wenn man Harn verwendet, so wird man wol auch andern flüssigen Dünger gebrauchen, und dann ist es am zweckmäßigsten, den gesammelten Harn mit jenen Flüssigkeiten zu verbinden und anzuwenden. In allen Fällen, wo er allein zum Begießen von Pflanzen verwendet wird, muß man ihn mindestens zur Hälfte mit Wasser verdünnen. Hat man wenig von diesem Düngstoff, so gießt man ihn auf den Composthaufen. Ich dünge mit einem Erdhaufen, worauf alle Nachtgeschirre des Hauses entleert werden, jährlich ein ansehnliches Stück Land, wodurch der üppigste Wuchs erzeugt wird.

Die Wirkung des Harns äußert sich sofort, ist aber nicht anhaltend und erstreckt sich schwerlich über ein Jahr hinaus.

Daß der Harn zur Bereitung eines trocknen Düngerstoffes, des sogenannten Urats oder Urinats dient, wurde schon §. 113 erwähnt.

Uebrigens ist die Zusammensetzung und mithin auch die Wirkung des Harns sehr verschieden. So hat man in manchem Harn, namentlich von Kühen und Schweinen, äußerst wenig Phosphorsäure, dagegen viel kohlensaures Kali und Schwefelsäure gefunden. Da aber die Gemüse dieses Stoffes weniger bedürfen als die Körnerfrüchte, so genügt der Reichthum an alkalischen Salzen und Ammoniak zu einem guten Erfolg.

2. Jauche und Gülle.

126. — Unter Jauche versteht man alle Flüssigkeiten, welche aus den Ställen zusammenlaufen und sich im Grunde der Mistgrube sammeln. Man nennt sie in vielen Gegenden Gülle. Doch bezeichnet man genau genommen als Gülle eine Flüssigkeit, welche durch absichtliche Vermengung von festen thierischen Auswürfen mit Wasser oder Jauche entsteht. Gebrauchen wir beide Ausdrücke für gleichbedeutend, wie es im gemeinen Leben der Fall ist.

Die Jauche, welche sich aus den Ställen sammelt, besteht zum größten Theile aus Harn, aber auch aus aufgelösten festen Düngertheilen, welche der Harn beim Durchfließen aufnimmt. Sie enthält deshalb noch mehr Düngstoff als der reine Harn, und ist in ihrer Güte sehr verschieden, je nachdem mehr oder weniger Mist in ihr aufgelöst ist. Sie besitzt die Schärfe des Harns in verstärktem Maße und kann zum Begießen der Pflanzen nur sehr (bis zum Drei- und Vierfachen) mit Wasser verdünnt angewendet werden. Alles, was vom Harn gesagt wurde, gilt auch von der Jauche, nur ist sie, wie gesagt, noch wirksamer. Wie die Jauche zu verwenden und zu behandeln ist, wurde schon in der Einleitung dieses Abschnitts bemerkt. Da man aber nicht zu jeder Zeit Jauche verwenden kann, so muß man dieselbe, wenn die Sammelgruben nicht groß genug sind, auf Composthaufen gießen, welche dadurch zu einem vorzüglichen Dünger werden.

Da die Jauche durch das Verfaulen flüchtiges Ammoniak bildet, so muß man dieses, wenn die Gruben nicht allwöchentlich geleert werden können, durch Zusatz von verdünnter Schwefelsäure oder Eisenvitriol binden. Hierzu nimmt man ungefähr 1 Pfd. Säure, welche man unter Umrühren zu 20—30 Pfd. Wasser gießt. Von Eisenvitriol braucht man mehr.

Eine andere Art von Jauche ist die, welche sich im Grunde der Mistgrube sammelt. Diese ist, wenn nicht zugleich die Stalljauche dahin geleitet wird, nichts Anderes, als eine durch Wasser bewirkte Auflösung des gewöhnlichen Stallmistes und enthält dessen leicht lösliche Theile. Sie ist weniger kräftig und wirksam als die Stalljauche, aber auch weniger scharf und daher gefahrloser anzuwenden. Ihre Güte ist nach der Güte des Mistes und dem Grade der Verdünnung verschieden. In trockner Zeit sammelt sich, wenn nicht der Mist häufig begossen wird, wenig, aber sehr gute

Jauche, in regnerifcher Zeit viele, fo daß endlich ein Ueberfluß fehr dünner Jauche entfteht, wenn die Miftgrube nicht gegen Wafferzufluß gefchützt ift. Gute Miftjauche ift mehr werth als ftark ausgelaugter Mift. Wer fie nicht auf das forgfältigfte fammelt und benutzt, ift ein Verfchwender und verdient noch fchlimmere Titel. Man kann die in Miftgruben fich fammelnde Jauche, welche keinen Harn enthält, in allen Fällen auch zum Begießen der Pflanzen anwenden und braucht fehr ftarke nur zu verdünnen. Ein Verfaulen, d. h. langes Stehen diefer Jauche ift nicht nöthig.

Wo es fich einrichten läßt, fammelt man die Stalljauche und den Harn mit der Miftjauche in einer gemeinfchaftlichen Grube, was auch das Befte ift, indem dadurch die erftern leichter anwendbar, die zweite kräftiger wird. Will man einen befonders ftark wirkenden flüffigen Dünger, der einen weitern Transport lohnt, fo zerrührt man frifchen Mift, befonders aus Abtritten, Hühner-, Tauben- und Schafmift mit der Miftjauche und bereitet fo die eigentliche Gülle. Diefelbe eignet fich jedoch nur zur Düngung von noch nicht beftelltem Land.

Leider ift Jauche faft nicht käuflich zu haben, denn wer fie fammelt, benutzt fie auch. Die Gärtnerei kann daher auch nur dann Nutzen davon ziehen, wenn felbft Vieh gehalten wird. Ift dabei aber Feldwirthfchaft, fo wird man die Jauche vorzugsweife für die Wiefen benutzen. Da jedoch die Wiefendüngung nur in der einen Hälfte des Jahres ftattfinden kann, fo bleibt der Gärtnerei wenigftens die Benutzung im Sommer. Auch im Winter wird der Landwirth dem Garten eher die Jauche als den Mift gönnen, und Gärtner oder die Hausfrauen, welche den Garten beforgen, mögen fich möglichft an diefe Düngerquelle halten.

Glücklicherweife läßt fich künftlich ein flüffiger Dünger bereiten, auch ohne Viehftand, zu welchem in dem folgenden Paragraphen Anleitung gegeben werden foll.

3. Künftlich bereiteter flüffiger Dünger.

127. — Zur Bereitung eines flüffigen Düngers find alle leicht löslichen Düngftoffe zu gebrauchen und auch die fchwerer löslichen anwendbar, fobald fie lange genug liegen können. Man nehme, was man eben hat, vorzugsweife Mift von Schafen, Kühen, Pferden, Tauben, Hühnern, aus Abtritten, thue dazu Ruß, Afche, Hornfpäne, Malzkeime, Rapskuchen, Blut, Guano ꝛc., bringe mehrere diefer Stoffe in eine mit Cement gemauerte

große Grube oder für eine kleinere Gärtnerei in ein Faß, setze Wasser hinzu, rühre die Masse fleißig um: so erhält man einen flüssigen Dünger, der
schon nach einigen Tagen benutzbar und unter allen Verhältnissen anwendbar ist, jedoch vorzugsweise zum Begießen schon besetzter Ländereien dient.
Will man damit Land vor der Saat oder Pflanzung düngen, so muß
die Masse sehr kräftig und durch Zusatz von Mist dickflüssig sein. Ein noch
wirksamerer Dünger wird gewonnen, wenn man anstatt Wasser Urin, Sei-
fen- und Laugenwasser, Häringslake, Ammoniakwasser, düngende Flüssigkeiten aus chemischen Fabriken ꝛc. zusetzt. Seifenwasser ist hier und da in
Wollfabriken, Ammoniakwasser in Gasanstalten billig oder umsonst zu bekommen und sollte überall benutzt werden, wo es nicht weit zu holen ist.

Die Güte des Düngwassers hängt von der bereits bekannten Düngkraft der ausgelaugten Stoffe, von deren Menge im Verhältniß zum
Wasser und von der Länge der Auflösungszeit ab. Die einzelnen Stoffe,
welche Düngerwasser liefern können, übergehend, will ich nur noch Anleitung zur Bereitung geben.

Zum Bedarf eines kleinen Gartens füllt man ein großes Faß zur
Hälfte mit Schafmist, Kuhmist, Taubenmist, Hornspänen und Ofenruß
und gießt Wasser darauf. Es ist nicht nöthig, alle diese Stoffe zu nehmen,
sondern es genügt eine Mistart mit Hornspänen oder Ruß. Schaf- und
Taubenmist verdienen den Vorzug. Abtrittsmist macht die Masse zu ekel-
haft und wird, wenn man ihn benutzen will, am besten erst kurz vor dem
Gebrauch eingerührt. Wäre Mist schwer zu bekommen, so nehme man Guano,
Ruß und schlechten Tischlerleim zusammen oder jeden dieser Stoffe allein.
Auch ein Zusatz von salpetersauren und Ammoniaksalzen erweist sich als
sehr nützlich, und es wird Chilisalpeter zu diesem Zwecke gern angewendet.
Hornspäne sind bei allen Mischungen als Zusatz zu empfehlen, indem sie
sich langsam zersetzen und lange wirken. Von Guano nimmt man auf ein
Faß von 100 Maß Wasser ungefähr 3 — 4 Pf., von Leim das Doppelte,
nachdem man ihn erst in heißem Wasser aufgelöst; nimmt man blos Ruß,
so kann man das Gefäß zum vierten Theil damit füllen. Nachdem die
Masse einige Tage gestanden und öfter umgerührt worden ist, kann man
damit begießen. Guanolösung kann schon nach 6 Stunden gebraucht werden. Sollte man bei Guano nach dem Umrühren vor dem Gebrauch (was
stets geschehen muß) bemerken, daß das Wasser wie dickes Lehmwasser und
auf der Hand oder in der Kanne wenig mehr durchsichtig ist, so muß man

verdünnen, denn eine zu starke Guanolösung wirkt stets nachtheilig. Leim-wasser ist in sehr sandigem hitzigem Boden sehr nützlich, weil es denselben länger feucht hält, als irgend eine andere Flüssigkeit. Aus demselben Grunde ist es dagegen in schwerem Boden schädlich und darf auf keinen Fall an-gewendet werden. Will man schöpfen, so drückt man ein Sieb oder einen alten Korb in das Faß, um die Flüssigkeit rein zu bekommen.

Um Düngerwasser im Großen zu bereiten, ist es am besten, an einem Platze, wohin das Wasser leicht geleitet werden kann, eine 3—4 Fuß tiefe, nach Bedürfniß lange und breite Grube mit Cement auszumauern oder die verschalten Wände mit Wasserthon (Letten) undurchlassend zu machen. Der Boden muß eine geringe Neigung nach einer der Langseiten haben, und hier wird ein Rechen wie bei Fischteichen in einer Ecke angebracht, hinter welchem man die Flüssigkeit frei von Misttheilen schöpfen oder pumpen kann. In diese Grube wirft man alle Düngstoffe, von welchen man die löslichen Theile benutzen will, dazu todte Mäuse, Maulwürfe ꝛc., Abfälle aus Schlächtereien, Blut ꝛc., bringt den Abtritt der Arbeitsleute darüber an, schüttet Laugen-, Seifen-, Blut- und Fleischwasser, Nachtgeschirre jeder Art hinein, kurz betrachtet diese Grube ebenso wie den Composthaufen für eine Sparkasse aller Düng-stoffe. Die Hauptfüllung wird Ende April vorgenommen, damit man im Mai schon Gußwasser hat. Im Laufe des Sommers füllt man einigemal Düngstoffe nach und macht die Grube im September leer. Die Masse wird mit Krücken an langen Stangen wöchentlich mehrmals bis auf den Grund aufgerührt. Wann der rechte Zeitpunkt ist, neue Düngstoffe zuzu-setzen, wird man bald aus Erfahrung lernen. Dunkle Farbe des Wassers ist nicht immer ein Zeichen der Düngkraft, denn auch Laub, besonders Eichenlaub, macht dunkel. Hat man diese Flüssigkeit nicht weit zu tragen, so kann sie sehr dünn sein und wie gewöhnliches Wasser zum Begießen an-gewendet werden. Ja ich würde rathen, in jeder Gemüsegärtnerei, wo Gelegenheit dazu ist, stets einige Körbe oder Karren voll Mist in das zum Begießen bestimmte Wasser zu werfen. Es ist überraschend, wie selbst das schwächste Düngerwasser das Wachsthum befördert, weil es unmittelbar und sofort von den Wurzeln aufgenommen wird. Diese Art allmäliger Düngung ist so natürlich, daß man sich wundern muß, daß sie nicht allgemeiner angewendet wird.

Hierher gehört auch der sogenannte flandrische Dünger, wovon schon §. 82 beiläufig die Rede war. Fig. 4 giebt die Abbildung einer verdeckten Grube oder Cifterne für folchen Dünger, in welcher die thätigen belgifchen Landwirthe ihren Abtrittsmift bis zur Verwendung mit Waffer vermifcht aufheben. Solche Gruben find überall im freien Felde angebracht.

4. Ammoniakwaffer, Seifen- und Salzwaffer, fauliges Waffer.

128. — Wahrfcheinlich giebt es in Fabriken, befonders für chemifche Produkte, verfchiedene düngerreiche Flüffigkeiten, welche größtentheils un= benutzt weggeworfen werden. Ich will hier nur einer gedenken, welche jetzt fchon faft in allen Städten in Menge umfonft oder billig zu haben ift, nämlich des ammoniakhaltigen Waffers, welches als Nebenprodukt in Gas= bereitungsanftalten aus Steinkohlen gewonnen und meift nicht benutzt wird. Es enthält meift 4 Procent kohlenfaures Ammoniak als aufgelöstes Am= moniakfalz, und es ift daher wol der Mühe werth, es anzuwenden, wenn der Transport nicht zu weit und der Preis gering ift. Ich möchte zu Ver= fuchen ermuntern. Unter allen Umftänden würde es gut fein, durch einen Zufatz von verdünnter Schwefelfäure das flüchtige kohlenfaure Ammoniak in fchwefelfaures Ammoniak zu verwandeln, wodurch zugleich die Düngkraft fehr vermehrt wird.

Seifenwaffer vom Wafchen der Hauswäfche follte nie weggefchüttet werden, und wo man folches aus Wafchanftalten und Wollenwäfchereien billig oder gar umfonft erhalten kann, da follte man es fich zu verfchaffen fuchen, wenn der Transport nicht zu weit ift. Außer den Afchenfalzen der Lauge, Soda ꝛc. find auch die fettigen oder öligen Theile düngend. Es verfteht fich von felbft, daß man nur das erfte dicke Wafchwaffer, nicht aber das Abfpülwaffer (Litterwaffer) zum Düngen nimmt, da das letztere fehr geringe Düngkraft hat.

Salzfoole, welche aus Salzquellen und Salzfiedereien oft in Maffe unbenutzt davon fließt, würde vorfichtig angewendet ein nicht zu verachten= des, für manche Kulturen, z. B. Spargel und Artifchocken, Seekohl ꝛc., ein gutes Düngwaffer fein. Erfahrungen liegen allerdings darüber nicht vor. Jedenfalls würde diefes Salzwaffer ein fehr wirkfamer Zufatz zu anderem flüffigen Dünger fein. Wo fich daher Gelegenheit bietet, folches Waffer zu benutzen, und die Benutzung nicht vom Fiskus verboten ift, möge man Verfuche damit machen.

Alles Waffer, worin organifche Stoffe der Fäulniß unterliegen, hat mehr Düngkraft als reines Waffer. Man findet kleine Teiche und Löcher,

worin Flachs und Hanf geröstet wird, in welchem die Stengel der Wasser=
pflanzen und die Auswürfe der Thiere, Federn, Knochen ꝛc. verfaulen.
Solche Wasser sind zum Begießen sehr nützlich, wo sie ohne besondern
Aufwand benutzt werden können.

Hierher gehören noch die aus chemischen Fabriken, Oelraffinerien,
Knochenmehlfabriken u. s. w. abfallenden Säuren, meist Schwefel= oder
Salzsäure, mit Wasser vermischt. Zur unmittelbaren Anwendung sind sie
zu scharf, sie können aber sonst zur Bindung des flüchtigen Ammoniaks
im Mist und in der Jauche verwendet werden und sind, wenn sie nicht um=
sonst zu haben sind, jedenfalls wohlfeiler als reine Schwefelsäure.

C. Die Gründüngung.

129. — Die Gründüngung besteht darin, daß man saftige Pflan=
zen im frischen Zustande, vor der Blüte, gewöhnlich solche, welche auf dem
Boden selbst gewachsen sind, untergräbt, bezüglich pflügt und in der Erde
verfaulen läßt. Obschon diese Art Düngung seit Jahrtausenden angewen=
det wird, so ist sie in der Gärtnerei doch so gut als unbekannt, weuigstens
sah ich sie stets nur anwenden, wenn eine mißrathene oder abgenutzte Kul=
turpflanze nicht anders benutzt werden konnte oder verunkrautetes Land um=
gegraben wurde. Die Ursache scheint darin zu liegen, daß eine solche Dün=
gung nie ein so starkes Wachsthum erzeugt, wie man es beim Gemüsebau
wünscht. Gleichwol sollte man diese Düngung nicht so ganz gering ach=
ten, denn denselben Nutzen, welchen sie bei der gewöhnlichen Feldwirth=
schaft leistet, muß sie auch im Gärtnereibetrieb leisten. Besonders nützlich
möchte die Gründüngung bei Uebernahme von Land zur Gartenkultur in
sandigem Boden werden, um sofort ohne große Arbeit und große Kosten
Humus in den armen Boden zu bringen. Namentlich würde sie sich auch
bei der Anlage von Baumschulen bewähren, wo der Boden noch arm an
Humus ist. Es ist ja bekannt, wie vortrefflich Bäume auf umgepflügtem
Rasen= und Kleeland gedeihen, was nichts Anderes als eine Gründüngung
ist. Inwiefern die Gründüngung auch schon im vorzüglichen Stand be=
findlichem Gartenboden nützlich und vortheilhaft ist, muß erst durch Ver=
suche festgestellt werden, was Jeder leicht durch ein in Samen geschossenes,
zum Umgraben bestimmtes Spinatbeet in Erfahrung bringen kann, wenn
er auf einer Hälfte des Beetes das grüne Kraut eingräbt, auf der andern
beseitigt.

Jede Pflanze nimmt aus der Luft Kohlensäure und Ammoniak auf, aus dem Boden alle brauchbaren Stoffe, die sie darin findet. Manche Pflanzen scheinen vorzugsweise die Eigenschaft zu haben, sich aus der Luft zu nähren, weil sonst ihr üppiges Gedeihen auf einem fast nahrungslosen Boden unbegreiflich wäre. Wenn nun eine solche Pflanze vor ihrer Ausbil= dung zur Blüte im Zustande der höchsten Massenentwicklung unter die Erde gebracht wird, so giebt sie — daran ist nicht zu zweifeln — dem Boden nicht allein die ihm entnommenen, sondern auch die aus der Luft gezogenen Stoffe, macht ihn also reicher. Diese Nahrungsstoffe haben dann schon eine solche chemische Umwandlung erfahren, daß sie den darauf folgenden Kulturpflanzen fertige Nahrung bieten. Außer dem Kraut sind es auch die Wurzeln, welche den Boden bereichern, was besonders beim wurzelreichen Klee der Fall ist.

Durch die untergegrabenen Pflanzen erhält der Boden eine größere Menge von Humus als durch gewöhnliche Mistdüngung. Deshalb em= pfiehlt sich die Gründüngung besonders für humusarmen Boden.

Die im grünen Zustand unter die Erde gebrachten Pflanzen enthal= ten viel Saft (Wasser), welches sich lange im Boden erhält und denselben so lange frisch macht, als die Verwesung dauert. Es ist dies wieder ein Grund, warum die Gründüngung besonders bei leichtem, hitzigem Sand= und Kalkboden nützlich wird. Diese Eigenschaft muß, sollte ich meinen, auch in der Gärtnerei großen Nutzen stiften. Ich bin überzeugt, daß heiße, magere Sandländer durch mehrmaliges Untergraben von Gründünger mit mäßigem Zusatz von Mist nach kurzer Zeit in ziemliches Gemüseland ver= wandelt werden können, was außerdem nur mit großen Massen von Mist und Humus möglich wäre.

Landwirthschaftliche Erfahrungen, namentlich in der Schweiz, durch Fellenberg und seine Schüler, haben gezeigt, daß die Gründüngung be= sonders auf überkultivirtem Boden, wo gewöhnliche Mistdüngung zuweilen gar nichts fruchtet, außerordentlich wirksam sei. Bestätigt sich dieses (und wir haben nicht Ursache, an jenen Angaben zu zweifeln), so müßte die Gründüngung gerade beim Gemüsebau, wo die Produktion so oft überreizt wird, nützlich werden können.

Beim Weinbau ist die Gründüngung schon längst derart im Ge= brauch, daß man die abgeschnittenen grünen Reben (Ruthen) im Wein= garten selbst eingräbt, außerdem, wo die Weinspitzen verfüttert werden,

Wicken, Pferdebohnen und andere paſſende krautreiche Pflanzen anbaut und untergräbt.

130. — Pflanzen, welche zur Grünbüngung benutzt werden ſollen, müſſen folgende Eigenſchaften haben: ſie müſſen 1) ihre Nahrung vor-zugsweiſe aus der Luft ziehen, alſo auf ſchlechtem, ungedüngtem Boden wachſen können und wenig zehren; 2) eine kurze Vegetationszeit haben; 3) viel Stengel und Blätter von ſaftiger Beſchaffenheit haben; 4) als Samen im Ankauf wohlfeil ſein.

Als Hauptpflanze für die Grünbüngung gilt jetzt die Lupine, beſon-ders die mit weißer Blüte, welche namentlich auf Sandboden vorzüglich gedeiht und, wie es ſcheint, ſich vorzugsweiſe aus der Luft und den at-moſphäriſchen Niederſchlägen ernährt. Sie braucht jedoch eine Vege-tationszeit von mindeſtens 3 Monaten, würde ſich daher beſonders für Baumſchulenland, welches im folgenden Frühjahr bepflanzt werden ſoll, eignen. Wollte man auf noch tragbarem Boden außer der Lupine noch eine Frucht ziehen, ſo könnten es allenfalls Frühkartoffeln ſein, nach deren Abernten im Juli die Lupine immer noch geſäet werden kann. Ferner werden benutzt und können dazu dienen: der Ackerſperk oder Spergel, Erbſen, Oelmadia (Madia sativa), Rübſamen, Waſſerrüben, in nahrhaf-terem Boden Spinat, Mangold, Mohn, Portulak, Melden, Schnittkohl. Endlich ſind hierher die Kleepflanzen zu zählen, welche beſonders durch ihre zahlreichen Wurzeln düngen und ihre Nahrung meiſt aus einer Tiefe holen, wohin die gewöhnlichen Kulturpflanzen nicht dringen. Gaſparin hat auf einem Acker Luzerne 18,510 Pfund Wurzeln und Stengelſtücke ſammeln laſſen, in welchen ein bedeutendes Düngungsvermögen enthalten ſein muß. Wo viele Ländereien zum Gemüſebau benutzt werden und etwas Vieh gehalten wird, kann man nichts Beſſeres thun, als von Zeit zu Zeit die Stücke mit Klee zwei Jahre lang bebauen. Das um-gebrochene Kleeland würde nur eine Beibüngung brauchen, zu Baum-ſchulen ganz ungedüngt bleiben können.

Da es bei der Grünbüngung darauf ankommt, möglichſt viele Pflan-zen in den Boden zu bringen, ſo müſſen die Samen dichter als gewöhnlich geſäet werden.

Das Unterbringen der Grünbüngung geſchieht, ehe die Pflanzen blühen, ſo lange ſie noch recht ſaftig ſind. Grobſtenglige, größere Pflan-zen werden vorher abgemäht, kleinere blos niedergewalzt, ganz kleine, wie Ackerſperk, Portulak, im Stehen umgepflügt oder gegraben. Bei größern

Ländereien wird die Grünbüngung mit dem Pflug untergebracht, was auch viel leichter geht als durch den Spaten. Gräbt man die Pflanzen ein, so darf es nicht tief geschehen, auch darf nie viel auf einmal davon in den Graben geworfen werden, wie es schlechte Arbeiter bei dem Mist machen, sonst vertheilt sich die Düngung schlecht und es giebt später nach dem Verfaulen vertiefte Stellen. Bei dem Einpflügen werden die Düng-pflanzen in die Furchen gelegt.

131. — Hierher gehört auch die an Seeküsten gebräuchliche Düng-gung mit Seepflanzen (Fucus oder Tang, Algen), welche außerordentliche Wirkungen hervorbringt und in England besonders zu Artischocken, See-kohl und Spargel beliebt ist. Man darf die Haufen von Seegras nicht zusammenfaulen lassen, ehe man sie unter die Erde bringt, weil sonst viel Düngkraft verloren geht. Dieser Dünger wirkt nicht über ein Jahr.

Sumpf- und Wasserpflanzen und deren Wurzeln, welche mehr oder weniger mit Schlamm vermischt sind, dienen häufig zur Düngung von Gemüseländereien und bewähren sich sehr gut. Man läßt sie gewöhnlich erst zusammenfaulen.

Moos aus Wäldern und Sümpfen verwest so langsam, daß es kaum als Düngung zu betrachten ist, hält aber den Boden locker und hat die Eigenschaft, als Streu den Harn und aufgelösten Mist aufzusaugen und festzuhalten, weshalb es auch besser zur Streu benutzt wird. Hätte man viel Moos, so könnte es in schwerem Boden nützlich werden. Man sollte es aber vor dem Eingraben mit kräftigem, flüssigem Dünger durchziehen lassen.

Endlich gehören hierher die Rückstände von ausgepreßten Runkel-rüben und der Abputz von Wurzeln, Blätterkronen und Blättern in Zucker-fabriken, Kartoffelrückstände aus Stärkemehlfabriken und die schon unter B. erwähnten Trestern von Obst, Wein, Malzkeime ꝛc., sowie Blätter- und Stengelabfälle von Gemüse. Die erstern werden zwar meist verfüttert, obschon sie wenig Futterwerth haben, sind aber dennoch oft genug zu haben. Was den Abfall der Gemüse betrifft, so ist es am besten, denselben auf den Composthaufen zu werfen, wenn er nicht verfüttert wird, da die Menge nicht groß genug ist, besonders damit zu düngen.

132. — Hier folgen nun zwei Düngerwerthstabellen von Bous-singault und Payen und von Emil Wolf, in welchen der Dünger-werth des Stickstoffs zu Grunde gelegt ist. Für Diejenigen, welche den Stickstoff als Dünger gering achten, haben sie freilich keinen Werth. Die Tabelle von Wolf berücksichtigt auch andere Düngstoffe.

III. Tabelle über den gegenseitigen Werth der Dünger.

enennung.	Gewöhnliche Wassermenge.	Stickstoff in 100 Theilen des Stoffes.		Aequivalent für 100 Theile Stallmist.		Werth bei gleichem Gewicht im Verhältniß z. Stallmist.		Bemerkungen.
		trocken	feucht	trocken	feucht	trocken	feucht	
it	79,3	1,95	0,41	100	100	100	100	Durchschnittv. Bechelbronn.
einer Gastwirthschaft	60,6	2,08	0,79	107	197	94	51	Aus dem südl. Frankreich.
e	99,6	1,54	0,06	78	2	127	6	B. Waschen durch d. Regen.
roh	19,3	0,30	0,24	15	60	650	167	Krüsch v. Elsaß 1838.
hen	5,3	0,53	0,49	27	122,5	367	82	Alles a. d. Umgeg. v. Paris.
hen	5,3	0,43	0,41	22	102,5	453	98	Desgl. der untere Theil.
hen	9,4	1,42	1,33	73	332,5	237	30	Desgl. die Theile nächst den Rebren und die Rebren.
roh	12,2	0,20	0,17	10	42,5	975	235	Aus dem Elsaß.
hen	12,6	0,50	0,42	26	105	390	95	Umgegend v. Paris 1841.
roh	21,0	0,36	0,28	18	70	542	143	
roh	11,0	0,26	0,23	13	57,5	750	174	
reu	7,6	0,94	0,85	48	212,5	207	47	
ftroh	8,5	1,95	1,79	100	447,5	100	22	⎫ Aus dem Elsaß.
roh	19,0	0,96	0,78	49	195	203	51	⎬
eizenstroh	11,6	0,54	0,48	27	120	361	83	⎭
roh	9,2	1,12	1,01	57	250	174	40	
m Stengel vom Topi-								
mbur	12,9	0,43	0,37	22	92,5	453	108	
blätter	14,3	0,66	0,57	33	142,5	295	70	Nach d. Körnergewinnung.
l. als grüner Dünger .	70,6	1,53	0,45	79	113	126	89	Vor derselben.
er Ginster	10,4	1,37	1,22	70	305	142	33	Stengel und Blätter.
rübenblätter	88,0	4,50	0,50	230	125	43	80	Von Zuckerrüben.
elblätter	76,0	2,30	0,55	117	137,5	85	73	Blätter v. d. Ernte.
kenkraut	70,9	2,94	0,85	150	212,5	66	47	⎫ A. d. Luft getrocknet.
t von Heide	7,0	1,90	1,74	97	435	103	23	⎭
vom Birnbaum .	14,5	1,59	1,36	81,5	340	127	29	
von der Eiche . .	25,0	1,57	1,18	80	293	125	34	
„ „ Pappel .	51,1	1,17	0,54	66	134	167	74	⎫ Im Herbst abgefallene Blätter.
„ „ Buche . .	39,3	1,91	1,18	78	294	102	34	⎬
„ „ Akazie . .	53,6	1,56	0,72	80	180	125	56	⎭
baum	59,3	2,89	1,17	147	293	68	34	Zweige und Blätter.
urzel, untergegraben. .	9,7	1,77	1,61	90	402,5	110	25	

ger, Boden- und Düngerkunde.

12

Benennung.	Gewöhnliche Wassermenge.	Stickstoff in 100 Theilen des Stoffes.		Aequivalent für 100 Theile Stallmist.		Werth bei gleichem Gewicht im Verhältniß z. Stallmist.		Bemerkungen.
		trocken	feuchten	trocken	feuchten	trocknen	feuchten	
Fucus digitatus	39,2	1,41	0,86	72	215	139	46	} An der Luft getrocknet.
Desgleichen	40,0	1,58	0,95	81	237,5	123	42	
Fucus saccharinus	40,0	2,29	1,38	117	345	65	29	
Desgleichen	75,5	—	0,54	—	135	—	74	Aus dem Meere.
Seegras, verkohlt	3,8	0,40	0,38	20	95	488	105	
Austerschalen	17,9	0,40	0,32	20	80	488	125	
Meermuscheln	—	0,05	0,05	3	13	3750	769	Trocken von Dünkirchen.
Seesand v. d. Rhede v. Roscoff	0,5	0,14	0,13	7	32,5	1393	308	} Meeressand.
Seesand (Merlaix)	1,0	0,52	0,51	26,5	128	377	76	
Kabeljau, gesalzen	38,0	10,86	6,70	557	1675	18	6	
„ gewaschen und ausgedrückt	10,0	18,74	16,86	961	4215	10	2½	An der Luft getrocknet.
Sägespäne von Tannenholz .	24,0	0,22	0,16	11	40	686	250	} Lufttrocken.
Desgleichen	24,0	0,31	0,23	15	57,5	629	174	
Desgleichen von Eichenholz .	26,0	0,72	0,54	36	135	256	74	
Samen der weißen Lupine .	10,5	4,35	3,49	223	872,5	45	11½	Gekocht u. getrocknet. (Toskana).
Malzkehricht	6,0	4,90	4,51	251	1127,5	40	9	
Weintrester	48,2	3,31	1,71	169	427,5	57	23	
Samenkuchen von Lein . .	13,4	6,00	5,20	307	1300	33	8	
„ „ Raps . .	10,5	5,50	4,92	282	1230	35	8	
„ „ Helianth.								
annuus .	6,6	8,89	8,33	455	2082,5	21	4½	
„ „ Madia . .	11,2	5,78	5,06	292	1265	34	8	
„ „ Leindotter	6,5	5,93	5,52	304	1378	33	7½	
„ „ Hanf . .	5,0	4,78	4,21	245	1052	41	9½	
„ „ Mohn . .	6,0	5,70	5,36	292	1340	34	7½	
„ „ Buchenkernen	6,2	3,53	3,31	181	828	55	12	
Aepfelmark	6,4	0,63	0,59	32	147	309	68	Lufttrocken von der Cyderbereitung.
Hopfentreber	73,0	2,23	0,56	114	140	88	67	
Runkelrübenmark	9,3	1,26	1,14	64	285	155	35	Lufttrocken.
Desgleichen	70,0	—	0,38	64	85	—	106	Aus der Presse.
Runkelrübenscheiben, erschöpft	94,5	1,76	0,01	90	2	111	4137	Nach Dombasle's Verfahren.
Kartoffelmark	73,0	1,95	0,53	100	131,5	100	76	
Kartoffelsaft	94,5	8,28	0,38	425	94	23	106	Getrübt und abgekühlt.

Benennung.	Gewöhnliche Wassermenge.	Stickstoff in 100 Theilen des Stoffes.		Aequivalent für 100 Theile Stallmist.		Werth bei gleichem Gewicht im Verhältniß z. Stallmist.		Bemerkungen.
		trocknen	feuchten	trocknen	feuchten	trocknen	feuchten	
Flüssigkeit aus der Stärkemehlfabrikation	99,2	8,28	0,07	425	17,5	—	571	Von d. Atwalchen m. 4 Vol. Wasser.
Absatz aus dieser Flüssigkeit	80,0	1,81	0,36	92	90	108	111	In Haufen abgetropft.
Desgleichen	15,0	1,91	1,54	92	384,5	—	24	Lufttrocken.
Feste Excremente von Kühen	85,9	2,30	0,32	117	80	54	125	
Harn von Kühen	88,3	3,80	0,44	194	110	51	91	
Gemischte Excremente v. Kühen	84,3	2,59	0,41	132	102,5	75	96	
Feste Excremente v. Pferden .	75,4	2,21	2,55	113	137,5	88	73	
Harn von Pferden.	79,1	12,50	2,61	641	652,5	15½	15½	Dicker Harn; das Pferd trank wenig.
Gemischte Excrem. v. Pferden	75,4	3,02	0,44	154	185	64	54	
Excremente von Schweinen .	81,4	3,37	0,63	172	157,5	58	63	
„ „ Schafen . .	63,0	2,99	1,11	153	277,5	65	36	
„ „ Ziegen . . .	46,0	3,93	2,16	201	540	50	18½	
Flamänd. Dünger, flüssiger .	—	—	0,19	—	47,5	—	210	Im normalen Zustande.
Desgleichen	—	—	0,22	—	55	—	182	
Poudrette von Belgien . . .	12,5	4,40	3,85	225	962	44	10½	Lufttrocken.
„ „ Montfaucon .	41,4	2,67	1,56	137	390	73	25½	
Harn v. öffentl. Pißwinkeln	9,6	17,56	16,85	900	4213	11	2½	Im Wasserbade getrocknet.
Desgleichen	96,9	23,11	0,72	1133	179	8½	56	Flüssig ammoniakalisch.
Verkohlte Erde	44,6	1,96	1,09	100,5	272	98	37	Seit 11 Monaten zubereitet.
Dergl. v. d. Feldern bei Paris	42,0	2,96	1,24	151,6	310,5	66	32	Frisch fabricirt.
Sogen. holländischer Dünger	44,1	2,48	1,36	127	340	79	29½	In Lyon fabricirt.
Seekräuter, verkohlt	12,1	2,73	2,40	140	600	7	16½	Im Wasserbade getrocknet (von Marseille).
Taubenmist	9,6	9,02	8,30	462	2075	21½	5	Von Bechelbronn.
Guano (in England eingeführt)	19,6	6,20	5,00	323	1247	31½	80	Im gewöhnl. Zustande.
Desgleichen	23,4	7,05	5,40	361	1349	28	74	Durchsiebt.
Koth von Seidenraupen . .	14,3	3,48	3,29	178,7	827	56	12	5 Jahre alt.
Desgleichen	11,4	3,71	3,29	190	822	53	12	6 Jahre alt.
Larven von Seidenraupen .	78,5	8,99	1,94	461	485	21½	20½	
Guano (in Frankreich eingeführt)	11,3	15,73	13,95	807	3487	12½	28½	
Maikäfer	77,0	13,93	3,20	714	801	14	13	
Muskelfleisch, trocken (löslich)	8,5	14,25	13,04	730	3260	13½	3	Lufttrocken.
Blut, trocknes	21,4	15,50	12,18	795	3045	12½	3½	So wie man es versendet.
Blut, flüssiges . . . ~ . .	81,0	—	2,95	795	736	—	13½	Beim Schlachten.
Desgleichen	82,5	—	2,71	795	580	—	15	Von erschöpften Pferden.

12*

Benennung	Gewöhnliche Wassermenge.	Stickstoff in 100 Theilen des Stoffes.		Aequivalent für 100 Theile Stallmist.		Werth bei gleichem Gewicht im Verhältniß z. Stallmist.		Bemerkungen.
		trocknen	feuchten	trocknen	feuchten	trocknen	feuchten	
Blut, geronnen u. ausgepreßt	73,5	17,00	4,51	871	1128	11½	9	Aus der Presse.
Blut, trocken, unlöslich . . .	12,5	17,00	14,88	871	3719	11½	2½	Zu v. Fabr. getr.
Rückstände von Berlinerblau	53,4	2,80	1,31	144	326	7	30½	Blutlaugenkohle.
Gedörrte Knochen	7,5	7,58	7,02	388	1754	26	6	
Feuchte Knochen	30,0	—	5,31	—	1326	—	7½	'
Fettknochen, aber nicht gedörrt	8,0	—	6,22	—	1554	—	6½	0,12 Fett enthaltend.
Rückstände von Knochen . .	42,0	0,91	0,53	47	133	214	76	
Abfälle von Leim	33,6	5,63	3,73	288,4	933,5	35	11	Von Fabrikanten geliefert.
Knochenkohle von Raffinerien	47,7	2,04	1,06	104	265	96	38	So wie man es bereitet hat.
Schwarz der Raffinerien . .	27,7	19,01	13,75	974	3437	103	8	Zu Paris bereitet.
Schaum von Abklärungen .	67,0	1,58	0,54	81	134	127	75	Von der Zuckerfabrik.
Englisches Schwarz . . .	13,5	8,02	6,95	411,4	1738	24	6	Blut, Kalk, Ruß.
Federn	12,9	17,61	15,34	903	3835	11	2½	
Haare von Ochsen	8,9	15,12	13,78	775	3445	13	3	
Wollene Lumpen	11,3	20,26	17,98	1039	4495	9½	2½	
Hornspäne	9,0	15,78	14,36	809	3590	12½	3	
Steinkohlenruß	15,6	1,59	1,35	81	337,5	122	30	
Holzruß	5,6	1,31	1,15	67	287,5	149	35	
Asche	9,2	0,71	0,65	36	162,5	275	62	
Düngererde v. trocknem Mist	—	1,03	—	53	—	189	33	Im Wasserbade getrocknet.

Düngerwerths-Tabelle von E. Wolff.

Art des Düngers.	In 100 Theilen				Stärke der Düngung per Hektar Kilogr.	Von der Gesammtwirkung kommen auf das			Aequivalent f. 100 Kilogr. des Düngers in Einheit Kilogr.
	Wasser.	Stickstoff.	Phosphorsäure.	Kali.		1. Jahr	2. Jahr	3. Jahr	
Stallmist	75	0,4	0,25	1,0	30000	33	34	33	100
Peru-Guano	12	12,5	10,0	3,0	300	60	25	15	6500
Rapskuchen	14	4,5	2,0	1,5	1000	65	25	10	1850
Knochenmehl	12	5,0	23,0	—	800	30	35	35	3250
Gedämpftes Knochenmehl	12	4,5	24,0	—	500	50	30	20	4000
Schwefelsaures "	12	3,0	17,0	—	350	70	20	10	4000
Chili-Salpeter	2	16,0	—	2,0	150	100	—	—	8000
Schwefelsaures Ammoniak	2	21,0	—	2,0	130	100	—	—	9000
Pferdemist, frischer	75	0,7	0,3	1,0	22000	50	35	15	150
Schafmist	67	0,9	0,4	1,0	20000	45	35	20	170
Schweinemist	85	0,3	0,2	0,5	40000	30	35	35	75
Kuhmist	80	0,4	0,2	0,5	35000	25	40	35	90
Menschenkoth	74	1,0	1,2		6000	75	15	10	30
Menschenharn	96	0,9	0,2	3,0	4000	100	—	—	300
Poudrette	15	3,0	4,0		1500	65	25	10	1000
Fischguano	8	12,5	7,0	1,0	350	60	25	15	6000

Zehnter Abschnitt.
Die Düngermenge und die Anwendung des Düngers.

133. — Ueber die Menge des anzuwendenden Düngers läßt sich nichts Bestimmtes sagen. Sie richtet sich nach der Urkraft des Bodens, der Art der Pflanzen, welche vorher gebaut wurden und welche gebaut werden sollen, der Güte und Beschaffenheit des Düngers, welche bekanntlich sehr verschieden ist. Leichter Boden verlangt eine öftere Düngung, die darum schwächer sein kann als in schwerem. Es sind hierbei so viele besondere Umstände zu berücksichtigen, daß, wie es auch bereits in den erschienenen Bändchen geschehen ist, nur besondere Angaben bei jedem einzelnen Falle Nutzen stiften können.

Eins aber steht fest, daß zu Kulturen von Gemüsen, welche in frischer Düngung gezogen werden können, man nicht leicht zu viel düngen kann, obschon es immer Thorheit ist, im Uebermaß zu düngen. Daß durch sehr starke Düngung bei dem Gemüsebau Ernten und Produkte erzielt werden, welche Staunen erregen, zeigt, daß die beiden Liebig'schen Sätze: „In einem an mineralischen Nahrungsmitteln reichen Boden kann der Ertrag des Feldes durch Zufuhr von denselben Stoffen nicht erhöht werden" — und: „In einem an atmosphärischen Nahrungsstoffen (Ammoniak ꝛc.) reichen Felde kann der Ertrag durch Zufuhr derselben Stoffe nicht gesteigert werden" — nicht auf den Gemüsebau im Allgemeinen anwendbar sind. Welche Pflanzen eine starke Düngung lieben, wurde schon in den beiden betreffenden Theilen genügend angegeben, ebenso, welche Gemüse durchaus keine frische oder starke Düngung vertragen. Um jedoch nicht ganz ohne Zahlen zu bleiben, will ich bemerken, daß man Gemüseland, welches dann 1—2 Jahre ungedüngt bleibt, mit Stallmist bis zu 30,000 Pfund düngen kann. Von frischem Stallmist wiegt der Kubikfuß ungefähr 30—45, von speckigem, festem 60—70 Pf. In bedürftigem Boden kann der dicht und gleichmäßig gebreitete Mist 3—4 Zoll hoch liegen.

Noch unsicherer würden die Angaben über die Menge des Beidüngers ausfallen. Man möge daher die Düngkraft der einzelnen Stoffe und das Bedürfniß zur Richtschnur nehmen und sich durch Versuche und Erfahrungen belehren lassen. Einigermaßen können die §. 132 angegebenen Düngerwerthstabellen zu Rathe gezogen werden.

134. — Die Anwendung des Düngers findet in dreifacher Form statt: 1) als eigentlicher Mist und Gründünger; 2) als Düngerpulver und Erde; 3) im flüssigen Zustande.

Der Mist kann zu jeder Jahreszeit angewendet werden, wenn eine Frucht frische Düngung verlangt, die Hauptdüngung findet aber im Frühjahr und im Herbst statt. Bei manchen Kulturen, welche eine Stelle viele Jahre einnehmen, wird eine Grunddüngung angewendet und eine Ersatzdüngung nach Bedürfniß vorgenommen. Solche sind alle perennirenden Gemüse und Früchte, als Spargel, Artischoken, Suppenkräuter, Erdbeeren, Beerensträucher ꝛc. Bei Weinreben und Obstbäumen wird eine Grunddüngung beim Pflanzen nur in sehr bedürftigem Boden vorgenommen oder wenn auf demselben Platze eine Neupflanzung stattfindet. Da des Nähern schon bei den betreffenden Pflanzen die Rede war, so möge diese Erinnerung hier genügen.

Der Mist wird für gewöhnlich in die Erde gegraben, ausnahmsweise jedoch obenauf gebreitet. Das Eingraben oder Einpflügen geschieht im Herbst, Winter und Frühjahr. Am besten ist die Herbstdüngung, weil dann der Mist bis zum Frühjahr sich schon mehr zersetzt und der umgebenden Erde mitgetheilt hat, auch durch das Graben im Frühjahr besser zertheilt wird. Wenn durch dieses Graben auch der Mist in die Höhe kommt, so bringt dies keinen Nachtheil, denn die sogenannte Geilung (der aufgelöste Düngstoff) zieht sich doch immer nach unten und die jungen Pflanzen suchen anfangs ihre Nahrung oben. Das Herbstdüngen hat auch den Vortheil, daß diese Arbeit im Frühjahr, wo sich die Arbeiten häufen, weniger aufhält und im Herbst meist die Witterung günstiger ist. Man läßt sich übrigens meistens durch den Umstand bestimmen, wenn Mist vorhanden ist, und düngt, wenn dies der Fall ist. Nur wenn man Gemüse, welche keinen frischen Mist lieben, in gedüngtes Land bringen muß, ist es nöthig, im Herbst vorher zu düngen.

Die Oberdüngung ist hier und da bei solchen Pflanzen gebräuchlich, welche keinen frischen Mist vertragen und die mit den Wurzeln nicht tief einbringen, z. B. Zwiebeln. Man breitet dann den Mist im Herbst auf das gesetzte Land und schafft ihn im Frühjahr wieder weg, nachdem durch die Winternässe die meiste Düngkraft ausgezogen und in das Land gekommen ist. Das Land wird dann meist gar nicht oder nur flach gegraben oder geackert, damit die vom Dünger durchzogene Erde oben bleibt.

Da von jedem Mist, wenn er lange der Luft ausgesetzt ist, eine Menge der besten Stoffe in Form von flüchtigem kohlensaurem Ammoniak verloren gehen (sich verriechen), so ist die Oberdüngung immer mit Verlust verbunden. Besser würde es sein, zu solchen Kulturen mit schon stark zersetztem Mist zu düngen und denselben nur flach unterzugraben. Hat man aber solchen Mist nicht, so ist es vortheilhafter, mit Jauche oder anderem flüssigen Dünger zu düngen. Eine Art Oberdüngung wird auch dadurch bewirkt, daß man Spargel, Erdbeeren ꝛc. im Winter als Schutz gegen Kälte und verschiedene Gemüse und junge Obstbäume zum Schutz gegen Trockenheit mit Mist bedeckt.

Aller Mist muß nach der Anfuhre gebreitet und sofort unter die Erde gebracht werden. Muß man denselben zu einer Zeit fahren, wo nicht gegraben werden kann, so macht man davon große Haufen, die mit einer Lage Erde bedeckt werden.

Der Mist ist zur gewöhnlichen Düngung um so besser, je frischer er ist, und man würde am besten thun, ihn unmittelbar aus dem Stalle auf das Land zu bringen, wenn dies in der Gärtnerei anginge. Frischer Mist macht die Gährung erst im Boden durch und erwärmt und bessert dadurch denselben. Dieselbe tritt jedoch nur schwach ein und es geht darum auch weniger Ammoniak verloren als beim Liegen auf dem Hofe und starkem Erhitzen. Dazu enthält der frische Mist noch allen aufgesogenen Harn. Hofmist muß stets feucht erhalten werden, darf aber nicht ausgelaugt sein. Wer selbst Mist erzeugt, lasse den Haufen wöchentlich mehrmals mit Mistjauche oder in Ermanglung derselben mit Wasser übergießen, damit das Verbrennen verhindert wird, und streue Erde, Gyps oder andere das Ammoniak bindende Stoffe darüber. Für den Gartenbau empfiehlt sich besonders die Untermischung mit Erde auf dem Misthaufen und Erdstreu in den Ställen unter der gewöhnlichen Streu. Man braucht aber beim Gemüsebau auch häufig alten, schon schwarz gewordenen, verrotteten Mist als Beidünger zu Pflanzen, welche frischen Mist nicht lieben, wie Bohnen, Zwiebeln, Wurzeln, Rüben, Runkeln, Rettig, Radieschen ꝛc., und halte stets auf einen Vorrath von diesem Mist. Hebt man ihn in Gärten selbst auf, so muß er in sehr feuchtem Zustande auf Haufen gesetzt und stark mit Erde bedeckt werden.

135. — Düngerpulver jeder Art, das ist jeder Dünger in Pulverform trocken angewendet (darunter auch Hornspäne und ähnliche Stoffe),

werden mit der Hand ausgestreut und gewöhnlich eingemengt oder leicht
untergehackt, nachdem das Land schon zur Saat oder Pflanzung fertig ist,
oft aber auch nur oben aufgestreut. Sollen gröbere Düngstoffe, welche
langsam verfaulen und wirken, angewendet werden, so gräbt oder pflügt
man sie wie Mist ein. Sehr stark wirkende (concentrirte) Düngstoffe,
wie Guano, Salpeter, Salze, Ruß, Asche, Blutkohle, Oelkuchen 2c., vermischt man mit lockerer feiner Erde, damit sie sich besser vertheilen. Oft
mischt man auch Gyps und Kalk darunter und mehrere Stoffe zugleich,
z. B. Guano und Knochenmehl, doch nie Guano und andere flüchtige
Stoffe mit Aetzkalk. Man vermischt auch die Düngerpulver mit manchen Samen, was jedoch nicht zu empfehlen ist. Guano soll auf
diese Art verwendet die jungen Keime verderben. Aus diesem Grunde
muß man auch vorsichtig sein, wenn man Guano, Asche, Aetzkalk und
ähnliche scharfe Düngerpulver in die Saatreihen streut, wie man es für
Erbsen, Wurzelgemüse 2c. auf zu magerem Boden gern thut. Zuweilen
thut man Düngerpulver in die Pflanzlöcher.

Hierher gehört auch der Compost, wovon im ersten Theile des „Gemüsegärtners", S. 80, ausführlich die Rede war. Da er aber nicht so stark
wirkt, so muß er in größerer Menge angewendet werden und man macht
davon gewöhnlich eine wenigstens zollstarke Lage, wenn darauf gesäet oder
verstopft werden soll. Oft gräbt man an der Stelle, wo gesäet oder gepflanzt werden soll, schlechte, zu schwere Erde aus und ersetzt sie durch
Compost, so z. B. bei Gurken, Melonen, Kürbis, Bohnen, jungen Obstbäumen 2c. Spargel werden in den ersten Jahren mit Composterde aufgefüllt.

Von der Anwendung des flüssigen Düngers war schon §. 123—127,
von der des Gründüngers §. 129 und 131 die Rede. Ich gebe hier die Abbildung eines Handjauchen-
karrens, wie er in der Schweiz
gebräuchlich und in der Gemüsegärtnerei, wo man meist
nicht mit Wagen auf das
Land fahren kann, außerordentlich nützlich ist. Zweck-

Fig. 6.

mäßig müßte ein zweiräbriger Karren sein, dessen Räder die Breite der
Beete haben, so daß sie in den Furchen laufen. Die Jauche muß aus dem

Faffe auf ein Bretchen fallen und sich so spritzend vertheilen. Begießt man Pflanzen mit flüssigem Dünger, so fährt man mit dem Handjauchen- farren zwischen die Beete und gießt mit einem blechernen Schöpfer, etwas größer als ein Vorlegelöffel. Sehr leicht geht es aber auch mit Butten, welche am Boden ein Loch mit Schlauch haben.

Zum leichten Verbreiten von dickflüssigem Dünger leistet die Fig. 5 abgebildete belgische Düngerschaufel gute Dienste. Geübte können damit den Dünger auf weite Entfernung sehr gleichmäßig durch Schleudern ver- theilen.

Elfter Abschnitt.

Düngung für besondere Zwecke.

Bei der Düngung ist oft ein abweichendes Verfahren zu beobachten und die Erfahrung hat gezeigt, daß gewisse Düngerarten sich vorzugsweise für gewisse Pflanzen eignen. - Diese Erfahrungen erstrecken sich jedoch nur auf wenige Pflanzen und es sind zur Zeit wissenschaftliche Versuche kaum bekannt geworden, da die wissenschaftlichen Versuchsanstalten sich fast nur mit Feldfrüchten abgegeben haben. Was von Gartenbauvereinen in dieser Weise versucht und in Erfahrung gebracht worden ist, kann nur sehr gering angeschlagen werden, da diese Versuche nicht einheitlich, son- dern von verschiedenen Mitgliedern angestellt worden sind. Die Gemüse will ich hier ganz unberührt lassen, indem ich das Wenige, was darüber bekannt wurde, schon an den betreffenden Orten angegeben habe. Es bleibt demnach nur noch die Düngung für Obstbäume und andere Früchte, dar- unter besonders für Wein.

Dünger für Obstbäume und Fruchtsträucher.

136. — Der gewöhnliche Stallmist ist wenig zur Düngung der Obstbäume geeignet und läßt sich häufig nicht gut anwenden. Er ist überall brauchbar, wo der Boden in Kultur ist und umgegraben wird, und es be- darf in diesem Falle meist gar keiner besondern Düngung, indem dieselbe schon mittelbar durch das Düngen zu Gemüse oder Feldfrüchten stattfindet. Stehen Obstbäume auf Höfen, so breitet man den Mist im Herbst um

den Baum aus, fo weit die Krone reicht, und entfernt denfelben im Früh=
jahr wieder. Will man auf Rafenboden mit Mift düngen, fo muß der
Rafen umgegraben und neu angefäet werden, denn denfelben nach der
Düngung wieder zu legen, würde zu viel koften. Unter diefen Umftänden
ift flüffiger Dünger viel zweckmäßiger. Frifcher Mift darf nicht unmit=
telbar an die Wurzeln gebracht werden. Bringt man Mift in die Pflanz=
gruben, fo muß er mit der Erde vermifcht werden, denn auf einem Haufen
liegend verliert er fehr von feiner Wirkung und bildet, von der Luft ab=
gefchloffen, fauren und unfruchtbaren Humus.

Eine der beften Düngungen ift die mit Abtrittsmift, den man entweder
mit Erde 2c. vermifcht (vergl. §. 82 und 83), oder flüffig anwendet. Das
Letztere ift der fchnellen Wirkung wegen immer vorzuziehen.

Die leichtefte und am fchnellften wirkende Düngung ift die flüffige.
Man nimmt dazu die §. 123 — 128 erwähnten Stoffe, befonders Jauche
oder Gülle und Harn. Man pflegt gewöhnlich diefen Dünger oberfläch=
lich auszugießen. Dies genügt aber nicht, weil dann die Düngung haupt=
fächlich auf die auf der Stelle kultivirten Gemüfe 2c. und den Graswuchs
wirkt, denn felbft maffenweife auf eine Stelle gegoffene Flüffigkeiten drin=
gen nicht fo tief ein, als man gewöhnlich glaubt, oder geben wenigftens
ihren Nahrungsgehalt an die obere Erde ab. Man macht daher beffer ziem=
lich nahe an einander Löcher von mindeftens 1 Fuß Tiefe, in welche man
die Düngung gießt. Die Löcher können mit der Hacke oder einem Loch=
eifen gemacht werden. Wird die Düngung regelmäßig jedes Jahr vorge=
nommen, fo ift es am beften, im Bereich der Wurzeln regelmäßig vertheilt
Drainröhren fenkrecht einzugraben, um die Jauche da hinein zu gießen;
diefelben werden mit einem Holz verfchloffen, damit fie nicht verftopft
werden. Diefe Düngung wird am beften vom Herbft bis zum Frühjahr
vorgenommen, fo lange der Boden nicht gefroren ift, und um diefe Zeit
kann die Jauche unvermifcht angewendet werden. Düngt man aber im
Sommer, fei es, um die Früchte zu vergrößern, oder um die vorräthige
Jauche gut anzuwenden, fo darf es nur mit fehr verdünnter Maffe ge=
fchehen. Befolgt man diefe Vorficht, fo bringt die Sommerdüngung durch=
aus keinen Nachtheil, wol aber großen Nutzen. Auf fchlechtem Boden
kann man die Jauche maffenweife in die Pflanzgruben fchütten, damit die
umgebende Erde davon durchzogen wird. Schüttet man die vor dem Win=
ter geöffnete Grube voll frifchen Mift, befonders Abtrittsmift, fo bildet

sich durch Regen und Schneewasser ebenfalls Düngerwasser, welches den Boden durchzieht.

Die Düngung mit Composterde, Straßenkehricht und ähnlichen erdigen Stoffen ist zwar etwas umständlich, indem man die Erde um den Baum entfernen und durch Düngererde ersetzen muß, erweist sich aber sehr wirksam. Am wichtigsten wird jedoch diese Art Düngung bei der Pflanzung junger Bäume, indem man sie in die Pflanzgrube, wirkliche Erde sogar an die Wurzeln bringt.

Knochenmehl gehört, wie schon §. 87 — 89 hervorgehoben wurde, zu den besten Düngmitteln für Obstbäume. Es wird oberflächlich unter die Erde oder, wenn es sehr fein gepulvert und zerfallen ist, in die Nähe der Wurzeln gebracht.

Rapsmehl und Oelkuchen, sowie alle übrigen in Pulverform angewendeten Düngerarten (s. §. 85 u. fg.) werden wie Knochenmehl gebraucht. Die leicht löslichen können flüssig gemacht und so verwendet werden, besonders Guano, Leim, Ammoniak- und Salpetersalze c. Hierher gehört auch die Düngung mit ganzen oder grob zerstoßenen Knochen, deren vollständige Auflösung sehr langsam vor sich geht und nur durch Berührung mit der Luft in kürzerer Zeit möglich ist. Durch die Länge der Zeit zersetzen sich indessen alle Knochen, und es sind deßhalb die beim Pflanzen tief in die Erde gebrachten Knochen nicht verloren.

Aehnlich werden Hornspäne, Klauen, Federn, Lederstückchen und andere langsam verwesende thierische Stoffe angewendet.

Kalk und Asche dürfen nur mäßig und mit Erde vermischt angewendet und niemals an die Wurzeln gebracht werden, sind überhaupt nur dann anzurathen, wenn es dem Boden an Kalk und Alkalien fehlt.

Salze verschiedener Art, besonders Kochsalz, sind schon seit undenklichen Zeiten zur Düngung von Obst-, Del- und Maulbeerbäumen in Gebrauch gewesen, leisten sicher gute Dienste und sind, wo sie wohlfeil genug zu haben sind, zu empfehlen, jedoch mit großer Vorsicht anzuwenden, indem ein Uebermaß sogar tödtlich werden kann.

Thierische Abfälle (Fleisch, Talgtrester, Blut, Eingeweide c.) und wollene Lumpen, welche mit vorher flüssigem Dünger getränkt worden, sind als vorzüglicher Dünger für Obstbäume und andere holzartige Fruchtpflanzen bekannt und beliebt.

Auf schlechtem Boden, besonders auf magerem Sand, können die Obstpflanzen ohne oft wiederholte Düngung nicht bestehen, jedoch hierdurch zu einem fortwährenden Ertrag gebracht werden, selbst in Boden, welchen man im Allgemeinen für ungünstig hält. So werden z. B. bei Werther in der Mark Brandenburg auf den unfruchtbarsten Sandbünen vortreffliche Kirschen in großer Menge gebaut, und man macht dies dadurch möglich, daß man den Boden vom Herbst bis Frühjahr stark mit Mist bedeckt, denselben jedoch im Frühjahr wieder entfernt.

Auf gutem Boden braucht eine Düngung nicht eher stattzufinden, als bis eintretende Unfruchtbarkeit, schlechter Trieb und kleines, schlechtes Obst Nahrungsmangel anzeigt. Eine in solchen Fällen angewendete Düngung bewirkt meist schon im folgenden Jahre eine bedeutende Besserung. Sind alte Bäume stark erschöpft, so wird mit der Düngung zugleich ein Abwerfen der Krone*) verbunden, damit sich junges, kräftiges Holz bildet.

Wer es durchführen kann, möge sogar seine Obstbäume jährlich düngen, und es wird in diesem Falle nie eine Erschöpfung, ein Nachlassen der Fruchtbarkeit bemerkbar werden, die Früchte werden stets vollkommen sich ausbilden können. Herr von Trapp theilt in der „Monatsschrift für Pomologie und praktischen Obstbau" von 1856, Seite 133, mit, daß ein Gutsbesitzer bei Frankfurt a. M., welcher seine großen Obstpflanzungen alljährlich reichlich düngen läßt, jedes Jahr davon erntet, während ungedüngte Bäume nach einem Obstjahre wenig oder gar nichts haben. Herr von Trapp düngt seine Gartenbäume sogar meist zweimal, nämlich noch einmal im Juli oder Anfang August, wodurch nicht nur die Ausbildung der Früchte außerordentlich befördert, sondern auch das Tragholz für das folgende Jahr besser ausgebildet wird.

Der bekannte Pomolog, Obstzüchter und Besitzer des Van Mons'schen Nachlasses an Bäumen de Jonghé in Brüssel düngt seine Bäume (meist Formbäume) zu jeder Zeit im Sommer, je nachdem ihm ein Baum einer Forthülfe bedürftig scheint, und zwar immer mit flüssigem Dünger.

137. — In Baumschulen wird nicht unmittelbar mit frischem Mist gedüngt, sondern man kultivirt vor der Bepflanzung meistens erst Gemüse und andere gedüngte Hackfrüchte. Bei der neuen Anlage kann jedoch das Untergraben von frischem Mist in bedürftigem Boden nur nützlich sein,

---

*) „Obstbau", § 67 und 68, S. 115—117.

ebenso bei Wiederbepflanzung als Brache behandelter, d. h. mit Feld= und Gartenpflanzen bestellter Grundstücke, denn ehe die Wurzeln an den Mist gelangen, ist dieser zu Humus geworden, und die zu Erde werdenden Düngertheile bilden lockere Gänge für die feinen Wurzeln, so daß jeder verwesende Strohhalm einen Weg für Wurzeln darstellt.

Auch die Gründüngung erscheint (wie schon §. 129 — 130 angedeutet wurde) als besonders nützlich in Baumschulen, sowol als Vorbereitungs- düngung (in Neuland), als auch in der Zeit zwischen dem Abräumen und der Neupflanzung. Das Weitere wurde an der bezeichneten Stelle erwähnt.

Rasenasche (§. 106), Aescherig (§. 103) und Holzasche sind für Baum- schulen schon längst als gute Düngmittel bekannt und im Gebrauch und auf zu humusreichem, also an Mineralstoffen armem, saurem Boden ganz unentbehrlich. Dasselbe gilt vom Aetzkalk (gebranntem Kalk), welcher die Asche ersetzen kann, mit ihr zugleich angewendet sehr nützlich ist und be- sonders in Thonboden gute Wirkung hervorbringt. Torf- und Stein- kohlenasche sind wahrscheinlich ebenso nützlich in Baumschulen als andere Asche. Die Asche wird, wenn sie blos zur Düngung während der Kultur- zeit dienen soll, vor dem Behacken im Frühjahr, aber auch zu jeder andern Zeit dünn ausgestreut und leicht untergehackt. Bei Neuanlagen nimmt man größere Mengen und mischt sie mit dem Boden durch Zerreiben ꝛc. Rasenasche wird oft wie Compost beim Pflanzen gebraucht.

Auch Koch=, Vieh- und Düngersalz ist schon als Baumschulendünger gebraucht worden und verdient Empfehlung, wo es wohlfeil genug zu haben ist.

Ein vortrefflicher Baumschulendünger ist das Straßenkehricht aus Städten und der Koth aus Wegen in Dörfern und auf stark mit Vieh be- fahrenen Wegen in der Nähe der Dörfer. Man thut jedoch wohl, den erstern erst auf Haufen zusammenfaulen zu lassen, den letztern aber so lange breit liegen zu lassen, bis der darin enthaltene Unkrautsamen gekeimt ist. Auch hat man sich bei dem Straßenkoth vor den zuweilen darin vor- kommenden Quecken zu hüten.

Oelkuchen jeder Art, besonders Rapsmehl, haben sich, wie schon §. 99 erwähnt wurde, als vorzüglicher Dünger für Obstbäume jeder Art erwiesen, und können, ohne schädlich zu werden, nahe an die Wurzeln gebracht werden.

Düngung für Weinstöcke.

138. — Der Weinstock bebarf bei langjähriger Kultur auf berselben Stelle ebenfalls Dünger, unb obschon man aus Erfahrung weiß, baß viel frischer Stallmist ober eine anbere überreiche stickstoffhaltige Düngung nach= theilig auf bie Beschaffenheit bes Weins wirkt, so ist man boch jetzt allge= mein überzeugt, baß Weinbau in unsern Breiten ohne Düngung nicht lohnenb ist. Sie ist baher fast in allen guten Wein bauenben Länbern ber eigentlichen Weinzone eingeführt, merkwürbiger Weise jeboch in einigen Gegenben unb Gemeinben aus übertriebener Vorsorge unb Unwissenheit, wenn auch in ber besten Absicht, gesetzlich verboten. *) Der Weinstock muß auch bie zu seiner Ernährung nothwendigen Bodenbestandtheile auf= zehren, inbem ber Urboden nicht Zeit hat, bieselben burch Verwitterung wieber zu ersetzen. Es muß ihm baher burch Zufuhr von Dünger gehol= fen werben, ba ein Bodenwechsel meist schwierig, oft unmöglich ist. In armem Boden enblich, welcher überhaupt wenig Nahrung enthält, ist Dün= gung bas einzige Mittel, ben Weinbau möglich zu machen.

Man muß einen Unterschieb machen zwischen ber Düngung berjeni= gen Weinstöcke, welche zur Weinbereitung bienen, unb berjenigen, welche blos Trauben zum frischen Genuß liefern sollen. Die letztern können mit jebem Dünger gebüngt werben, bie erstern nur mit Vorsicht unb Aus= wahl, inbem anbernfalls leicht bie Güte bes Weines barunter leibet. Da bie Rebstöcke für Tafeltrauben meist in gut gebüngten Gärten stehen, so ist eine Düngung nur im Falle großer Erschöpfung nöthig. Wirb aber Wein zum Traubengenuß auf besonbers unb ausschließlich bazu eingerichte= ten Grunbstücken (Weingärten, Weinbergen) gebaut, so büngt man bie Stöcke beliebig. Wir haben baher nur bie eigentliche Weinbergsbüngung zu betrachten. **)

Die Asche bes Weinrebenholzes enthält vorzüglich Kalk, Talk (Mag= nesia), Kali unb phosphorsaure Salze, je nach bem Standort verschieben,

---

*) So in Ungarn unb in ben besten Weingegenben Frankreichs.

**) Hierbei lege ich bie Erfahrungen unb Mittheilungen ber anerkanntesten Auto= ritäten in Deutschlanb unb Frankreich, vorzüglich aber bie Schriften von L. v. Babo, Metzger, Bronner unb Recht zu Grunbe. Eine eingehenbere Besprechung ber Weinbergsbüngung bürfte hier um so nothwenbiger erscheinen, ba bas zu unserem Ge= sammtwerke gehörenbe, sonst vortreffliche „Winzerbuch" von Rubens biesen Ge= genstanb etwas zu kurz behanbelt hat.

jedoch vorzugsweise viel Kali. Diese Stoffe müssen demnach dem Boden zugeführt werden, welcher Rebenholz und Trauben hervorbringen soll. Wie unter allen übrigen Boden- und Pflanzenverhältnissen, ist auch hier der Boden für die Wahl des Düngers maßgebend. Kalt und Kali lassen sich ohne Mistdüngung, ersterer als Kalt, Mergel, Löß, kaltreicher Lehm, letzteres als Asche in den Boden bringen und sind für Bodenarten, worin diese Bestandtheile fehlen, nicht reichlich genug im Mist enthalten. Die übrigen nothwendigen Stoffe werden durch Mist in den Boden gebracht, und es kann allenfalls Knochenmehl, noch besser aber schwarze Knochenkohle (Beinschwarz) aus Zuckerfabriken dazu dienen, um eine größere Menge davon zu erzeugen, besonders da dieser Knochendünger noch auf andere Weise vortheilhaft wirkt. Man ersetzt die fehlenden mineralischen Bestandtheile oft durch Auftragen von neuer Erde, Rasen, Compost u. s. w. Dies ist gewiß sehr nützlich, weil dadurch an Abhängen die abgeschwemmte Erde ersetzt wird. Sicher wäre aber die Düngung wohlfeiler zu erreichen, wenn man die in dem neuen Boden enthaltenen Stoffe (Kalk, Kali 2c.) concentrirter als Kalk-, Aschen-, Knochendüngung u. s. w. anwendete. Nach Versuchen von Professor Persoz in Straßburg soll man durch stickstoffhaltigen Dünger und Knochenmehl erst auf den Holzwuchs wirken, nachdem aber die Tragbarkeit vollkommen eingetreten, Kali zur Bildung von Trauben anwenden. Persoz empfiehlt besonders Pottaschesilicat. Starke Düngung mit Pottasche machte junge Reben sehr krank.

139. — Betrachten wir die Stoffe, welche zur Weinbergsdüngung angewendet werden und mit Vortheil angewendet werden könnten. Hierbei schicke ich die Bemerkung voraus, daß alle Düngstoffe, welche für Obstbäume gut sind, auch für Weinstöcke brauchbar sind.

Mist ist der am allgemeinsten angewendete Dünger und wird nur, wenn er fehlt, durch andere Stoffe ersetzt, obschon er mit Unrecht diese Bevorzugung verdient, denn wenn er auch als Normaldünger zu betrachten ist, so giebt es doch noch viele andere Stoffe, deren Anwendung leichter und wohlfeiler oder deren Nahrungswerth größer ist. Allgemein nimmt man an, daß ein sehr stickstoffhaltiger, also ammoniakreicher Mist, wie es frischer Stallmist ist, den Wein zu „fett" und „schmierig" macht, und daß durch das bewirkte zu üppige Wachsthum der Reben der Fruchtansatz leidet und die Reife verspätet wird. Man wird daher den Mist vorzugsweise alt und zersetzt anwenden.

Nicht jeder Mift ift für Weinberge vortheilhaft und anwendbar. Allgemein gilt Rindermift für den beften, weil er fich langfam zerfetzt, alfo den Pflanzen nicht auf einmal zu viel Stickftoff zuführt. Er muß aber mit Streu vermifcht fein, indem reine Ercremente zu fchnell wirken. Diefer Nachtheil wird jedoch wegfallen, wenn man diefe nicht frifch und nur mäßig anwendet, was in Sandboden und anderm hitzigen Boden ficher nützlich ift. In fchwerem Boden ift nur Strohmift zu empfehlen. Es verdient derjenige Mift den Vorzug, welcher die an Kaligehalt reichfte Einftreu enthält. Außer Getreideftroh ift Farrnkraut, Rapsftroh, Bohnenftroh 2c. befonders kalireich. Laubftreu wird nicht für gut zur Weinbergsdüngung gehalten. Pferde- und Schafmift find nicht beliebt, und man nimmt an, daß fie dem Wein zu viel Stickftoff zuführen und ihn fchlecht machen. Schweinemift foll dem Weine einen unangenehmen Gefchmack ertheilen, Menfchenloth ebenfalls zu viel Stickftoff zuführen. Tauben- und Hühnermift müffen fparfam oder mit anderm Mift vermifcht angewendet werden, find aber noch geeigneter zur Bereitung eines flüffigen Düngers. Wolle, Haare, Klauen, Hornfpäne find langfam wirkende gute Weinbergsdünger. Knochen und Knochenmehl bilden einen guten Dünger, der aber noch von der fchwarzen Knochenkohle (Beinfchwarz, Zuckerkohle) aus Zuckerfabriken übertroffen wird. Oelkuchen werden neuerdings in Frankreich verwendet. Treftern und Traubenkämme find nur nützlich, wenn die Treftern nicht vorher zu Branntwein verwendet wurden. Kalk (gebrannter) und Mergel find auf kalkarmem Boden von Nutzen. Mergel ift bereits fehr bei Weinbergen im Gebrauch. Der Afche wurde fchon als gutes Düngmittel gedacht, und fie ift um fo beffer, je reicher fie an Kali ift. Auch Rafenafche wird vielfach verwendet. Pottafche ift der wirkfamfte Kalidünger, jedoch mäßig und nur bei ältern Stöcken anzuwenden. Mit Salzen, namentlich Koch-, Viehfalz und Nitraten, find noch keine Verfuche gemacht, letztere wenigftens nicht bekannt geworden, doch ift es faft ficher, daß fie richtig angewendet fehr guten Dünger bilden.

Die Jauche oder Gülle wurde früher für fchädlich gehalten, weil fie auf einmal zu viel Stickftoff erzeugt. Nach neuern Erfahrungen ift fie aber mäßig und vergohren oder durch Umwandlung des kohlenfauren in fchwefelfaures Ammoniak verändert ein ausgezeichnetes Düngmittel, durch welches herabgekommene Weingärten in kurzer Zeit wieder in den beften Stand gebracht worden find. Daffelbe gilt natürlich auch vom reinen Harn und von dem künstlich bereiteten flüssigen Dünger (§. 127). Composterde und andere frische Erde aus Wäldern, von Triften ꝛc. sind hier und da ein sehr gebräuchlicher Dünger, indessen ist ihre Anwendung immer beschwerlich und mit großen Kosten verbunden, daher nur da zu empfehlen, wo die Erde leicht hinzuschaffen ist, und an steilen Abhängen, wo immer viel Erde weggeschwemmt wird. Im Rheingau ersetzen die Besitzer der obersten Berge die abgeschwemmte Erde stets durch frische Walderde, während die verloren gegangene den Besitzern der untern Weingärten zu gute kommt. Will man mit Erde düngen, so sei es wenigstens fette, mit Jauche begossene Com=posterde.

In den südlichen Ländern ist die Gründüngung der Weinberge ge=bräuchlich und schon von dem römischen Schriftsteller Columella vor 1700 Jahren empfohlen. In Betracht der großen Vortheile, welche diese Düngung bietet, und des beim Weinbau besonders wichtigen Umstandes, daß sich Humus bildet, ohne Stickstoff in nachtheiliger Menge zu erzeugen, und daß dadurch dem Boden eine mäßige Feuchtigkeit zugeführt wird, ferner, daß diese Düngung die wohlfeilste und leichteste ist, haben auch die deutschen Schriftsteller über Weinbau die Gründüngung dringend empfohlen, und sie ist bereits hier und da schon länger im Gebrauch und von sehr gün=stigem Erfolge gewesen. Es sind sogar die viel getadelten Graspfade in den Weinbergen, als eine Art Gründüngung bildend, für geringere Lagen empfohlen worden. In Frankreich wendet man Incarnatklee an, der nach der Kornernte gesäet und im Mai untergehackt wird, in Italien ist dagegen die Lupine beliebt. L. von Babo fand für unsere Verhältnisse die gemeine Sau= oder Pferdebohne aus dem Grunde besonders passend, weil die Saat mit dem ersten, das Umhacken und Eingraben mit dem zweiten Behacken passend zusammentrifft, also die Düngung keine besondere Arbeit verursacht. Läßt sich die weiße Lupine ebenso behandeln, so verdient die=selbe den Vorzug. Uebrigens kommt hierbei wieder Alles auf den Boden an, und sicher ist die Pferdebohne für schweren oder kalkreichen Boden, die Lupine in sandigem vortheilhafter.

140. — Das Düngen der Weinberge wird je nach der Güte des Bodens und des Düngmittels jedes Jahr oder alle 3 — 4 Jahre vorgenom=men. Die Mistdüngung wendet man nur nach Zwischenräumen von meh=reren Jahren an. Erddüngung wird, wo sie leicht und mit geringen Kosten durchzuführen ist, öfter, Gründüngung und Jauchendüngung jedes Jahr vorgenommen. Die Menge des anzuwendenden Düngers richtet sich nach der Bodenbeschaffenheit und Triebkraft. Es ist besser, öfter und schwächer zu düngen, als umgekehrt. So lange die Triebkraft der Reben stark genug und der Ertrag gut ist, kann die Düngung auf gutem, d. h. nahrhaftem Boden als überflüssig betrachtet werden. Man darf es aber nicht bis zur Erschöpfung kommen lassen. In solchen Weinbergslagen, wo nur wenig und steiniger Boden vorhanden ist, muß regelmäßig gedüngt werden.

Die Zeit, wann gedüngt wird, ist verschieden. Frischen Mist darf man nur im Herbst und Vorwinter anwenden, ebenso Jauche, wenn dieselbe in Masse als Hauptdüngung gebraucht wird. Eine schwache Jauchendüngung hingegen kann mit der dabei zu beobachtenden Vorsicht auch im Sommer bei Regenwetter vorgenommen werden. Die Düngung im Frühjahr ist oft nachtheilig, indem an stark gedüngten Reben sich anstatt Scheine (Blüten) Ranken bilden. Nach dem Ansatz der Trauben jedoch vor Mitte August wirkt die Düngung meist auf Vergrößerung der Trauben und Beeren.

Der Dünger wird auf verschiedene Weise in den Boden gebracht. Auf magerm Boden bringt man schon bei der Anlage oder bei dem Verlegen der Stöcke Mist in ziemlicher Menge unter die Stöcke, hier und da auf schwerem Boden auch über die Wurzeln, jedoch nicht unmittelbar damit in Berührung. Am zweckmäßigsten bewährt sich die Rheingauer Düngungsart, wo man an Abhängen den Mist in 1 Fuß breite und 1½ Fuß lange Gruben genau oberhalb der Stöcke bringt, so daß die Geilung sich hinabzieht. Jauche wird ebenfalls in solche Löcher über den Stöcken gegossen. An den meisten Orten macht man Gräben zwischen den Reihen, am Abhang entlang, an andern in schräger Linie zwischen den Stöcken, bergauf oder ab. Letzteres Verfahren hat an Abhängen den Nachtheil, daß der Mist und die Geilung dem Abschwemmen mehr ausgesetzt ist. Endlich wird hier und da der Dünger wie im Felde gebreitet und unterhackt. Ueber die Tiefe, in welche der Mist eingebracht wird, entscheidet der Boden und die Tiefe, bis zu welcher die Wurzeln gehen. In schwerem Boden muß der Mist oberflächlich aufgebracht und schwach bedeckt werden, weil er sich sonst nicht zersetzt und unwirksam bleibt. In feuchtem Boden darf man die Düngung ebenfalls nicht tief bedecken, damit sich die Wurzeln mehr an die Oberfläche ziehen. In leichten, besonders in sandigen Bodenarten kann und muß der Mist in Löchern oder Gruben stark bedeckt werden, da-

13*

mit die Zersetzung nicht so schnell vor sich geht, das Austrocknen erschwert wird und so die Wurzeln sich nach unten ziehen. Auch in Kalkboden, worin sich der Mist schnell zersetzt, ist ein tiefes Untergraben zu empfehlen.

Erde, welche zugleich zum Ersatz der abgeschwemmten dient, wird entweder gebreitet und untergehackt, oder man macht Gräben und füllt diese damit an, wohin sich dann die Wurzeln ziehen. Dabei wird mit den Plätzen gewechselt. Grünbünger wird auf gewöhnliche Weise untergebracht, wobei nur darauf zu sehen ist, daß nicht zu viel auf einmal in die Gräben kommt. Mergel und Kalk werden bei trocknem Wetter gebreitet und unter-gehackt.

———

Zwölfter Abschnitt.
Anweisung zu Düngungsversuchen.

———

141. — Um den Werth verschiedener Düngstoffe genau kennen zu lernen, muß man vergleichende Versuche anstellen. Dieß ist bei Gemüse leicht durchzuführen, wenn man eine Landeintheilung macht, wie sie nach-stehendes Schema (Seite 201) angiebt.

Das ganze Land wird in längliche Vierecke von völlig gleicher Größe getheilt (auf der Tabelle durch die querlaufenden punktirten Linien 1 — 20 angegeben), von denen jedes mit einer andern Art Dünger gedüngt wird. Die Menge und die Größe der Felder richtet sich ganz nach den zu versuchenden Düngmitteln und der Größe des Landes, doch ist es gut, die Abtheilungen nicht zu klein zu machen, weil sonst die Versuche unsicher werden. Jedes zu einem andern Dünger bestimmte Stück sollte nicht un-ter 10 — 15 Fuß breit sein, während sich die Länge nach der Anzahl der Gemüse, mit welchen man Versuche anstellen will, also nach der Menge der Beete richtet. Dieses so gedüngte oder noch zu düngende Land wird, nachdem die Grenzen der verschiedenen Dünger genau mit Pfählen bezeich-net sind, gegraben und in so viele Beete abgetreten, als man Gemüsesorten versuchen will (auf der Tabelle 10). Es liegt auf der Hand, daß dieses Verfahren die genaueste Vergleichung zuläßt. Hierzu gehört, daß das Versuchsfeld von ganz gleicher Beschaffenheit und Düngekraft sei, daß wo möglich das Ganze im Jahre vorher mit einer und derselben Frucht bestellt war, denn der Umstand, daß, wie es in den meisten Gemüsegärten vorkommt, ein stark zehrendes Gemüse mit weniger zehrenden abwechselt, kann im folgenden Jahre einen bedeutenden Unterschied bewirken. Ein solcher Versuch genügt, wenn er für Privatzwecke gemacht wird, und verdient auch bekannt gemacht zu werden, wobei man jedoch genau die Bodenbeschaffenheit, die Vorfrucht, die Lage und die Witterung während der Vegetationszeit anzugeben hat.*) Macht ein öffentliches Institut zum Zwecke allgemeinerer Belehrung solche Versuche, so sollte es, wenn Gelegenheit vorhanden ist, auf verschiedenen Bodenarten und mehrere Jahre hinter einander geschehen.

Angenommen, man richtete ein Stück Land nach dem gegebenen Schema ein, so würden bei Anwendung von 20 verschiedenen Düngungsarten die 10 verschiedenen Gemüse zusammen 200 verschiedene Versuche ergeben. Läßt man dasselbe Land im folgenden Jahre ungedüngt und bestellt die Stücke mit den unter Nr. 2 angegebenen Gemüsen (Erbsen, Bohnen, Wurzeln ꝛc.), so gewährt dieselbe Düngung 400 (oder vielmehr 360, weil die auf dem zehnten Beet stehenden Gemüse 3 Jahre stehen bleiben) Versuche. Nothwendig oder wünschenswerth ist es, daß ein ganz gleiches Stück ungedüngt bleibt, um zu ermessen, wie viel jede Düngung genützt hat. Die Düngung ist nach dem Gewicht zu notiren und der Preis der verwendeten Menge ebenfalls beim Beginn der Versuche. Die Behandlung sämmtlicher Abtheilungen eines Beetes 1 — 20 muß völlig gleich sein. Zwar wird man meist schon am Wachsthum erkennen, welcher Düngstoff die beste Wirkung äußert; indessen ist das Wägen der Erzeugnisse doch der einzig sichere Weg, den wirklichen Werth zu erfahren. Hierbei hat man noch die Nachwirkung zu berechnen, und darum ist es nothwendig, daß der Versuch zwei Jahre dauert, denn es kommt natürlich sehr darauf an, ob ein Düngstoff in einer Vegetations-

---

*) Leider gestatten die mir zu Gebote stehenden Räumlichkeiten nicht, solche Versuche, die noch sehr fehlen, selbst zu machen. Neuerdings hat man Anstalten dazu getroffen und zwar in Berlin der Gartenbauverein auf seinem neuen Versuchsfelde am botanischen Garten bei Schöneberg unter der Aufsicht des eben so praktisch tüchtigen, wie gelehrten Garteninspektors Herrn C. Bouché. Hoffentlich finde ich bald Gelegenheit, die Erfolge dieser Versuche, deren Mittheilung mir bereits zugesichert ist, zu veröffentlichen.

zelt verbraucht wird, oder ob er auf die nächstjährige noch einwirkt. Ferner ist dabei die Mühe des Herbeischaffens (z. B. bei Mistjauche), bei Gründüngung die Saat, Bestellung, das Unterbringen und die während des Wachsthums unterbliebene Bodenbenutzung in Anschlag zu bringen und bei der Werthberechnung von dem Preise des gekauften Düngmittels abzuziehen.

Schwieriger ist es, bei Obstbäumen und Weinreben vergleichende Düngversuche anzustellen. Man wird zwar im Allgemeinen beobachten können, welcher Dünger am günstigsten wirkte, aber an ein ähnliches Verfahren wie beim Gemüsebau ist nicht zu denken, indem fast nie dieselben Verhältnisse in einer größern Baumpflanzung bestehen und die Wurzeln in so große und verschiedene Entfernung bringen. Es genügt aber auch schon diese Art der Beobachtung.

Ueber die sämmtlichen Versuche muß genau Buch geführt werden. Niemand verlasse sich hierbei auf sein Gedächtniß.

Wenn sich verschiedene Arten von Dünger wiederholt gleich günstig erweisen, so entscheiden die Kosten des Ankaufs oder Kaufwerthes, Arbeitslohn, Transport u. s. w. mit gerechnet. Ein nur ein Jahr wirkender Dünger braucht nicht etwa halb so wohlfeil zu sein, als ein zwei Jahre wirksamer, denn der vermehrte Gewinn in einem Jahre trägt im zweiten schon Zinsen.

Will man einen neuen Düngstoff, wie ihn jetzt überall Düngerfabriken anbieten, anwenden, von dem schon bekannt ist, daß er vorzüglich ist, so mache man, wenn man nicht Sicherheit hat, genau dasselbe Produkt zu bekommen, wie dasjenige, welches guten Erfolg gab, ferner wenn man nicht genau dieselben Bodenverhältnisse hat, wie an dem Orte, wo dieser Dünger günstig wirkte, dennoch damit Versuche, ehe man größere Partien ankauft.

————

Zur gef. Notiznahme. Die zur Anweisung zu Düngungsversuchen gehörige Tabelle befindet sich umstehend abgedruckt.

Anhang.

Obst- und Gemüse-Kalender

oder

die monatlichen Verrichtungen und Erzeugnisse

im Obst- und Gemüsegarten.

Da die Arbeiten in diesem Kalender nur angedeutet werden sollen und können, so verweise ich oft auf die frühern Bände mit Angabe der Seitenzahl. Die dabei gebrauchten Abkürzungen sind: Gem. I. II. III. = Gemüsebau 1. 2. 3. Band; Baumsch. = Baumschule; Obstb. = Obstbau; Baumschn. = Obstbaumschnitt oder Obstgärtner III. Die Zahl weist die Seiten nach, bei der Baumschule und dem Obstbaumschnitt, weil bereits zweite Auflagen mit veränderter Seitenzahl erschienen sind, die vor den Sätzen stehende Nummer. Auf den Weinbau ist der Kalender nicht ausgedehnt worden, indem das „Winzerbuch" von Rubens, welches zum 3. Band dieser Bibliothek gehört, einen solchen enthält. Es braucht kaum erwähnt zu werden, daß zwischen den Monaten keine engen Grenzen gezogen sind, daß die ersten Tage des folgenden Monats mit den letzten des vorhergehenden in Hinsicht auf die Arbeiten zusammenfallen.

Tabelle zu Düngungsversuchen.

	Artischoken ob. Meerkohl ob. Erdbeeren.	1) Carbonen. 2) Pastinaken.	1) Lauch ob. Porree. 2) Meerrettig.	1) Spinat oder Spinatsurrogate. 2) Zwiebeln.	1) Gurken. 2) Kartoffeln.	1) Sellerie. 2) Scorzoneren.	1) Kohlrüben oder Unterkohlrabi. 2) Möhren.	1) Kopfkohl (Kappus) o. and. Kohlsorten. 2) Bohnen.	1) Blumenkohl. 2) Erbsen.	1) Lattichsalat. 2) Rettige ob. Salatrüben.	
Dreierlei Stallmist verschiedener Art.											1—3
Mist mit Guano als Oberdüngung											4
Mit erdigen Stoffen vermischter Trockendünger.											5
Gewöhnliches Knochenmehl.											6
Aufgeschlossenes oder gedämpftes Knochenmehl.											7
Knochenkohle (Zuckerkohle).											8
Peruanischer Guano.											9
Künstlicher Guano.											10
Guano mit Knochenmehl.											11
Oelkuchen oder Rapsmehl.											12
Chili-Salpeter.											13
Holzasche oder Aescherig.											14
Mistjauche.											15
Urin.											16
Künstlich bereit. flüssiger Dünger.											17
Gründüngung mit Lupinen.											18
mit Spinat.											19
mit Boretsch.	10	9	8	7	6	5	4	3	2	1	20

Januar.

Der Januar ist in der Regel der stärkste Wintermonat, in welchem die meisten der nachfolgend angegebenen Arbeiten im Freien nicht verrichtet werden können, daher in den folgenden Monat fallen.

Gemüsegarten.

Bei Schnee ruhen fast alle Arbeiten im Freien, doch kann, wenn der Boden nicht gefroren ist (was auch durch Bedecken mit Schnee und Streu verhindert werden kann), bei nicht zu strenger Kälte fortwährend rigolt werden (Gem. I, 144). Selbst gegraben kann noch werden, indem man den Schnee beseitigt, wenn dieses wegen zu schnellem Eintritt des Winters nicht vorher geschehen konnte. Ferner können Gräben zur Ent- und Bewässerung ausgestochen, Spargelbeete ausgegraben, Bodenverbesserungen durch Auffahren von Erde, Sand, Mergel u. s. w. vorgenommen und die Composthaufen umgearbeitet werden. Ist der Boden schneelos und nur so tief gefroren, daß man mit Spitzhaue oder Karst eindringen kann, so ist es gut, alles Gemüseland, welches wegen lockerer Beschaffenheit im Herbst nicht hohl in großen Schollen gelegt werden kann, zu schollern, d. h. große gefrorene Stücke oder Schollen loszuhacken und sie hohl zu legen (Gem. I, 150). Sollte kein Schnee liegen und die Erde gut zu bearbeiten sein, so werden alle vor Winter nicht beendigten Arbeiten nachgeholt, besonders das Felgen, Rigolen und andere Erdarbeiten, Ausfahren und Untergraben von Dünger, Düngen mit Jauche oder anderm flüssigen Dünger u. s. w. Ist das Wetter so, daß der Boden gut gegraben werden kann, so kann man in sehr warmen und trocknen Lagen etwas Früherbsen und Puffbohnen legen, wenn es nicht schon im Dezember geschehen ist. Es hätte zwar damit Zeit bis Ende Februar, allein wenn der Januar ungewöhnlich mild ist, so kommt gewöhnlich die Kälte später nach, und das Bestellen wird unmöglich. Aus diesem Grunde sind auch die vorerwähnten Arbeiten, von denen mehrere bis zum Frühjahr

Zeit haben, zu verrichten, damit sich die Arbeiten bei spät eintretendem Früh=
jahr nicht zu sehr häufen.   Bei ganz besonders günstiger Witterung kann
man aus demselben Grunde sogar langsam keimende Samen, als Zwie=
beln, gelbe Rüben, Petersilie ꝛc., säen, vor Allem aber Körbelrüben (Gem. II,
166), wenn diese im Herbst vergessen worden sind, weil sie im Frühjahr
nicht mehr keimen.   Bei sehr mildem, trocknem Wetter werden die
zugedeckten Artischocken (Gem. II, 211) etwas gelüftet, jedoch bei schwan=
kender Witterung Abends wieder verwahrt.   Ebenso werden Petersilie,
Körbel, Spinat, Rabinschensalat u. s. w., welche man, um sie auch bei
Frost haben zu können, manchmal mit Stroh ꝛc. bedeckt, bei solcher Witte=
rung aufgedeckt, von faulen Blättern gereinigt und erst bei Veränderung
des Wetters wieder bedeckt, wobei man die nasse Streu trocken zu machen
sucht.   Der durch Frost gehobene Wintersalat und im Freien überwinterte
Kohl werden festgedrückt und, wenn nöthig, etwas angehäufelt, bei schnee=
loser Kälte aber Kohlarten leicht mit Streu bedeckt.   Kultivirt man Kräu=
selkopf= oder Steinkopfsalat unter Glasglocken (Gem. II, 72), was jedoch
in Deutschland wenig vorkommt, so werden diese bei milder Witterung
täglich gelüftet.   Ebenso die Kästen, in welchen Gemüsepflanzen (Gem. II,
4 bei Blumenkohl) durchgewintert werden.   Bei dieser Gelegenheit muß
den häufig sich einfindenden Mäusen eifrig nachgestellt werden.

Wenn aber auch im Freien die Arbeit still liegt, so mangelt es doch
im Hause nicht daran.   Die Gemüsesämereien werden gereinigt und ge=
ordnet, neu anzuschaffende werden bestellt, zweifelhafte werden einer Keim=
probe unterworfen.   Bei ausgedehntem Gemüsebau wird der Kulturplan
für alle Ländereien ausgearbeitet, wobei jedes Beet eine Bestimmung er=
hält.   Es werden Strohmatten zum Bedecken der Mistbeete und schutzbe=
dürftigen Pflanzen angefertigt, Mistbeetfenster ausgebessert, Geräthschaf=
ten ausgebessert und neu gemacht, Erbsenreiser und Bohnenstangen können
zugerichtet werden.   Im Gemüsekeller (Gem. I, 59) und in den Gruben
im Freien (Gem. I, 63) wird das eingeschlagene oder frei aufbewahrte
Wintergemüse öfter nachgesehen und von faulen Blättern gereinigt.   Be=
sondere Sorgfalt ist dabei auf das zu Samen bestimmte Gemüse, auf ge=
bleichte Cardonen, Endivien und Sellerie, auf Blumenkohl und Brocoli
zu verwenden.   Im Keller müssen die trocken gewordenen eingeschlagenen
Gemüse vorsichtig, so daß die Blätter nicht naß werden, begossen, ebenso
die auf Haufen liegenden Wurzelarten besprißt werden, wenn sie welken

ſollten. Bei trockner, nicht zu kalter Luft werden Keller und Gruben gelüftet; doch lüftet man Keller, wo zugleich Obſt aufbewahrt wird, nur
wenn die Luft zu feucht wird. Die Zwiebeln werden bei Kälte auf Böden und Kammern durch Stroh gegen das Gefrieren geſchützt. Den
Mäuſen wird allerwärts nachgeſtellt.

Miſtbeete und Treiberei. *)

Man treibt Spargel und Meerkohl (Gem. III, 73 und 68) in Miſtbeeten, gegen Ende des Monats und wenn die Kälte nicht groß iſt, auch
in freien Beeten (Gem. III, 75 und 68) und unterhält die Wärme der
ſchon früher angelegten Beete durch neue Umſätze von friſchem Pferdemiſt und gute Bedeckung. Beete zu Gurken (Gem. III, 52), Carotten
(Gem. III, 471), Radieschen (Gem. III, 72), Blumenkohl und Brocoli
(Gem. III, 38), Wirſing (Gem. III, 78), Kohlrabi, frühem Johanniskraut, Lattigſalat (Gem. III, 65) und gegen Ende des Monates auch zu
Melonen (Gem. III, 105) können angelegt werden. Doch warten die
meiſten Gärtner damit bis Anfang Februar, wo die Sonne ſchon mehr
wirkt, und beſtellen nur Salat, Gurken, Radieschen und allenfalls Carotten, zuerſt aber Spargel und, wo es Gebrauch iſt, Hopfen. Will man
ſehr frühe Erzeugniſſe, ſo müſſen die Pflanzen von Kohlarten ſchon im
Herbſt angezogen und durchwintert ſein (Gem. I, 167). Auch kalt durch-
winterter Salat (Steinkopf und andere paſſende Sorten) wird früher als
der von in warmen Miſtbeeten angezogenen Pflanzen. Gurken und
Melonen werden im Treibhaus oder Zimmer, wol auch in ſchon vorhandenen warmen Beeten angezogen.

Hat man heizbare Käſten (Gem. III, 12), ſo kann man gegen Ende
des Monats die erſten Bohnen legen (Gem. III, 43), jedoch nie ſo früh in
gewöhnliche Miſtbeete. Die im Treibhaus blühenden Erdbeeren werden
reichlich mit Waſſer verſehen und gegen Blattläuſe geſchützt. Die Käſten
und Töpfe für Bohnen und Gurken (Gem. III, 44 und 57) werden aufgefüllt und neu belegt. Meer- oder Seekohl kann an dunklen Plätzen
des Treibhauſes und in Miſtbeeten getrieben werden (Gem. III, 69).
Auch im Champignonhauſe läßt ſich derſelbe treiben. Die Champignon-

---

*) Von der Treiberei wird nur Dasjenige berückſichtigt, was im dritten Band des
„Gemüſegärtners“ aufgeführt iſt, da die Obſttreiberei bis jetzt keinen Theil unſerer
Bibliothek bildet.

zucht in warmen Treibhäusern und besondern dunklen Champignonhäusern (Gem. III, 83) erfordert zwar wenig, aber fortwährende Arbeit. Die Wärme der Häuser und heizbaren Kästen muß pünktlich unterhalten und deshalb auch des Nachts geheizt werden. Ebenso viele Sorgfalt erfordert die Erhaltung der zur Anzucht bestimmten Ananas, wenn man dieselben in Kästen durchwintert (Gem. III, 90).

Außer den Haupttreibpflanzen kann man in neu angelegte, aber nicht mehr zu heiße Mistbeete Wurzeln von Petersilie und Cichorien (zu Salat), Schnittlauch, Estragon, Sauerampferpflanzen, Kresse, Portulak und Körbel säen; endlich zwischen Carotten und wo es sonst paßt, frühen Salat zu den später anzulegenden Mistbeeten. Im Keller wird Cichoriensalat getrieben und gebleicht (Gem. III, 49). Im Freien ist die größte Sorge das Bedecken der Mistbeete mit Strohmatten, Streu und Bretern, sowie die äußere Erwärmung durch frische Mistumsätze. Jeder günstige Augenblick, wenn die Sonne warm scheint oder eine milde Luft weht, muß benutzt werden, um die Fenster ein wenig zu lüften und das nöthige Pflanzen, Säen, Jäten, Auflockern, Gießen (was jedoch um diese Zeit kaum nöthig ist), Befruchten der Gurkenblüten ꝛc. zu besorgen. Hat man Pferdemist, der nicht sofort gebraucht wird, so setzt man ihn unter Dach locker auf Häufchen von höchstens 3 Fuß Höhe, damit er nicht verbrennt. Gefrorenen Pferdemist setzt man vor Anlage der Beete auf große Haufen, gießt warmes Wasser darüber und bedeckt ihn mit Stroh oder Decken, damit er aufthaut, bevor er gesetzt wird. Mistbeeterde, welche bald gebraucht werden soll, muß gegen Frost geschützt und, wenn sie gefroren ist, vor dem Gebrauch aufgethaut werden.

Obstgarten und Baumschule.

Es können Pflanzgruben (Obstb. 90) und alle andern Erdarbeiten gemacht werden, wenn es die Witterung erlaubt. Die der Nahrung bedürftigen Bäume werden mit Jauche, Mist ꝛc. gedüngt (Obstb. 117). Der Boden umher wird aufgelockert (gescharrt), in Grasgärten wenigstens so lange, bis die Bäume ihre Tragbarkeit erreicht haben. Zeigen sich Raupennester vom Baumweißling, so müssen Bäume und Hecken geraupt werden. Nach eingetretenem Thauwetter sind die Klebringe an den Obstbäumen (Obstb. 138) frisch anzustreichen, weil nach früh eingetretener Kälte die Frostnachtschmetterlinge, die Mütter der gefährlichen Spannraupen, zuweilen nach dem Frost auskriechen und ihre Eier legen. Bei gutem Wetter können die alten Obstbäume von Moos und loser Rinde gereinigt werden (Obstb. 113), auch kann man schon anfangen die großen Bäume auszuputzen (Obstb. 110), durch Abwerfen zu verjüngen (Obstb. 115). Ist das Wetter so gelind, daß ein baldiger Safteintritt zu erwarten steht, so ist es zweckmäßig, Pfropfreiser zu schneiden und aufzubewahren (Baumschn. 64). In besonders milden Gegenden fängt man an schönen Tagen schon an die Formbäume (Spaliere, Pyramiden ꝛc.) zu beschneiden und beginnt mit Aprikosen und Birnen, schneidet jedoch nie die Pfirsiche so früh, thut überhaupt besser, noch zu warten.

In der Baumschule wird, so oft es die Witterung erlaubt, ausgeputzt, aus- und zurückgeschnitten u. s. w., damit diese Arbeit bis März beseitigt ist. Bleiben Herbstarbeiten liegen, so werden diese, besonders die Erdarbeiten, nachgeholt, wie oben (Gemüsegarten) angegeben. Losgerissene Stämmchen sind anzubinden, Lücken in der Umzäunung, wo Hasen einbringen können, zuzumachen. Die im Herbst gemachten Kernobstsaaten sind zu untersuchen, ob Mäuse darin wirthschaften, damit diesen nachgestellt wird. Bei Winterwetter werden Baumpfähle zubereitet, Werkzeuge in den Stand gesetzt, Beobachtungen über Obst, gewisse Bäume und Sorten niedergeschrieben, Eintheilung der neuen Pflanzungen gemacht und die passenden Sorten ausgesucht oder bestellt.

Das Obst in Kellern und Zimmern wird wöchentlich einmal durchgesehen und auf seinem Lager umgelegt, damit jede schadhafte Stelle erkannt und solches Obst ausgelesen wird. Faules Obst kann man in einem Faß sammeln und zu Essig benutzen. Hat man harte Aepfel in Sand gelegt, so ist es gut, sie im Laufe dieses Monates zu untersuchen, wie sie sich halten. Gelüftet wird nur, wenn die Luft im Keller zu feucht und modrig wird (was in frostfreien Zimmern fast nie vorkommt), weil durch vieles Lüften das Obst welkt und weniger haltbar wird.

Erzeugnisse.

Gemüsekeller und Gruben liefern noch alle Arten von Wintergemüse und im Keller getriebenen Cichoriensalat. Endivien, Blumenkohl, Bleichsellerie und Kraut (Kopfkohl) beginnen seltener zu werden. Aus dem Freien hat man bei gelinder Witterung oder unter Decke: Lauch, Spinat, Rabinschensalat, Petersilie, Körbel, Möhren, Sauerkleerübchen (Oxalis),

Paſtinaken und mehrere Kohlarten, wo geeignetes Waſſer vorhanden iſt, auch Brunnenkreſſe. Der Boden liefert Zwiebeln und Körbelrübchen. Die Miſtbeete geben Spargel, Meerkohl, Suppenkräuter, überwinterten Salat, Kreſſe, Cichorien, Radieschen, die Treibhäuſer Bohnen, Gurken, Monats-erdbeeren, Meerkohl, Champignons. Der Obſtraum liefert Aepfel und Birnen in großer Auswahl, bei guter Aufbewahrung und Behandlung wol auch noch einige Weintrauben und Zwetſchen, Mispeln, Elzbeeren, Schneebirnen, Quitten.

Februar.

Da der Januar meiſtens ſo beſchaffen iſt, daß die für dieſen Monat angegebenen Arbeiten größtentheils nicht vorgenommen werden können, ſo fallen dieſe meiſtens auf den Februar, und ſie ſollen aus dieſem Grunde nicht beſonders aufgeführt werden. Im Uebrigen werden die im vorigen Monat begonnenen Arbeiten fortgeſetzt, ſo gut als es die Witterung zuläßt.

Gemüſegarten.

Bei Winterwetter im Freien ganz wie im Januar. Sobald der Boden ſo weit abgetrocknet iſt, daß er bearbeitet, wenigſtens behackt und ge-harkt werden kann, ſäet man, wenn es nicht ſchon früher geſchehen iſt, Früherbſen in wärmſter trockner Lage, die erſten Puffbohnen in geringer Menge, dazu Peterſilie, Möhren von den frühſten Sorten, Schwarzwurzeln (Scorzoneren), wenn man ſie einjährig kultiviren will (Gem. II, 173), Weiß- oder Haferwurzeln, Peterſilienwurzel, Paſtinaken, Zwiebeln, etwas Körbel, Sauerampfer und Salat zum Verpflanzen und als Rupfſalat. Hierzu benutzt man die erſten ſchönen Tage, unterläßt aber alle Saaten, wenn das Wetter naß bleibt. Gegen Ausgang des Monates kann man Runkeln, Porree, Mangold, Schnittkohl, Spinat und noch einmal Früh-erbſen ſäen. Iſt die Witterung beſonders günſtig, ſo können einige Früh-kartoffeln gelegt werden, welche aber nicht angekeimt ſein dürfen (Gem. II, 187). In das laue oder kalte Miſtbeet zu Gemüſepflanzen ſäet man alle frühen Kohlarten, als frühe Wiener Glaskohlrabi, Ulmer Wirſing ꝛc., Früh-ſalat, Sellerie, wovon der Samen erſt 8 Tage lang in laues Waſſer gelegt wird, Porree oder Lauch, Pflanzzwiebeln, Neuſeeländer Spinat, Monatserdbeeren (Gem. II, 230), ſowie in ein kaltes Beet oder in große Töpfe Früherbſen, um ſie

später in das Land zu pflanzen (Gem. II, 44). Wenn das Land gegraben
werden kann und das Wetter günstig ist, kann man in warmen Lagen
zu Ende des Monats überwinterte Blumenkohl- und Frühkrautpflanzen, sowie alle im Mistbeet gezogenen frühen Kohlarten pflanzen, nachdem sie
stark genug und abgehärtet sind. Ebenso kann überwinterter und im Mistbeet gezogener Frühsalat gepflanzt werden. Sämmtliche genannte Gemüse
überstehen, wenn sie abgehärtet sind, eine Kälte von 8 — 10 Grad ohne
großen Nachtheil. Die durchwinterten, vom Frost gehobenen Pflanzen von
Wintersalat, Blau- und Weißkraut und Blumenkohl werden festgedrückt und
behackt. Spinat wird behackt und, wenn es nöthig ist, flüssig gedüngt.
Alle zugedeckten Gemüse werden nach und nach aufgedeckt, ohne jedoch das
Deckmaterial vor Ende des Monats ganz zu entfernen. Spargel bleibt
noch bedeckt, damit durch Gefrieren des Bodens der frühe Trieb nicht verspätet wird.

Von Artischocken entfernt man blos die obere Bedeckung von Mist
oder Streu an schönen Tagen, bedeckt sie jedoch bei zweifelhaftem Wetter
jeden Abend wieder. Hat man Salat unter Glasglocken, so wird er an
schönen Tagen gelüftet. Der Garten wird, so weit es noch nicht geschehen
ist, von allen Ueberresten des vergangenen Jahres gereinigt. Sind Ver-
änderungen zu treffen, welche viele Arbeit machen, so beginne man schon
in diesem Monat, damit sich die Arbeiten im März nicht zu sehr häufen.
Dahin gehört namentlich das Umpflanzen ausdauernder Gemüse, der Einfassungen, die Anlage von Spargel, Meerkohl, Rhabarber, Meerrettig
u. s. w., wozu Vorbereitungen getroffen werden. Hat man Brunnenkresse-
-anlagen, so müssen bei Kälte die über dem Wasser erscheinenden Spitzen
täglich mit einem schaufelartigen Werkzeuge unter das Wasser geschlagen
werden (Gem. II, 90). Kleine, mit Stroh oder Bretern bedeckte Gräben
müssen täglich gelüftet werden (Gem. II, 91).

Mistbeete und Treiberei.

In diesem Monat werden die meisten Mistbeete angelegt, besäet und
bepflanzt. Außer Spargel, den man aber nun mit mehr Vortheil im freien
Lande treibt, sowie der Frost es gestattet (Gem. II, 75), werden Mistbeete
zu Gurken, Melonen, Carotten, Lattigsalat, Bohnen, Blumenkohl, Kohlrabi,
Wirsing, Kraut, Erbsen, Kartoffeln, Radieschen u. a. m. angelegt. Die
dazu nöthigen Pflanzen werden entweder überwintert (Blumenkohl, Früh-

fraut, Salat) oder in Miſtbeeten (Kohlrabi, Salat, Gurken, Melonen), ei=
nige in Töpfen (Melonen, Gurken) vorher angezogen, ſo daß man ſchon
ſtarke Pflanzen benutzen kann.

In laue Miſtbeete ſäet man Radieschen, Schnittkohl, Schnittſalat und,
wo der Bedarf es nöthig macht, Spinat, jedoch nur, wenn der letztere im
Freien vorausſichtlich keinen oder einen ſchlechten Schnitt giebt. Ueberall,
wo Platz iſt, werden Suppenkräuter, als Eſtragon, Sauerampfer, Portulak,
Schnittlauch, Pimpinelle, Bohnenkraut, Kreſſe, Körbel u. a. m., geſäet oder
gepflanzt. Meerkohl und Rhabarber werden mit Ballen ausgehoben und
in dunklen Beeten oder im Treibhauſe getrieben, bei günſtiger Witterung
jedoch mit größerem Vortheil im freien Lande (Gem. II, 68 und 72). Im
Treibhaus werden Bohnen friſch gelegt, die bereits aufgegangenen aufge=
füllt, Erdbeeren warm geſetzt. Giebt es ſonnige Tage, ſo kann gegen Ende
des Monats das Treiben der Erdbeeren in Miſtbeeten, ſowol in Töpfen
als im freien Lande, beginnen (Gem. III, 101). Hat man Ananas, ſo
wird gegen Ausgang Februar ein warmer Fruchtkaſten angelegt oder das
Beet im Ananashauſe neu erwärmt. Die Champignonbeete werden er=
neuert, ſo oft ſie abgetrieben ſind, wozu man immer trocknen Pferde= oder
Eſelsmiſt, aus welchem das Stroh ausgeſchüttelt iſt, im Vorrath haben muß.
Die abgetriebenen Beete, beſonders von Spargel und durchwintertem Salat,
werden ausgeräumt, um den Miſt bei der Anlage neuer Käſten untermiſcht
mit friſchem zu verwenden, oder man räumt nur die nutzlos gewordenen
Wurzelſtöcke aus und benutzt das nur noch wenig warme Beet zu Salat,
Carotten, Kartoffeln, Erbſen, Radieschen u. ſ. w.

Obſtgarten und Baumſchule.

Die für den Januar angegebenen Arbeiten werden fortgeſetzt, namentlich
das Aufſuchen der Raupenneſter und ihre Vertilgung, Erdarbeiten, Dün=
gung ꝛc. Jetzt iſt es Zeit, Pfropfenreiſer zu ſchneiden und in einem Keller
in mäßig feuchtem Sand oder im Freien an ſchattiger Stelle in die Erde
eingegraben aufzubewahren. Man beginnt mit Steinobſt, während Kern=
obſt auch noch ſpäter geſchnitten werden kann. Das Ausputzen, Reinigen
(Abmooſen) und Abwerfen der alten Bäume muß beendigt werden, weil es
im März oft zu letzterem zu ſpät iſt und dringendere Arbeiten nicht dazu
kommen laſſen. Man ſchneidet Stachelbeeren, Johannisbeeren, Brombeeren,
bindet die Stöcke an (Obſtb. 202, 206, 208) und ſucht die paſſenden

Zweige zu Stecklingen aus, während andere abgelegt werden. Ferner werden geschnitten Haselnüsse, Corneliuskirschen, Sauerkirschen, Aprikosen, Mandeln, gegen Ende des Monats auch Kernobstbäume am Spalier und in künstlicher Form. In nicht zu rauhen Gegenden kann gegen Ende des Monats der im Herbst zurückgeschnittene und zugedeckte Wein aufgedeckt, nachgeschnitten und angebunden werden; doch kann er auch bis zum April zugedeckt bleiben, wenn dadurch der Anbau des daneben liegenden Landes nicht verhindert wird. Hat man große Baumpflanzungen zu machen, so muß damit begonnen werden, und in trocknen Lagen und auf leichtem Boden ist es vortheilhaft, so viel wie möglich in diesem Monat zu pflanzen, damit die gepflanzten Bäume noch die Frühlingsfeuchtigkeit bekommen.

In der Baumschule wird bei geeignetem Wetter das Ausschneiden und Zurückschneiden der Bäume vollendet oder vorgenommen. Man beginnt zu Ende Februar mit dem Copuliren (Baumsch. 77) und den verwandten Veredlungsarten, sowie dem Spaltpfropfen, zuerst mit Kirschen und Pflaumen, später mit Birnen. Dieses kann bei schlechtem Wetter im Zimmer geschehen. Die fertig veredelten Bäume werden in ein Gefäß mit Wasser gestellt und bis zur Pflanzzeit eingeschlagen oder sogleich gepflanzt. Pfirsiche und Aprikosen, welche man übrigens mit größerem Vortheil im Sommer durch Okuliren aufs schlafende Auge veredelt, werden, nachdem sie im Zimmer gepfropft und copulirt sind, von manchen Baumzüchtern schräg in ein mäßig warmes Mistbeet gepflanzt, wo selten ein Stamm ausbleibt, das Wachs-thum ungemein kräftig ist, freilich aber durch das spätere Verpflanzen in die Baumschule gestört wird. Wenn es zum Veredeln im Freien zu un-freundlich ist, können die Stämmchen vorbereitet werden. Man schneidet die Stecklinge von Quitten, Paradiesäpfeln, Haselnüssen, allerlei Beeren-obst, was bei schlechtem Wetter im Zimmer geschehen kann (Baumsch. 46). Von Haselsträuchern, Paradiesäpfeln, Pflaumen, Corneliuskirschen, Stachel- und Johannisbeeren, Himbeeren und andern Pflanzen mit Wurzelschöß-lingen werden diese abgenommen und auf besondere Beete gepflanzt (Baum-schule 42). Dieselben Pflanzen können um diese Zeit abgelegt (gesenkt) werden (Baumsch. 43). Um gute Mutterstöcke für das folgende Jahr zu bilden, schneidet man Sträucher mit nur einem Stamme oder wenig geeig-neten Aesten dicht über dem Boden ab, oder man hakt schon geeignete, aber noch nicht mit Seitenzweigen versehene Triebe nieder, damit die austreiben-den Seitentriebe aufrecht wachsen und sich im Juli oder im folgenden Frühjahr gut einlegen laſſen. Sind noch Obſtkerne vom Herbſt liegen geblieben und trocken aufbewahrt oder über Winter angeſammelt, ſo ſäe man ſie womöglich noch in dieſem Monat, weil ſie ſonſt zu lange in der Erde liegen. Dagegen bleiben die in feuchten Sand gelegten (ſtratifizirten) Samen bis Ende März oder April liegen. Stämmchen, welche Pfähle nöthig haben, werden angebunden, die Stämme der aufs ſchlafende Auge okulirten Bäume mit geſundem Edelauge mit einem Stumpfen abgeſchnitten (Baumſchule 96). Verpflanzbare Wildlinge werden von den Anzuchtsbeeten ausgehoben und auf die Schulbeete gepflanzt, oder, wenn dies noch nicht angehen ſollte, eingeſchlagen, damit ſie im Saft zurückbleiben (Baumſch. 50—52). Die ſtehenbleibenden von ſchlechtem Wuchs werden dicht am Boden abgeſchnitten, damit ſie gerade, kräftige Stämmchen treiben. Bei günſtiger, d. h. trockner Witterung ohne Froſt können die zum Pflanzen oder zum Verkauf beſtimmten Stämme ausgegraben und eingeſchlagen werden, damit ſpäter kein Aufenthalt damit iſt und die Länder bearbeitet und zur Brachkultur (Baumſch. 11) vorbereitet werden können.

Der Obſtraum muß ſorgfältig beobachtet werden, da um dieſe Zeit viele Sorten überreif werden und faulen. Da der Vorrath ſchon ſchwächer geworden iſt, ſo legt man die etwa über einander liegenden Vorräthe dünner. Hat man Aepfel in Fäſſer gepackt, ſo müſſen dieſe ebenfalls nachgeſehen werden.

Erzeugniſſe.

Aus dem Freien, dem Gemüſekeller und den Vorrathsräumen hat man dieſelben Erzeugniſſe wie im Januar, nur ſind Endivien kaum noch zu halten und müſſen durch gebleichten Cichorienſalat (Gem. II, 93) erſetzt werden; auch giebt es reichlich Brunnenkreſſe, bei gelindem Wetter Radieschen und franzöſiſche Rapunzel. Cardonen, Blumenkohl, Sproſſenkohl und Kraut beginnen ſeltener zu werden, während in guten paſſenden Räumen der Broccoli oder Spargelkohl eßbar wird. Die Miſtbeete liefern Radieschen, Suppenkräuter, im Herbſt gepflanzten Kopfſalat (Gem. II, 73), Rupfſalat (Schnittſalat), Cichorienſalat, Spargel, beſonders aus den im Lande getriebenen Beeten. Im Treibhaus hat man die erſten Erdbeeren, (Monatserdbeeren, Scharlacherdbeeren und Roſeberry), Bohnen, Gurken, Champignons und Seekohl. Im Obſtbehälter erreichen mehrere vorzügliche Früchte, beſonders Aepfel, ihre Lagerreife, während andere überſtändig werden. Von Birnen giebt es nur noch einige Sorten, welche sich gut halten, Trauben lassen sich kaum mehr halten.

März.

Der März ist eigentlich der erste Monat, wo man auf die Arbeit im Freien sicher zählen kann, und oft können sämmtliche früher angegebene Arbeiten erst jetzt verrichtet werden. Was vorher geschieht, dient dazu, um durch den Winter unterbrochene Arbeiten fortzusetzen und die Märzarbeit vorzubereiten. In rauhen Gegenden kann sogar Vieles, was schon im Februar angegeben wurde, erst im April vorgenommen werden.

Gemüsegarten.

Nachdem alles zu Frühkulturen bestimmte Land bei trocknem Wetter gegraben worden, beginnt an den ersten wirklichen Frühlingstagen die Saat von Erbsen aller Art, Puffbohnen, Zwiebeln, Möhren, Schwarzwurzeln (bei einjähriger Kultur), Hafer-, Pastinak-, Petersilien-, Goldwurzeln (Scolymus), Mairüben, Spinat, Sommerrettig, Radieschen, Spargel (zu Neuanlagen), Lattig und Sommerendivien, neuseeländischem und Quinoaspinat, sowie aller übrigen Spinatsurrogate, der meisten Suppen- und Würzkräuter, aller Kohlarten für die große Pflanzung, Artischocken, Carbonen, Mangold, Seekohl und Rhabarber (zu Neuanlagen), Rüben zu rheinischem Rübstiel oder Stielmuß. In das halbwarme oder kalte Mistbeet zur Pflanzenzucht sind noch zu säen Frühsalat, Sommerendivien (romanischer Salat), frühe Kohl- und Krautarten, Pflanzzwiebeln, Lauch oder Porree, Sellerie. Der gesäete Sellerie ist sehr feucht zu halten. Gepflanzt wird bei guter Witterung, jedoch nicht bei trocknem Ostwind: überwinterter Blumenkohl und Kopfkohl (Weiß- und Blaukraut) und im Mistbeet angezogener Wirsing, Glaskohlrabi, Lattigsalat und Sommerendivien, endlich Frühkartoffeln, welche jedoch nicht angekeimt sein dürfen, während die künstlich angekeimten erst im April gelegt werden (Gem. II, 180). Man pflanzt Steckzwiebeln, Chalotten, Knoblauch, Kartoffelzwiebeln und andere nicht durch Samen zu vermehrende Zwiebeln. Die Einfassungen mit ausdauernden Würz- und Suppenkräutern, sowie damit besetzte Beete werden, wo nöthig umgelegt, ebenso Erdbeeren zertheilt und neu auf andere Beete gepflanzt, auf welche Weise jedoch nur Monatserdbeeren noch in demselben Jahre tragen.

14*

Die Artischocken werden aufgedeckt, nachdem kein Nachwinter mehr zu fürchten ist, jedoch bleibt die zum Schutz angebrachte Erde (Gem. II, 212) bis zum völligen Eintritt des Frühlings und die Deckstreu in der Nähe. Hat man die Artischocken ausgehoben und frostfrei durchwintert (Gem. II, 112), so pflanzt man sie gegen Ende des Monats auf die vorher reich gedüngten und tief gegrabenen Länder. Desgleichen werden alle in Gruben und Kellern durchwinterten zur Samenzucht bestimmten Gemüse an einem trüben milden Tage ausgepflanzt, bevor sie im Winterlokale treiben. Die verschiedenen Kohlarten bringe man an weit von einander entfernte Plätze, um die Ausartung in Folge der Vermischung des Blumenstaubes zu verhindern. Man kann nun Seekohl und Rhabarber (Gem. II, 207 und 209) durch Pflanzen anlegen, ebenso Spargel, was jedoch noch besser erst im April stattfindet, wenn der Trieb beginnen will. Meerrettig wird auf tief gegrabenen Boden gepflanzt (Gem. II, 177). Alle Beete, auf welchen über Winter Gemüse stand, werden behackt und, wenn es nöthig ist, flüssig oder mit kurzem Mist gedüngt, so Erdbeeren, Spinat, Perlzwiebeln, Johannislauch, Winterzwiebel. Bei durchwintertem Wintersalat und Kraut werden dabei die vom Frost gehobenen Pflanzen festgedrückt oder angeschlemmt.

Treibt man Spargel im freien Lande, so ist jetzt die ergiebigste Zeit, doch darf man damit nicht erst anfangen, weil der Spargel im April von selbst kommt. Gegen Ende des Monats wird die Mistbedeckung von den Spargelbeeten weggenommen, kann jedoch auch bis zum Eintritt wärmerer Witterung im April bleiben. Die ältern Beete werden darauf gedüngt und gegraben, die jüngern, noch nicht stechbaren mit fetter Composterde aufgefüllt. Cichorien im freien Lande werden mit Erde bedeckt, um von den Blättern gebleichten Salat zu bekommen (Gem. II, 94). Auf gleiche Weise kann auch Löwenzahn behandelt werden (Gem. II, 94). Das Treiben und Bleichen von Seekohl und Rhabarber im freien Lande muß eifrig betrieben werden, damit man davon hat, bevor der Spargel im Freien anfängt.

Gegen Ende des Monats säet man Melonen und Angurien in ein Mistbeet oder in Töpfe, um die daraus erzogenen Pflanzen Mitte Mai ins Land pflanzen zu können.

Gemüsekeller und Gruben werden sorgfältig beobachtet. Trockne Gemüse müssen vorsichtig begossen werden, solche, welche stark zu treiben beginnen, hält man durch Trockenhalten zurück, oder nimmt sie aus der Erde, um sie etwas welken zu lassen und dann neu einzuschlagen. Im Freien ein-

geſchlagenes Gemüſe, beſonders Lauch und Kohl, wird an einem etwas
ſchattig gelegenen Orte friſch eingeſchlagen.

Miſtbeete und Treiberei.

Neue Miſtbeete werden nur zu einer Folge von Bohnen, Gurken, Me=
lonen, Kohlarten, Salat, Carotten und Kartoffeln angelegt. Neu werden
angelegt Beete zu Waſſermelonen (Angurien, Arbuſen). Erbſen werden
in einen kalten Kaſten gelegt, wo ſie noch vor den Früherbſen im freien
Lande kommen. Hat man hinreichende Käſten, ſo können auch noch Blu=
menkohl, Kohlrabi und andere Frühkohlarten gepflanzt werden, welche ſchon
im Mai eßbar werden. Vorzüglich eignet ſich ſo ſpät und noch im April
gepflanzter Blumenkohl zur Samenzucht. Um ſchnelle Erfolge mit dieſen
ſpäten Beeten zu erzielen, zieht man die nöthigen Pflanzen in ältern Miſt=
beeten oder in Töpfen an. Die Miſtlager werden um dieſe Zeit nicht mehr
ſo ſtark gemacht und können zur Hälfte aus Laub oder altem Pferdemiſt aus
abgetragenen Miſtbeeten oder (mit Ausnahme der Melonenbeete) auch ganz
aus Laub beſtehen. An den beſtehenden warmen Miſtbeeten werden die
Umſätze erneuert, wenn ſie erkaltet ſind oder ſich ſtark geſetzt haben; doch iſt
dies nur bei Melonen und Gurken wirklich nothwendig, wenn nicht unge=
wöhnlich kaltes Wetter eintritt. Bei Sonnenſchein und milder Luft wird
nach Bedürfniß gelüftet, bei Oſt= oder Nordwind jedoch nur wenig und auf
der dem Wind entgegengeſetzten Seite. Die bei den Miſtbeeten nöthigen
Arbeiten, als Säen, Pflanzen, Begießen, Jäten, Auflockern u. ſ. w., werden
ſtets nur in den wärmern Tagesſtunden vorgenommen. Je mehr gelüftet
wird, deſto häufiger und ſtärker muß begoſſen werden, bei Melonen jedoch
ſtets mit großer Vorſicht, damit das Herz (der Stamm) nicht getroffen wird,
und bei allen Kulturen immer noch mit erwärmtem Waſſer. Die Melonen
ſind zu beſchneiden (Gem. III, 107 und 108), die Ranken der Melonen,
Gurken und Waſſermelonen zu vertheilen und zu leiten. Gurken und Me=
lonen, beſonders die letztern, ſind zu befruchten. Die an die Fenſter an=
ſtoßenden Erbſen, Bohnen und Kartoffeln können durch Auflegen von Lat=
ten oder Stangen niedergebogen werden, wenn der Kaſten nicht mehr ge=
hoben werden kann. Tritt nach mehreren trüben Tagen ſtarker Sonnen=
ſchein ein, ſo iſt es gut, die Melonen und Gurken zu beſchatten, was bei
friſch gepflanzten noch nothwendiger wird. Braucht man viele Erdbeeren,
ſo kann man neben den Töpfen, welche man in halbwarme Beete ſetzt, ganz

beſonders zu dieſem Zwecke angelegte Beete im freien Lande durch Aufſetzen
von Käſten und warme Umſätze treiben, wozu man jedoch nur Monatserd=
beeren und andere frühe Sorten benutzt (Gem. III, 104). Dieſe Beete
müſſen reichlich gelüftet werden und vertragen keinen Miſtbunſt.

Die heizbaren Gurken= und Bohnenkäſten werden nun durch die Sonne
ſchon ſo erwärmt, daß man an ſonnigen Tagen nur in den frühen Morgen=
ſtunden etwas zu heizen braucht. Bei trübem, feuchtem Wetter muß jedoch
regelmäßig geheizt werden (Gem. III, 44 und 57). Sollten die Ananas
noch nicht in die Frühkäſten gebracht worden ſein, ſo iſt es jetzt die höchſte
Zeit dazu. Im Treibhauſe wartet man die vorhandenen Gemüſe ab,
pflanzt aber nicht neu nach. Jedoch können die einmal vorhandenen
Räume immerhin noch zum Treiben der Erdbeeren auch im folgenden Mo=
nat benutzt werden. Im Treibhaus wird bei ſtarkem Sonnenſchein be=
ſchattet und reichlich gelüftet, und es iſt das Heizen nur in den frühen Mor=
genſtunden und an trüben, rauhen Tagen nothwendig. Jeden Morgen
wird geſpritzt, bei öſtlicher Lage des Hauſes beſſer gegen Abend.

Obſtgarten und Baumſchule.

Das Ausputzen, Reinigen und Abwerfen alter Bäume iſt bis Mitte
des Monats zu beendigen. Baumpflanzungen aller Art werden den ganzen
Monat vorgenommen. Am früheſten ſind Kirſchen zu pflanzen. Das Be=
ſchneiden der jungen Bäume, der Spalier= und freiſtehenden Formbäume,
des Weines ꝛc. kann den ganzen Monat geſchehen, am früheſten das der
Apriloſen und Pflaumen, am ſpäteſten das der Pfirſiche. Die Apriloſen=
und Pfirſichbäume werden erſt vor dem Beſchneiden aufgedeckt, darauf
wieder leicht zugedeckt, damit die Blüten bei Froſt geſchützt ſind und über=
haupt durch die Bedeckung zurückgehalten werden. Sollten in mildern Ge=
genden dieſe Bäume nicht bedeckt werden, ſo iſt es rathſam und nöthig, in
kalten Nächten die blühenden Bäume durch Tücher zu verhängen oder auf
andere Art zu ſchützen. Um dies zu erleichtern, iſt es zweckmäßig, die Mauern
und Wände mit Schutzdächern und Haken zum Befeſtigen der Bedeckung zu
verſehen (Baumſchn. 17). Hat man an den Pfirſichbäumen altes Holz aus=
zuſchneiden oder will man die Bäume verjüngen, ſo geſchieht es in der erſten
Hälfte des Monats. Noch können, wenn die Knoſpen nicht zu ſtark trei=
ben, vergeſſene Pfropfreiſer geſchnitten werden. Die Obſtorangerie (Obſt=
bäume in Töpfen) wird in das Freie gebracht und mit den Töpfen einge=

graben, bevor ſich die Blüten und Triebe entwickeln. Sollte dieſes aber ſchon der Fall ſein, ſo muß die Aufſtellung an einem ſehr geſchützten Orte geſchehen, oder ſie müſſen im Schutz eines Gebäudes luftig ſtehen bleiben.

In der Baumſchule giebt es ſo viele Arbeiten, daß ſie kaum zu bewältigen ſind, und es iſt darum gut, daß ein Theil davon im Februar verrichtet wird, wie oben angegeben. Das Wichtigſte iſt die Veredlung durch Zweigen (Spaltpfropfen, Copuliren, Schäften ꝛc.). Man wählt dazu gutes Wetter und verrichtet in kalten Morgenſtunden oder bei ſchlechtem Wetter eine andere Arbeit. Die ausgegrabenen Stämmchen können im Zimmer oder einem andern Lokal veredelt werden. Alte Länder werden abgeräumt, zwei- und dreijährige Pflanzen (Sämlinge, Stecklings-, Ableger- und Ausläuferpflanzen) in geeigneter Entfernung gepflanzt (Baumſch. 50 und 53). Wenn noch über Winter geſammelte Obſtkerne, Nüſſe ꝛc. außer der Erde ſind, ſo iſt es die höchſte Zeit, ſie auszuſäen. Sollten die im Herbſt in Sand gelegten (ſtratifizirten) Obſtſamen ſchon keimen, ſo werden ſie an einem trüben, nicht kalten Tage ausgeſäet (Baumſch. 40). Noch können Stecklinge von Quitten und Beerenfrüchten gemacht oder, wenn ſie früher geſchnitten und eingeſchlagen waren, zugeſchnitten und geſteckt werden. Ableger aller Art ſind zu machen (Baumſch. 43). Die alten Samenbeete werden gereinigt und, wenn es nothwendig iſt, verdünnt, indem man die zu dicht ſtehenden weiter verpflanzt, darauf mit einer Zinkenhacke gelockert und, wenn der Boden nicht ſehr gut iſt, mit Miſtjauche oder anderem flüſſigen Dünger begoſſen. Beete und Felder, auf welchen nichts mehr zu thun iſt, werden behackt oder gegraben.

Im Obſtbehältniß wird das Ausſuchen auf das ſorgfältigſte betrieben, damit überſtändiges Obſt nicht in Fäulniß geräth und gutes anſteckt. Sollte Modergeruch und große Feuchtigkeit das Lüften nöthig machen, ſo geſchehe es in möglichſt kurzer Zeit. Das zu verbrauchende Obſt darf erſt kurze Zeit vor dem Verbrauch aus dem Obſtraum genommen werden, weil es ſchnell welkt.

Erzeugniſſe.

Die Gemüſevorräthe fangen an dünn zu werden. Aus dem Freien giebt es noch Lauch, Krauskohl, bei guter Aufbewahrung Wirſing und Roſenkohl. Am längſten hält ſich Kraut und Wirſing, welche man mit dem Kopf nach unten 1 Fuß tief in trockne Erde eingeſchlagen hat. Die nun wieder aufgedeckten Beete mit Möhren liefern dieſe Wurzeln. Paſtinaken, Peterſilien-, Schwarzwurzeln können nun ebenfalls wieder aus dem Freien genommen werden, wenn die Kellervorräthe aufhören. Spinat und Peter= ſilie beginnen zu treiben oder haben noch alte Blätter, ebenſo Körbel, Schnitt= lauch und Sauerampfer. Keller und Gruben liefern Kohlrabi, Blumen= kohl, Broccoli, Sellerie, Wurzeln aller Art, die Vorrathskammer Zwiebeln und Körbelrübchen, welch letztere jetzt am beſten ſchmecken. Die abge= ſchnittenen Kohlſtengel liefern Sproſſenkohl, ein ſehr wohlſchmeckendes Ge= müſe, ebenſo die durchwinterten Waſſer= oder Herbſtrüben (Rübſtiel). Sa= lat liefern Rabinschen und mit Erde bedeckte Cichorienwurzel. Aus den Miſtbeeten hat man Spargel, Meerkohl, Hopfen, Gurken, Bohnen, Erbſen, Carotten, Suppenkräuter, Radies, kleine Kohlrabi ꝛc. Das Treibhaus liefert Bohnen, Gurken, Erdbeeren und Champignons, das Obſtmagazin noch vorzügliche Aepfel und mehrere Birnen.

April.

Dieſer Monat bringt unter allen die meiſten Gartenarbeiten in allen Zweigen, und es iſt um ſo nöthiger, jeden günſtigen Augenblick zu be= nutzen, da das Wetter leider nur zu oft Hinderniſſe in den Weg legt. In nicht zu warmen Lagen laſſen ſich, mit Ausnahme des Abſchneidens ſtarker Baumäſte und der Miſtbeetarbeiten, noch alle ſeit Januar angegebenen Arbeiten verrichten, es iſt aber nicht gut, die frühere Zeit unbenutzt ver= ſtreichen zu laſſen, wie es in Privatgärten oft genug geſchieht, deren Be= ſitzer vor dem April ſelten an Gartenarbeiten denken. Sollte man auch noch nicht geſäet und gepflanzt haben, was ganz von dem Bedürfniß früher Erzeugniſſe abhängt, ſo müſſen doch die Erdarbeiten größtentheils fertig ſein, damit Samen und Pflanzen nicht aufgehalten werden. In rauhen Gegenden fallen die meiſten für März angegebenen Arbeiten erſt in den April, in beſonders günſtigen aber die Aprilarbeiten in den März.

Gemüſegarten.

Man ſäet noch Erbſen aller Art, beſonders auch Zuckererbſen und die ſpätern Markerbſen. In den meiſten Gegenden wird die große Aus= ſaat davon erſt im April gemacht, und es holen die jetzt geſäeten die frü= hern oft noch ein. Ferner ſäet man Spargelerbſen, Puffbohnen, Spinat und sämmtliche schon im März angegebene Gemüse, besonders auch Salat und Kohlarten aller Art zur großen Pflanzung im Juni. Der Boden muß hierzu sehr nahrhaft, locker und fein bearbeitet sein, damit die Pflänzchen schnell wachsen, was am besten gegen die Erdflöhe schützt. Dazu kommen noch Majoran (am besten in das kalte Mistbeet), Rettig, Radieschen, neuseeländischer Spinat, Portulak, Dill, Fenchel, Körbel, Bohnenkraut, Artischocken (wenn man sie aus Samen ziehen will, was jedoch nicht zu empfehlen ist), Carbonen (sogleich an den bestimmten Platz oder erst in Mistbeete, Gem. II, 214), rothe Salatrüben, Sommerendivien, Schnittkohl und Schnittsalat, Rübstiel und in den letzten Tagen, wenn das Wetter warm ist, an einem geschützten Ort die ersten Buschbohnen. Wenn rauhe Witterung bisher das völlige Aufdecken der Artischocken verhinderte, so muß es nun geschehen. Darauf werden die Länder gedüngt, gegraben und können mit Frühgemüsen als Zwischenpflanzung besetzt werden oder zur Anzucht von Pflanzen dienen. Will man neue Artischockenbeete anlegen, was jedes Jahr rathsam ist, so werden die Nebentriebe von den alten Pflanzen abgeschnitten (Gem. II, 211) und gepflanzt. Diese jungen Pflanzen müssen bei Sonnenschein und trockner Luft so lange mit Blumentöpfen oder auf eine andere Weise beschattet werden, bis sie angewurzelt sind. Vom Spargel wird ebenfalls die Bedeckung entfernt und das Land gegraben oder mit der Gabel oder Zinkenhacke gelockert. Junge Pflanzungen werden mit fetter Composterde aufgefüllt. Bis Mitte des Monats werden die angekeimten Frühkartoffeln (Gem. II, 181) ausgepflanzt, während sie im gewöhnlichen Zustand schon im März, spätestens Anfang April gelegt werden. Jetzt ist auch die beste Zeit, neue Spargelbeete anzulegen, nachdem die Beete dazu bereits bis zum Pflanzen fertig sind. Die Zeit läßt sich nicht genau bestimmen, da der Spargel früher oder später treibt (Gem. II, 199). Sollten Meerrettig und Steckzwiebeln aller Art noch nicht gepflanzt sein, so muß es nun geschehen. Wenn die frühen Kohlarten und Frühsalat nicht schon früher gepflanzt wurden, so ist jetzt die höchste Zeit dazu. Gegen Ende des Monats kann man schon Sellerie und Lauch pflanzen, wenn die Pflanzen stark genug sind. Will man sehr große Kürbisse ziehen, so macht man an passender Stelle eine Art Mistbeet und setzt einen Kasten mit Fenstern darüber, welcher Ende Mai ganz weggenommen wird. Dasselbe kann auch mit Melonen und Bataten (Gem. II, 186) geschehen.

Die überwinterten Gemüse werden behackt, Erdbeeren gehackt und mit fetter Composterde aufgefüllt, bei trockner Witterung während der Blüte reichlich begossen. Die Erbsen- und Puffbohnenbeete werden behackt, bald darauf behäufelt und gestengelt (gestiefelt). Die ausgesäeten Sämereien werden bei trockner Witterung täglich gespritzt, bis sie aufgegangen sind, bei nicht häufigem Regen auch später noch oft. Zeigen sich an den Kohlsaaten Erdflöhe, so muß zur Vertilgung derselben geschritten werden (Gem. I, 179). Wenn der Spargel erscheint, so muß er täglich in den Morgenstunden gestochen werden. Wird Spargel auf freien Beeten getrieben, so wird mit dem Stechen desselben aufgehört, sowie es im Lande Spargel giebt, damit sich die getriebenen Pflanzen erholen. Wo Seekohl kultivirt wird, macht das Bleichen und Abschneiden der Stengel um diese Zeit viele Arbeit. Ebenso bei Rhabarber und unter der Erde getriebener Cichorie. Der überwinterte, schon im Februar oder März gepflanzte Kohl, besonders Blumenkohl, muß bei nicht nasser Witterung reichlich begossen werden. Wer Champignons im Juli und später haben will, mag ein Beet davon im Freien oder unter einem offenen Schuppen (Schauer) anlegen (Gem. II, 235).

Mistbeete und Treiberei.

In die Mistbeete werden nur noch Melonen, allenfalls auf abgeräumte, kalt gewordene Mistbeete nochmals Gurken, Bohnen, Salat, Liebesapfel, Eierpflanze, Basilienkraut, Wassermelonen ꝛc. gepflanzt, um nach Mitte Mai die Fenster ganz wegzunehmen. Dagegen giebt es bei den bestehenden Mistbeeten viel zu thun und zu beobachten, besonders Lüften und Begießen. Bei Melonen lüftet man jedoch nur um die Mittagszeit bis 3 Uhr, bei kalter Luft gar nicht, und begießt nur bei sehr schönem Wetter und mit warmem Wasser. Die zur Pflanzung ins Land bestimmten Melonen, Gurken und Kürbisse müssen, wenn sie 2—4 Blätter haben, in größere (6zöllige) Töpfe gepflanzt werden, damit sie nicht im Wachsthum aufgehalten werden und verkrüppeln. Melonen werden geschnitten und niedergehakt, Gurken niedergehakt und geleitet, Kartoffeln, Bohnen und Erbsen gehäufelt und niedergelegt (Gem. II, 51 und 42). Wo die Blätter an die Fenster stoßen, muß der Kasten gehoben oder, wo dies nicht geht, erhöht werden. Alle Kohlarten, besonders Blumenkohl, werden bei gutem Wetter reichlich begossen und gelüftet. Von Salat,

Radieschen, Erbsen, Kartoffeln, Kohlarten und andern harten Pflanzen nimmt man bei warmer Witterung die Fenster ganz ab. Braucht man diese weiter, so können an ihrer Stelle des Nachts und bei schlechtem Wetter Papier- oder Leinwandfenster aufgelegt werden.

Im Treibhaus und in den geheizten Kästen werden die darin befindlichen Pflanzen abgewartet, bis sie keinen Ertrag mehr geben, neue jedoch nicht eingesetzt. Das Heizen kann nun ganz aufhören oder wird nur bei besonders kühler Witterung vorgenommen. Da die Pflanzen in solchen Räumen mehr als in Mistbeeten den Angriffen der Blattläuse ausgesetzt sind, so muß bei gutem Wetter reichlich gelüftet werden. Zeigen sich diese Insekten in Häusern und Kästen, so müssen sie durch Räucherung und, wenn dies nicht angeht, durch Abpinseln entfernt werden. Der Ananaskasten wird noch stets geschlossen gehalten und des Nachts gut bedeckt. Ebenso die Melonen.

Obstgarten und Baumschule.

Es kann in rauhern Lagen noch den ganzen Monat gepflanzt werden, und es muß dies sogar geschehen, wenn Nässe diese Arbeit verhinderte oder die bestellten Bäume lange wegblieben. Aber man möge sich doch beeilen, daß diese Arbeit so bald als möglich geschieht, und dafür sorgen, daß die Bäume schon früher ausgegraben und eingeschlagen worden sind. Wein wird meist erst im April gepflanzt. Hat man noch Bäume auszuputzen und zu schneiden, so muß es bald geschehen, doch ist es bedenklich, stärkere Aeste abzuschneiden. Nur bei Bäumen, welche in Folge eines zu üppigen Wachsthums nicht tragen, könnte spätes Beschneiden von Nutzen sein, namentlich auch bei Weinstöcken, weil der Saftverlust den starken Trieb verhindert. An jungen Bäumen werden die Pfähle frisch angebunden, an Feldbäumen die Dornen und die Schutzvorrichtungen nachgesehen. Will man unfruchtbare kleinere Bäume, welche zu sehr ins Holz wachsen, zur Tragbarkeit nöthigen, so ist es jetzt die beste Zeit, die Zweige im Bogen zu binden, Ringelschnitte zu machen und Drahtringe anzulegen (Baumschn. 48—52). Auch ist es jetzt Zeit, Aber zu lassen und zu schröpfen, um schwache Stämme mit starken Kronen zu stärken und Krankheiten abzuleiten (Obstb. 125 und 126). Wenn die Bäume im vollen Saft stehen, so beginnt man mit dem Umpfropfen alter Bäume, um schlechte Sorten durch bessere zu ersetzen (Obstb. 118), oder um Sorten-

bäume daraus zu bilben (Baumsch., 1. Aufl., 18, 2. Aufl., 28). Dies geschieht durch Pfropfen in die Rinde (Baumsch. 71) und mit dem Gaisfuß
(Baumsch. 74). Frühblühende Bäume werden bei kalten Nächten geschützt,
entweder durch Bedecken oder Rauchfeuer (Obstb. 122 u. 123). Die Feigen
werden vollständig aufgedeckt, beschnitten und angebunden (Baumschn. 137).
Dasselbe geschieht mit den Weinreben, wenn es früher unterblieb; doch ist
ein Beschneiden nur in dem oben erwähnten Falle, wo Saftverlust heilsam
ist, anzuwenden, und man wartet, wenn es vergessen wurde, bis nach
Austrieb der Augen (Obstb. 181).

In der Baumschule giebt es vollauf zu thun. Jede passende Minute
muß zum Veredeln benutzt werden (Baumsch. 66—91), zuletzt durch
Pfropfen unter die Rinde. Wo Handel getrieben wird, giebt es stets
Bäume auszuroden. Es ist hohe Zeit, Wildlinge zu pflanzen und an einem
trüben Tag, jedoch nicht bei trocknem Wind, die angekeimten Obstsamen
auszusäen (Baumsch. 40). Sollte man mit dem Beschneiden und Ausputzen noch nicht fertig sein, so muß es geschehen, bevor die Knospen auf-
brechen. Doch bringt das Abschneiden schwacher Seitenzweige und der
im vorigen Jahre aufs schlafende Auge veredelten Stämmchen einige Zoll
über dem Edelauge keinen Nachtheil. Man löst die Verbände der okulirten Stämme, sowie der vorjährigen Frühjahrsveredlung nun vollständig
ab. Wurde ein Stämmchen mit mehreren Reisern gepfropft, so schneidet
man die schwächern davon auf einen Stumpf ab oder bricht die Augen
davon aus, schneidet es aber erst dann ganz glatt ab, wenn der Stamm
überwachsen ist. Nummer- und Namenhölzer werden nachgesehen, damit
der Draht nicht einschneidet oder das Holz verloren geht. Da dies bei
schwachen Bleibändern nicht der Fall ist, so sind diese vorzuziehen. Die
Obstsaaten werden bei trocknem Wetter genügend gegossen, ältere Saaten
mit schwachem Trieb gedüngt. Auch ältere schwächliche Bäume können jetzt
gedüngt werden. Die keimenden Saaten werden durch aufgelegte Zweige
gegen Vögel und brennende Sonne geschützt. An den zu Formbäumen
bestimmten Stämmchen (Baumsch. 112—129) werden unnütze Augen
ausgebrochen, damit diese nicht zu Zweigen werden.

Erzeugnisse.

Im Freien sind die Wintergemüse bis auf Lauch oder Porree, durch-
winterte Möhren, Schwarz-, Petersilien- und Pastinakwurzeln zu Ende,

denn nur in der Erde halten ſich harter Wirſing und Kraut noch bis zum
April. Die Kohlſtrünke liefern Kohlſproſſen, Herbſtrüben Rübſtiel, unter
Erde gebleichte Cichorien und Löwenzahn Salat. Rabinschen halten ſich
in nicht warmen Lagen ebenfalls noch. Keller und Gruben liefern noch
Wurzelgemüſe, Kohlrabi, in beſonders günſtigem Falle Blumenkohl und
Broccoli (Gem. II, 11). Von jungen Gemüſen giebt es Spinat, Spargel, Meerkohl- und Rhabarberſtengel, in guten Lagen Winterſalat, Sauerampfer, engliſchen Spinat (Rumex Patientia), Peterſilie, Körbel und
Schnittlauch. Die Miſtbeete liefern Radieschen, Erbſen, Bohnen, Gurken, Melonen, Blumenkohl, Kohlrabi, Wirſing, frühes Kraut, Salat,
Kartoffeln, Carotten und Suppenkräuter. Von Obſt giebt es Erdbeeren
aus Treibhäuſern und Miſtbeeten. Das Obſtmagazin hat noch vorzügliche Aepfel und mehrere Birnen. An Champignons fehlt es gewöhnlich nicht.

Mai.

Während im günſtigen Falle im Mai ſchon Manches geerntet werden
kann, giebt es immer noch zu ſäen und zu pflanzen. Doch läßt das Drän-
gen nothwendiger Arbeiten und die außerordentliche Anſtrengung der beiden vorigen Monate ſowol im Gemüſe- als Obſtgarten gegen Mitte des
Monats etwas nach.

Gemüſegarten.

In dieſem Monat wird der ganze noch leere Raum des Küchengartens,
mit Ausnahme der zu ſpäten Kohlarten beſtimmten Plätze, welche noch bis
Mitte Juni leer bleiben können, beſäet und bepflanzt. Wenn das Wetter
warm iſt, ſo werden bis zum 15. alle Gurken und Bohnen gelegt, bei
kühler Witterung ſpäter, bis zum 20. und noch ſpäter, denn bei naßkaltem
Wetter gehen die Samen im Lande verloren. Sollte ſich der Mai kühl
zeigen, ſo iſt es gut, Gurken in Töpfen und Käſten keimen zu laſſen und
nach Mitte Mai, wenn Fröſte nicht mehr zu fürchten ſind, ins Freie zu
pflanzen. Türkiſche Bohnen und ſchwarze Buschbohnen, welche einen leichten Froſt vertragen, können ſchon früher angebaut werden. Ueberhaupt
kann man in leichtem Boden die Bohnen früher legen als in ſchwerem,
ohne Nachtheil befürchten zu müſſen. Das Land wird am beſten erſt
vorher gegraben. Die Stangen werden an den Bohnen vorher geſteckt,

am beſten ſo, daß je vier Stück mit den Spitzen zuſammen gebunden ſind und eine Pyramide bilden. Werden Buſchbohnen und Gurken aus Töpfen gepflanzt (Gem. II, 57 und 130), ſo wartet man damit, bis keine Fröſte mehr zu fürchten ſind. Daſſelbe gilt von den Kürbiſſen, von welchen man in Töpfen große Pflanzen anzieht, und von den Landmelonen, wenn man ſie nicht unter Glocken zieht. Man ſäet noch Spinat, Radieschen, Kör-bel, Lattigſalat, etwas ſpäte Erbſen, um nie Mangel an dieſen Gemüſen zu haben; ferner etwas Kohlrabi, Frühwirſing, Roſenkohl und Krauskohl, um damit die im Juni und Juli leer werdenden Erbſenländer zu bepflan-zen, Rapontika, Endivien, Herbſt- und Winterrettig, Bohnenkraut, Salat-rüben, Lauch, Möhren für den Winter und Schwarzwurzeln (bei zwei-jähriger Kultur). In den erſten 10 Tagen können noch angekeimte Früh-kartoffeln gepflanzt werden, deren Blätter jedoch ſo tief in die Erde kom-men müſſen, daß der Froſt ihnen nichts ſchadet. Man pflanzt Sellerie, Lauch, neuſeeländiſchen Spinat, Majoran, Mangold, Kohlrabi, Wirſing und Kraut in frühen oder mittelfrühen Sorten, als Folge der im März ge-pflanzten, Pflanzzwiebeln, Sommerendivien (Strünke, romaniſchen oder Spargelſalat), Cardonen (von auf den Platz geſäeten, zu dicht ſtehenden Pflanzen), etwas frühe Rapontikawurzel, an warme Stellen nach dem 15. Liebesapfel (Tomate), ſpaniſchen Pfeffer, Baſilikum, Eierpflanzen ꝛc.

Die getriebenen Spargel-, Meerkohl- und Rhabarberbeete werden, ohne ihnen ſämmtliche Blätter zu nehmen, gereinigt und ſo abgeräumt, daß ſie gegraben werden können, vorher gedüngt und ſo zugerichtet, daß man zwiſchen Meerkohl und Rhabarber eine Zwiſchenkultur anbringen kann. Von den im Lande getriebenen Erdbeeren werden ebenfalls die Käſten abgenommen. Man ſchneidet die ſchlechten Blätter und trocknen Stengel ab, lockert den Boden mit einer Zinkenhacke auf und füllt fette Compoſterde auf. Auf dieſe Art behandelt tragen manche Sorten im Herbſt noch einmal. Die ſpätern Erbſen und Puffbohnen und Frühkartoffeln werden behackt, mit Reiſern verſehen und gehäufelt. Alle in Reihen ge-ſäeten und ſeit Frühjahr gepflanzten Beete ſind zu behacken, die engſtehenden Saaten mit der kleinen Schwanenhalshacke (Gem. I, 38). Der Spargel muß täglich früh oder Abends geſtochen werden, bei ſehr warmem Wetter ſogar täglich zweimal, wenn man nur weißen Spargel ohne farbige Köpfe haben will (Gem. II, 202). An den früheſten Erbſen und Puffbohnen bricht man die oberſten Spitzen aus, um das Fortwachſen zu verhindern und

dadurch die Früchte früher zur Reife zu bringen und zu vergrößern. Bei
trockner Witterung müſſen die keimenden Saaten jeden Tag beſpritzt, gepflanzte Beete, ältere Saaten, Erdbeeren ꝛc. wöchentlich einigemal ſtark begoſſen werden. Champignons wie im April anzulegen. (Gem. II, 235.)

Miſtbeete und Treiberei.

Neue Miſtbeete werden kaum noch zu Melonen und Angurien (Arbuſen, Waſſermelonen) angelegt, meiſt mit wenig Miſt oder zur Kultur
unter Glocken (Gem. II, 136), die jedoch in Deutſchland ſelten angewendet wird. Dagegen giebt es in den vorhandenen Miſtbeeten ſehr viel zu
thun. Bei trockner, ſonniger Witterung muß viel begoſſen werden, jedoch
bei Melonen immer noch in den Morgenſtunden ſonniger Tage. Das Lüften der Fenſter iſt bei Gemüſen, welche wenig Wärme bedürfen, als Carotten, Salat, Radieschen, Erbſen, Kartoffeln ꝛc., ſogar des Nachts nöthig,
wenn das Wetter warm iſt. Dagegen bekommen Gurken und Bohnen bei
warmer Witterung zwar reichlich, bei kühler aber ſehr wenig Luft, Melonen
ſtets erſt früh nach 9 Uhr bis Nachmittags 4 Uhr. Von den oben genannten keine große Wärme vertragenden Gemüſen werden die Fenſter, wenn
man ſie anderwärts verwenden kann, ganz abgelegt, außerdem wenigſtens
bei Tage. Dies muß ſelbſt bei Gurken und Bohnen geſchehen, wenn erſtere
nicht mehr Platz haben und letztere an die Fenſter anſtoßen und der Kaſten
nicht gehoben werden kann. Hat man Kürbispflanzen in einem Miſtbeet-
kaſten gezogen, um recht große Früchte zu bekommen, ſo nimmt man
nach den letzten Fröſten dieſe Käſten ganz weg. Ebenſo von Freiland-
Melonen, die auf gleiche Weiſe früher angezogen wurden. Das Reinigen,
Hacken und Lockern der Beete, Beſchneiden der Melonen, Ordnen der
Ranken, der Gurken ꝛc. erfordert zwar nie lange, aber faſt tägliche Arbeit.
Unter größere Melonen legt man Schieferſtücke, Bretchen, Dachziegel oder
dergleichen, damit ſie nicht faulen und auch unten Farbe bekommen. Daſſelbe
kann bei ſehr feuchter Witterung auch mit den ſchönſten Samengurken geſchehen, während man die grünen blos auf Ranken legt oder aufwärts
ſtellt.

Obſtgarten und Baumſchule.

Bei feuchtem Wetter können, wenn es nicht früher geſchah und die
Bodenbenutzung unter den Bäumen es zuläßt, alte Bäume von Moos und
alter Rinde gereinigt werden. Außer dem Umpfropfen alter Bäume in die

Rinde und mit dem Gaisfuß, welches noch bis Mitte des Monats geſchehen kann, giebt es im großen Baumgarten kaum etwas zu thun, es ſei denn, daß dem Ungeziefer nachgeſtellt werden müßte. Dagegen giebt es an den Spalieren und jungen Formbäumen ſchlecht ſtehende und überflüſſige treibende Augen und Triebe abzudrücken, die übermäßig voll hängenden Früchte der Aprikoſen nach dem Steinen zu verdünnen, Stachelbeeren auszupflücken, um ſie zu Compot zu benutzen, einzelne ſtark wachſende Zweige anzubinden, andere einzuſpitzen, die Blattläuſe durch Spritzen mit ſcharfen Stoffen zu vertreiben, bei Trockenheit die friſch gepflanzten Bäume zu begießen. Sind die Pfirſiche und Aprikoſen mit Früchten überladen, ſo kann man ganze Fruchtzweige mit Früchten, welche man beim Beſchneiden aus Vorſicht ſtehen ließ, jetzt auf 1 — 2 Augen zurückſchneiden, um die Fruchtbarkeit zu beſchränken und dem Baum Erſatzzweige zu verſchaffen. Nach der Blüte beſpritze man die Spaliere an ſchönen Tagen ſtark mit hellem Waſſer. Auch müſſen jetzt die an den Mauern hängenden, mit abgefallenen Blüten bedeckten Spinnweben entfernt werden. Tritt während der Blütezeit Froſt ein, ſo ſollte man die ſtark getriebenen Weinſtöcke und blühenden, ſowie ſchon mit Früchten beſetzten Spaliere mit Tüchern, Matten u. dergl. verhängen, beſonders werthvolle Zwergbäume, welche in voller Blüte ſtehen, bedecken und, wo viele blühende Bäume beiſammenſtehen, durch Rauchfeuer den Froſt abhalten, wodurch ſchon mancher Obſtgarten gerettet worden iſt.

In der Baumſchule kann in rauhern Lagen noch gezweigt und mit Holzausſchnitt okulirt werden. Die Saatbeete ſind zu begießen. Wenn die Obſtſaaten gegen Ende des Monats 3 — 5 Blätter haben, ſo ſollten ſie nach dem neuen guten Verfahren (Baumſchule, erſte und zweite Auflage §. 41) auf Zuchtbeete verpflanzt werden, nachdem man ihnen die Pfahlwurzel beſchnitten. Unkraut auszujäten, zu behacken, wilde Triebe an den veredelten Stämmchen und falſch ſtehende und überzählige an den Zwergbäumen abzudrücken, ſowie noch andere kleine Arbeiten nehmen die Zeit in Anſpruch. Saaten von Beerenfrüchten können zu Anfang des Monats ins Freie gemacht werden, doch iſt es beſſer, ſchon im März und April in ein Miſtbeet zu ſäen und die jungen Pflänzchen nach den Maifröſten zu pikiren. Iſt die Witterung ungewöhnlich trocken, ſo iſt es zweckmäßig, die im Frühjahr veredelten Bäumchen zu begießen, was bei den zugleich veredelten und friſch gepflanzten zur größten Nothwendigkeit wird.

Erzeugnisse.

Von alten Gemüsen giebt es nur noch verschiedene Wurzelarten und Lauch, die man sorgfältig für diese Zeit des Gemüsemangels aufheben und behandeln muß, indem man sie vom Auswachsen abhält, was durch Herausnehmen und neues Einschlagen am besten erreicht wird. Im Freien geben Spargel und Spinat vollauf, in günstigen Lagen giebt es Wintersalat, gegen Ende des Monats Erbsen, Puffbohnen, früh gepflanzten Lattigsalat (besonders Steinkopf), Radieschen, Mairüben, Suppenkräuter verschiedener Art, Schnittkohl, Rübstiel und in sehr begünstigten Gegenden Yorker- und anderes Frühkraut, Blumenkohl, frühes Rothkraut, sowie Carotten, sämmtlich im Herbst gesäet und durchwintert, sowie Artischocken. Die Mistbeete liefern vollauf Bohnen, Gurken, Kartoffeln, Melonen, Salat, Radieschen, Blumenkohl, Kohlrabi, Wirsing und andere Kohlarten, Endivien, weiße Zwiebeln und alle getriebenen Gemüse reichlich. Das Treibhaus kann, wenn es noch benutzt wird, Erdbeeren, Bohnen und Gurken liefern. Von Früchten giebt es bis Ende des Monats einige der frühesten Erdbeeren, besonders Monats-, Scharlach- und Cremont-erdbeeren. Der kühle Obstkeller liefert noch mehrere Arten Aepfel und Birnen, die kühle Kammer noch einige zurückgehaltene trockne Zwiebeln. In sehr warmen Lagen giebt es einige reife Kirschen, die jedoch zu den großen Seltenheiten gehören. Von Samen erntet man schon reifen Rabinschensamen.

Juni.

Gemüsegarten.

In diesem Monat darf in einem gut besorgten Garten nicht ein Fuß breit Boden einen Tag lang leer gesehen werden. Deshalb sind auch die abgeräumten Beete sogleich wieder zu bepflanzen und zu besäen. Bis Mitte des Monats müssen alle Kohlarten, welche den Hauptbedarf für den Herbst und Winter decken sollen, gepflanzt, obschon einige noch im Juli nachgepflanzt werden. Unbedingt müssen gepflanzt werden Herbst-blumenkohl, alle Kraut- oder Kopfkohlarten, die großen späten Wirsing-arten und hoher Rosenkohl. Man pflanzt ferner noch Lauch, Sellerie, wovon man nur starke Pflanzen benutzt, späten Lattigsalat, besonders asiatischen, Perpignaner Dauerkopf und Vollblutforellen, romanischen oder Bindsalat (Sommerendivien), Majoran, rothe Salatrüben. Sowie ein

Beet leer wird, worauf Erbsen, Spinat, Rabinschen und andere Früh=
gemüse gestanden haben, bepflanzt man es mit mittelfrühen Wirsing=, frühen
Krautsorten, Krauskohl, Rosenkohl, Kohlrabi, Herbstblumenkohl, Lauch,
Salat, Rapontika, Salatrüben, Winterendivien, oder besäet es mit Spi=
nat, Rettig, Körbel, Kresse und zur Pflanzenerziehung mit Endivien,
Salat, Krauskohl, Kohlrabi 2c., um diese im Juli und August zu pflanzen.
Diese Beete müssen in den meisten Fällen frisch gedüngt werden, oder man
wendet zum Guß flüssigen Dünger an. Noch kann man Buschbohnen für
die spätere Jahreszeit, selbst zu Anfang des Monats noch Stangenbohnen
und Gurken säen, falls diese durch schlechte Witterung im Mai verdorben
sein sollten. Auf leichtem Boden kann man alle Beete vor oder nach dem
Pflanzen mit kurzem Mist bedecken, um sie gegen das Austrocknen zu
schützen. (Gem. I, 155.) Das Jäten, Hacken der Frühjahrspflanzungen
und Saaten, der Bohnen, Gurken, das Ranken der Erdbeeren, Binden
des Sommerendiviens 2c. macht viel Arbeit. Diese wird noch verstärkt,
wenn große Hitze und Trockenheit eintritt, indem dann oft und stark ge=
gossen und den Verwüstungen der Erdflöhe Einhalt gethan werden muß.
Die Erdbeerbeete mit großfrüchtigen Sorten müssen mit Stroh oder noch
besser Häcksel (Häckerling) bedeckt werden, um das Aufbinden und Be=
schmutzen zu vermeiden und die Schnecken abzuhalten. Zu letzterem Zweck
empfiehlt sich noch mehr Gerstenspreu oder Flachsschäben (Brechanchen).
Von den Erdbeerbeeten werden die Ranken entfernt, wenn man diese nicht
zur Vermehrung nöthig hat, in welchem Falle man auf eine reichliche Frucht=
ernte verzichten muß. Spargel sticht man nur bis zum 20. oder Johanni
und läßt dann die Stengel frei wachsen. Sie sind dann den Angriffen
der Spargelkäfer sehr ausgesetzt, die noch mehr Schaden an den Saaten
und neu angelegten Beeten anrichten und früh während der Kühlung ab=
gesucht werden müssen. Zuweilen zeigen sich am Frühgemüse schon Kohl=
raupen, welchen nachgestellt werden muß. Da der Juni das üppigste
Wachsthum zeigt, so wirkt bei feuchtem Wetter oder beim Begießen die
Anwendung einer flüssigen Düngung besonders günstig. Ferner müssen
spätere Erbsen gestengelt, Bohnenranken, Samengemüse, welche einer
Stütze bedürfen, angebunden werden. Die Beete mit Spinat, Erb=
sen und andern Gemüsen mit reifendem Samen werden gegen die Vögel ge=
schützt. Auf den Gurkenbeeten werden die Ranken gleichmäßig vertheilt
oder (wo man sie an Spalieren zieht) in die Höhe gebunden; ebenso Kür=

bisse und Melonen, welch letztere noch besonders geschnitten werden. Schnei=
det man um diese Zeit an Erdbeeren, besonders Monatserdbeeren, die
Blüten und Stengel ab, so bringen sie später im August eine vollere
Ernte. Die reifenden großfrüchtigen Erdbeeren werden, wenn nöthig,
aufgebunden. Vom Sauerampfer, Pimpinelle, Estragon 2c. werden die
Blütenstengel abgeschnitten, damit sie frische Blätter nachtreiben. Die
abgestorbenen Körbelrübchen sind auszugraben und gegen Mäuse geschützt
an einem kühlen Orte aufzubewahren. Champignonbeete im Freien kön=
nen angelegt werden (Gem. II, 235), wie im April und Mai, und diese
liefern im September.

Mistbeete und Treiberei.

In den Mistbeeten sind blos noch Melonen, Angurien und Gurken,
welche stark begossen und bei warmem Wetter täglich mit der Brause über=
spritzt werden. Von den Angurien (Wassermelonen) läßt man die Ranken,
so lange es ohne Nachtheil geschehen kann, unter den Fenstern; stoßen sie
aber überall an, so hebt man den Kasten so, daß sie darunter durchwachsen
können. Dasselbe geschieht auch mit den Gurken in rauhern Lagen und
bei sehr kühlem Wetter, während man bei warmer Witterung die Fenster
ganz beseitigt und die Ranken über den Kasten laufen läßt, indem man
Stangen darüber legt und so eine Art liegendes Spalier, oder indem man
von Stangen ein wirklich stehendes Spalier bildet, an welches die Gurken
angebunden werden. Die Melonen schneidet man rechtzeitig (Gem. III,
108), läßt dagegen die Wassermelonen frei wachsen.

Obstgarten und Baumschule.

An den Hochstämmen des Baumgartens stellt man den Raupen nach,
schüttelt Maikäfer und Rüsselkäfer ab, beseitigt Räuber und Ausläufer,
pflückt Kirschen und hält die Vögel davon ab. Die umgepfropften, sowie
die abgeworfenen alten Bäume (Obstbau 115 und 118) und die frisch ge=
pflanzten jüngern Bäume verlangen Aufmerksamkeit. An erstern besei=
tigt man die Wasserreiser, sobald die Edeltriebe stark wachsen, an den Edel=
trieben werden die zu schwachen, welche nicht Aeste bilden sollen, entspitzt,
die stark wachsenden bindet man an, weil sie abbrechen können. Meist ist
es auch nöthig, den Verband zu lüften, damit er nicht einschneidet. An
den abgeworfenen alten Bäumen werden die Wasserreiser entfernt und die

zu dicht ſtehenden jungen Triebe zu Gunſten der bleibenden ausgeſchnitten,
ſo lange ſie noch weichholzig ſind. Bei jungen Bäumen beſchränkt ſich die
Arbeit auf das Entfernen der etwa erſcheinenden Räuber. Beſondere Auf=
merkſamkeit verlangen die Sortenbäume, ſelbſt ältere, damit kein Aſt mit
einer Sorte zum Nachtheil des andern ſich zu ſehr ausbreitet. Sehr viele
Arbeit verurſachen die Spalier= und Zwergbäume. Man fährt fort, über=
flüſſige Triebe auszubrechen, entſpitzt Zweige und den Trieb der Wein=
reben drei Blätter über dem Scheine (Traubenanſatz), bevor die Blüte
eintritt, bindet an allen Spalieren die nun faſt ausgewachſenen Sommer=
triebe ſo an, daß die ſtarken ſtark niedergezogen, die ſchwachen locker nach
oben gebunden werden, um bei erſtern den Trieb zu mäßigen, bei letztern
zu begünſtigen, was jedoch keine allgemeine Regel iſt, indem man zur Aus=
füllung einer Lücke oder zur raſchen Bildung eines Baumes auch ſtark wach=
ſende Zweige begünſtigen muß. Die zu dicht ſtehenden Früchte werden
ausgepflückt, beſonders auch an Stachelbeeren, um ſie zu Compot zu be=
nutzen, ehe ſie Kerne haben, und ſelbſtverſtändlich alle Pfirſiche und Apri=
koſen. Die friſch gepflanzten Bäume müſſen bei Trockenheit einigemal
ſtark gegoſſen werden, ältere, denen es an Nahrung fehlt, gießt man mit
Düngerwaſſer. Bei Trockenheit und Hitze thut ein Ueberſpritzen ſehr gute
Dienſte, befördert das Anſchwellen der Früchte und wirkt auch gegen In=
ſekten. Gegen Ende des Monats kann mit dem Sommerſchnitt an den
Formbäumen begonnen werden. Will man auf alte Kirſchenbäume andere,
beſſere Sorten bringen, ſo geſchieht es am beſten im Juni durch Okuliren
aufs treibende Auge. Man bindet die jungen Triebe der Himbeeren an,
giebt den Stöcken eine flüſſige Düngung, entfernt an Stachel= und Johan=
nisbeeren die Ausläufer, welche man nicht zur Vermehrung braucht, und
die Stammtriebe an den Stammſträuchern.

In der Baumſchule werden die Saat=, Ablege=, Stecklings= und
Pikirbeete, ſowie friſch gepflanzte Bäume gegoſſen, junge Sämlinge ver=
ſtopft (wie im Mai angegeben), die Beete rein gehalten und gelockert.
Alle gezweigten Stämmchen werden nachgeſehen, ob der Verband einſchnei=
det, und in dieſem Falle gelockert oder durchſchnitten. Edeltriebe, welche ſich
nicht allein halten, bekommen einen Stab, die von okulirten Stämmchen
werden an den bleibenden Zapfen angebunden, ebenſo die Triebe der mit
Zapfen zurückgeſchnittenen mehrjährigen Stämme. An den Edeltrieben
und noch kronenloſen Stämmen entſpitzt man die zu ſtark werdenden Sei=

tentriebe zu Gunsten des Haupttriebes, entfernt die wilden Triebe am
Stamme und aus den Wurzeln. Man könnte aufs treibende Auge okuli=
ren, thut es aber selten, weil diese Triebe im Winter meist sehr leiden.
Doch würden die bessern Gegenden mit gelinden Wintern hierin eine Aus=
nahme machen. Das zweite Behacken wird angefangen, und wenn sich
Engerlinge zeigen, so ist beständig Jagd auf sie zu machen, was am besten
durch dazwischen gepflanzten Salat gelingt. (Baumsch. 142.)

Erzeugnisse.

Der Juni liefert fast alle Gemüse als: Erbsen und Puffbohnen in
Fülle, die ersten Buschbohnen, alle frühen Kohlarten, besonders Blumen=
kohl, Frühkraut, Wirsing und Kohlrabi, Möhren, Salat, Strünke (Sommerendivien), Mairüben, Radieschen, Sommerrettig, Johannislauch (großer Hollauch) und Winterzwiebel, frühe weiße Steckzwiebeln, noch Spargel, Frühkartoffeln, Artischocken, Bleichsellerie, einige Gurken, Spinat,
Melden, Suppen= und Würzkräuter aller Art; Champignons aus dem
Treibhaus. Von Früchten giebt es .Erdbeeren in Menge, in guten
Lagen frühe Stachelbeeren und weiße Johannisbeeren, gelbe Himbeeren, Kirschen in Menge, besonders Süßweichseln, in vorzüglichen Lagen
einige Frühbirnen und früheste Aprikosen. Die Mistbeete liefern Melonen, Gurken, noch Blumenkohl und Bohnen in Menge. Der kühle Obstkeller hegt noch verschiedene Aepfel, besonders mehrere Reinetten und harte
Wirthschaftsäpfel, selten noch einige Birnen. Champignons sind, wenn
Beete davon im April angelegt wurden, ebenfalls zu erwarten.

Juli.
Gemüsegarten.

Dieser Monat ist fast nur eine Fortsetzung des vorigen, denn dieselben Arbeiten, dieselben Saaten und Pflanzungen werden fortgesetzt. Besonders pflanzt man noch Endivien, Kohlrabi, niedrigen Krauskohl, Früh-
wirsing, Rapontika und Salat. Gegen Ende des Monats säet man
Spinat, Radieschen und Herbstrüben, besonders märkische oder Teltower.
In frischen feuchten Lagen kann man noch Erbsen, in geschützten Buschbohnen säen. Carotten, jetzt gesäet, werden zart für den Winter. Schwarzwurzeln können auf abgeräumte, im Frühjahr gedüngte Frühkohlbeete gesäet werden. Salat kann noch einmal für den Herbst gesäet werden. Be-

gießen, Behacken, Häufeln u. s. w. wie im Juni, das Begießen meist aber
stärker, besonders bei Gurken, Kürbis, Sellerie und Spinat. Baut man
Bleichsellerie, so beginnt man denselben zu binden und mit Erde zu umgeben, oder setzt Röhren darüber (Gem. II, 165). Vom Portulak und
neuseeländer Spinat schneidet man zum Gebrauch stets die Spitzen ab.
Die Erdbeeren müssen fleißig gerankt werden. Will man Erdbeeren aus
Samen ziehen, so säet man die überreifen zerquetschten Beeren sofort in
Composterde und hält die Saat sehr feucht. Die Samengemüse sind anzubinden, von Ungeziefer zu befreien und einige Samen schon zu sammeln, auch säen viele Samengärtner jetzt ihre Kohlrabi, Herbst- und Mairüben, Herbst- und Winterrettig, sowie frühe Kohlarten zu Samen für das
folgende Jahr. Unter die Melonen und großen Kürbisfrüchte werden
Schiefer, Bretchen u. dgl. gelegt. Spargel, Monatserdbeeren und alle
viel Nahrung verlangenden Gemüse werden flüssig gedüngt. Perlzwiebeln, Chalotten, Kartoffelzwiebeln können aus der Erde genommen werden, ebenso Kohlrüben, wenn es noch nicht geschehen.

Mistbeete und Treiberei.

In Mistbeeten und Treibkästen werden nur Melonen, Wassermelonen und Ananas beachtet und gepflegt. Erstere werden wie im vorigen
Monat behandelt. Die Ananas, welche schon zu reifen beginnen, werden
sehr warm gehalten, bei starker Sonne beschattet und täglich stark über-
schützt, was Nachmittags nach Schließung der Fenster geschieht, jedoch erst
nachdem die Sonne nicht mehr verbrennen kann.

Obstgarten und Baumschule.

Außer dem Abnehmen der Früchte, Beseitigen der Raupen und etwa
nothwendigem Stützen der Aeste giebt es an den Hochstämmen kaum etwas
zu thun. Zum Schutz der Früchte kann man unter den Kronen der
Kirschbäume und Frühbirnen rc. in möglichster Höhe den Stamm mit
nach unten gekehrten Dornen umbinden. Die Formbäume erfordern
dieselbe Sorgfalt wie im Juni, und es wird nun an allen der Sommer-
schnitt und das Entspitzen der Triebe, wo es nöthig ist, vorgenommen.
Sehr dienlich ist es, die bessern Bäume bei Trockenheit zu gießen und zu
bespritzen. An spät reifenden Fruchtbäumen werden noch jetzt die Früchte
verdünnt.

In der Baumschule bildet das Okuliren aufs schlafende Auge die Hauptarbeit. Man bereitet die Stämme dadurch vor, daß man einige der stärkern Zweige acht Tage vorher zurückschneidet, was jedoch nur bei buschigen Wildlingen nöthig ist. Uebrigens beeile man sich mit dem Okuliren anfangs nicht, weil sonst bei warmer, feuchter Witterung noch viele Augen austreiben könnten. Haben die Wildlinge keinen Saft, so ist es, wenn Regen nicht abgewartet werden kann, nöthig, einige Tage vor dem Verebeln dieselben stark zu gießen. Das zweite Behacken wird vorgenommen. Die Samen-, Pikir-, Ableger- und Stecklingsbeete, sowie die veredelten Bäume verlangen die im vorigen Monat angegebene Sorgfalt. Man säet Kirschen, wilde sogleich mit dem Fleisch. Die Formbäume der Baumschule werden angebunden und im Schnitt gehalten. Gegen Ende des Monats kann man schon die zu Anfang okulirten Stämmchen lüften, d. h. den Verband lockern, und die mißlungenen nachveredeln.

Erzeugnisse.

Alle Gemüse sind reichlich vorhanden, wenn die Sommerwärme nicht in ungewöhnliche Hitze und Dürrung ausartet. In diesem Falle fehlt es an Blumenkohl (der überhaupt im Juli selten ist), an Kopfsalat, Endivien, wol auch an Gurken und Bohnen, welche sonst in vollster Tragbarkeit sind. Spinat und Körbel müssen durch starkes Gießen erhalten und, da sie schnell in Samen schießen, vom Mai an alle 14 Tage gesäet werden, wenn sie nie fehlen sollen. Doch wird der fehlende Spinat durch den neuseeländer Spinat mehr als ersetzt. Von Anfang des Monats an hat man das früheste, im Frühjahr gepflanzte Weißkraut, von Mitte an Rothkraut. An Obst giebt es Stachel-, Johannis-, Himbeeren, in kühlern Lagen noch Erdbeeren, Kirschen in Menge, sowie mehrere Birnen, Aprikosen und an begünstigten Orten zu Ende des Monats die ersten Pfirsiche. In guten Lagen hat man im freien Lande zu Ende des Monats die ersten Melonen, welche das Mistbeet in größter Güte liefert. Der kühle Obstkeller hat noch einige Aepfel, darunter selbst vorzügliche Sorten. Bei guter Behandlung giebt es schon Ananas.

August.

Da fast nur die Arbeiten vom Juli fortgesetzt werden und wenig gepflanzt wird, so ist der August nebst dem September einigermaßen ein Ruhemonat.

Gemüsegarten.

Die Arbeiten, Saaten und Pflanzungen vom Juli sind in der ersten Hälfte fortzusetzen oder nachzuholen. Dazu kommen bis Ende des Monats Spinat, für den Winter und das Frühjahr, Winterzwiebeln, in den letzten Tagen Wintersalat, Blumenkohl, frühes Weißkraut (Yorker-, Zuckerhut-, Johanniskraut) und Rothkraut zum Ueberwintern in Kästen und unter Glocken, wol auch ganz im Freien. Man pflanzt Johannislauch für das folgende Jahr, legt Perlzwiebeln; doch hat es mit beiden Zeit bis September, mit Perlzwieben sogar bis Oktober. Neue Erdbeerbeete und Einfassungen durch Ausläufer oder Zertheilen der Stöcke sind anzulegen, dafür alte wegzuwerfen, was noch besser schon im Juli geschieht, um das Land noch bepflanzen zu können. Man kann jetzt Einfassungspflanzen, welche zu alt geworden sind, umlegen, um diese Arbeit im Frühjahr zu ersparen. Von den Artischocken schneidet man die abgetragenen Stengel ab. Die größten Cardonen werden gebunden und zum Bleichen mit Pferdemist umgeben oder mit Erde zugefüllt. Endivien müssen an trocknen Tagen gebunden werden, sowie sie voll genug sind. Die Zwiebeln sind abzuernten und trocken aufzubewahren, sobald sie abgestorben sind, worauf die Beete noch benutzt werden können. Wo die Kultur der Brunnenkresse betrieben wird, reinigt man bei trocknem Wetter die Gräben, düngt und legt frische Kresse an (Gem. II, 86). Eine der wichtigsten Arbeiten ist das fast täglich zu wiederholende Sammeln der Gemüsesamen, als Salat, Möhren und andere Wurzelarten, Kohlarten u. Da sich um diese Zeit die Raupen gern einstellen, so sind die Kohl- und Krautbeete zu beobachten und abzuraupen. Auch wollige Blattläuse oder sogenannte Nässen stellen sich zuweilen ein, und es ist das Abbürsten und Vertilgen nur in kleinen Gärten möglich. Die großen Samengurken, Kürbisse und Melonen werden vorsichtig gewendet, damit sie sich von allen Seiten gleich gut ausbilden. Gegossen muß sehr reichlich werden, besonders Blumenkohl täglich.

Mistbeete und Treiberei.

Die Melonen, Angurien und Ananas werden abgewartet, alte Melonenbeete sind abzuräumen, und man kann sie benutzen, um Buschbohnen hineinzusäen und Lattigsalat zu pflanzen, damit von beiden im Herbst noch zu haben ist. Die reifenden Ananas werden rechtzeitig abgeschnit-

ten und bis zum Verbrauch kühl aufbewahrt oder verschickt und verkauft.
Sowie die Mehrzahl der Früchte reif ist, wird nur noch mäßig gegossen.
Wassermelonen, welche jetzt reifen, werden vorher drei Blätter über der
Frucht abgeschnitten. Champignonbeete können im Keller oder Treib-
raume angelegt werden.

Obstgarten und Baumschule.

Außer dem Abnehmen von Obst, dem Ueberwachen und Anbinden
der Spalierbäume, Stützen der mit Früchten übervoll beladenen Aeste mit
beästeten Stangen und durch Strohseile oder Stricke (Obstb. 124),
Auspflücken zu dicht stehender Früchte, Wegfangen der Wespen und Hor-
nissen (in Flaschen mit Zuckerwasser), dem vorsichtigen Entfernen einiger
Blätter von den reifenden Trauben und Pfirsichen, dem Begießen und
Düngen bedürftiger Bäume u. s. w. kann man schon für den Herbst vor-
arbeiten, indem man, sobald das Gras, Gemüse u. s. w. unter den Bäumen nicht dadurch beschädigt wird, anfängt die Bäume, namentlich er-
schöpfte, auszuputzen und trockne Aeste zu beseitigen.

In der Baumschule wird noch okulirt, so lange die Wildlinge saftig
sind, wenn sich auch die Augen nicht lösen, indem man diese mit Holz ein-
setzt (Baumsch. 83). Die zuerst okulirten Bäumchen werden locker gebunden und, wo die Augen verdorben sind, nachveredelt. Sollten im Frühjahr gezweigte oder okulirte (angeplasterte) Stämme noch den festen Verband haben, so ist es jetzt höchste Zeit, denselben zu entfernen. Das Anbinden und Begünstigen der Triebe, Schneiden, Entspitzen u. s. w. wird
wie im Juli beobachtet. Die Steine von Pfirsichen, Aprikosen und Kirschen werden gesäet oder in feuchtem Sand aufbewahrt.

Erzeugnisse.

An Gemüsen haben wir dieselben Erzeugnisse wie im Juli, jedoch
Blumenkohl nur in seltenen Fällen, wenig Lattigsalat in guten Köpfen,
wenig Artischocken (nur von jungen Pflanzen) und meist keinen Garten-
spinat; dagegen Bohnen und Gurken in Fülle, Landmelonen, Angurien,
Endivien, Bleichsellerie, Liebesapfel (Tomate), Eierpflanze, Portulak,
neuseeländer Spinat. An Früchten: Monatserdbeeren, viel Birnen,
mehrere Aepfel, noch Sauerkirschen, Stachel-, Johannis- und Brombeeren, frühe Pflaumen aller Art, Ananas, frühe Weintrauben, besonders

Frühleipziger und Jakobstraube. Wenn die Kultur gelang, so hat man von den im April und Mai im Freien angelegten Champignonbeeten reichlich von diesen köstlichen Schwämmen zu erwarten. Auch finden sich deren oft von selbst in und an Mistbeeten, auf Erdhaufen u. s. w.

September.

Gemüsegarten.

Hier sind die Arbeiten von denen des August wenig verschieden. Man säet, wenn es versäumt wurde, die Winterpflanzen (Kohlarten und Wintersalat), Spinat, Rabinschen; ja es ist gut, dieselben Saaten noch einmal Mitte September zu machen, weil die im August gesäeten zuweilen zu groß werden, wenn der Herbst warm ist. Noch kann man Petersilie, Möhren, Schwarzwurzeln in guten Lagen säen, eben so Körbelrüben, indem der Same davon jetzt reif ist. Das kann jedoch auch später bis zum Eintritt des Winters geschehen. Die im August gesäeten Gemüse zu Winterpflanzen werden entweder auf die bestimmten warm und trocken gelegenen Beete gepflanzt, wie Wintersalat und in warmen Lagen Kraut, (Kopfkohl) und Broccoli, oder man pikirt die Kohlarten unter Glocken und auf Plätze, wo sie mit Kästen bedeckt werden können (Gem. I, 167). Bei schönem Wetter wird Endivien gebunden, auch kann man denselben noch in warmen Lagen pflanzen. Noch können in den ersten Tagen Radieschen ins Freie gesäet werden. Man bleicht Carbonen, indem man die zusammengebundenen Stauden mit Stroh, dann mit Mist oder Erde umgiebt, Staudensellerie wie im August, oder, wenn er ausgewachsen hat, indem man ihn ausgräbt und bis an die Blätterspitzen in ein altes Mistbeet oder in Sand einschlägt. Das Behacken der im Juli und August gepflanzten Gemüse und Begießen einiger, besonders von Blumenkohl, Sellerie, Lauch und Endivien, verursacht immer Arbeit. Frühkartoffeln können zu Anfang, andere zu Ende des Monats ausgemacht werden. Sind Gurken, Kürbisse, Melonen und Bohnen erfroren, so räumt man die Beete ab, läßt sie jedoch, wenn sie zur Samengewinnung bleiben müssen. Das Samensammeln ist eine der nothwendigsten Arbeiten. Gurken werden zur Nachreife an einen sonnigen Ort gelegt, alle übrigen Samen auf den Speicher gebracht oder unter Dach aufgehängt, was besonders bei Buschbohnen und Lattigsalat nützlich ist.

Mistbeete und Treiberei.

In Mistbeeten sind höchstens noch einige Melonen und Angurien, die jedoch keine Arbeit verursachen. Der für den Herbst gepflanzte Lattig-salat muß behackt, Bohnen und Salat müssen in kalten Nächten mit Fen-stern bedeckt werden. Hat man Zeit übrig, so können die leeren Mistbeete ausgeräumt werden. Champignons im Keller und Treibhaus sind an-zulegen.

Obstgarten und Baumschule.

Im Obstgarten können nichttragende Bäume ausgeputzt und gerei-nigt werden, von den reifenden Pfirsichen und Trauben, welche zu sehr unter Blättern verborgen sind, beseitigt man nach und nach einige Blätter, damit die Früchte Farbe bekommen. Die besten Trauben werden in Säcke von Haargeflecht, Zeug oder Papier gebunden, um sie gegen Wespen zu schützen. Wenn die Feigen noch nicht reif sind und an den Spitzen noch wachsen, so bricht man die Spitze aus und betupft die Oeff-nung der halbreifen Frucht mit Oel, um die Reife zu verfrühen. (Obst-baumschn. 140; 2. Aufl. 166). Die Sorten sind jetzt am besten zu prüfen, weil die Mehrzahl reif wird. Das Obstabnehmen nimmt viel Zeit weg.

In der Baumschule kann man noch nachokuliren und Augen mit Holz an einen Ausschnitt setzen (anpflastern), sowie anplatten und in die Seite pfropfen, alles Dieses jedoch nur, wenn besondere Ursachen da sind. Man kann die im Frühjahr zu veredelnden Wildlinge ausputzen und muß, wenn Verkauf getrieben wird oder große Pflanzungen angelegt werden, den Bestand der ganzen Baumschule aufnehmen, um ein richtiges Ver-zeichniß zu bekommen. Hat man Trester von gutem Obst, so kann schon Kernobst gesäet werden, und jedenfalls ist es gut, die Saatbeete oder Kästen vorzubereiten (Baumsch. 39), damit es keinen Aufenthalt giebt, wenn man Gelegenheit zu säen hat.

Erzeugnisse.

Die Erzeugnisse bestehen in fast allen kultivirten Gemüsearten, mit Ausnahme derer, die man für den Winter aufbewahrt. Doch werden Bohnen und Gurken in Folge eines frühen Frostes bisweilen selten, und Erbsen sind in der Regel nicht mehr zu haben. An Früchten ist der Sep-tember der reichste Monat. Es giebt Pflaumen, Birnen und Aepfel aller

Art, noch späte Sauerkirschen und Johannisbeeren, die herrlichsten Pfirsichen und Weintrauben, Maulbeeren, Brombeeren, Monatshimbeeren
und Erdbeeren, Feigen, Hagebuttenbirnen u. s. w.

Oktober.

Gemüsegarten.

Man kann noch die im September angegebenen Sämereien säen, da es
gut ist, kleinere Pflanzen davon zu haben, und weil die Schnecken oft den
ganzen Wintersalat wegfressen. Auch Spinat, Rabinschen und Möhren
können zu Anfang noch gesäet werden, werden jedoch nur in einem guten
langen Herbst stark genug, um den Winter zu überstehen. Die aufgegangenen Kohl- und Salatpflanzen werden an ihren Winterplatz versetzt, wie
im September angegeben. Sollten die früh gesäeten Pflanzen zu groß
werden, so kann man ihr Wachsthum mäßigen, indem man sie aushebt
und von neuem pflanzt. Die Zeit des Säens und Pflanzens hat der
des Einerntens Platz gemacht. Die Reife werden oft schon so stark, daß
Endivien, Rettige, rothe Rüben und Kürbisse erfrieren können, so daß es
gut ist, diese Gemüse zuerst in Sicherheit zu bringen. Darauf folgen bei
trocknem Wetter nach und nach sämmtliche Wurzelgemüse, die Rüben,
Kraut, Wirsing, zuletzt Rosenkohl, Krauskohl und Lauch. Wo keine Hasen
zu fürchten und die Winter nicht zu streng sind, läßt man die letztge-
nannten zwei Kohlarten und Lauch oft auf den Beeten stehen. Sind die
Morgen naß und neblig, so wird das Ausgraben der Gemüse gegen Mit-
tag und Nachmittags vorgenommen, während man die Morgenstunden
zum Putzen und Einschlagen verwendet. Man beginne jedoch mit dem
Abräumen der Gemüse erst gegen Ende des Monats und zwar mit den
zumeist ausgewachsenen, während die kleinern bei guter Herbstwitterung
noch bis zum November wachsen können, besorge überhaupt das Einwin-
tern nur nach und nach recht sorgfältig. Die Spargelstengel werden abgeschnitten, wenn sie gelb werden, wobei man den besten Samen sammelt.
Auch von mehreren Kohlarten, von Rettig und Radieschen giebt es noch
Samen zu sammeln. Die Artischocken werden von alten Blättern gereinigt und man schafft Mist oder Laub herbei, um bei eintretender Kälte
schnell decken zu können. Bei Sonnenschein wird, nachdem die Blätter
abgetrocknet, der noch nicht gebleichte Endivien gebunden. Sollte dies

aber wegen Nässe unterbleiben, so gräbt man ihn, mit den Wurzeln aufwärts gerichtet, in trockne Erde oder Sand, wo er schön gelb wird, sich gut
und manchmal bis zu Ende des Winters hält. Mit dem Bleichen des
Staudensellerie und der Cardonen wird fortgefahren wie im September.
Das Einschlagen und Aufbewahren der Gemüse in Kellern, Gruben und
Mieten, das Umgraben (Felgen) und Düngen der abgeleerten Ländereien
ist eine fast tägliche Arbeit. Die Spargelbeete werden, nachdem sie gedüngt und gegraben oder auch nicht gegraben sind, mit einer Lage Mist
bedeckt, um das Eindringen des Frostes in größerer Tiefe zu verhindern.
Hat man noch viele Monatserdbeeren, so kann man einen Mistbeetkasten
mit Fenstern über ein Beet setzen, damit die Früchte wohlschmeckend bleiben,
während sie sonst bei feuchtem, kühlem Wetter wässerig und geschmacklos
werden. Das Aufbewahren der Gemüse findet statt, wie es Gem. I,
59—64 und 177 genau angegeben wurde. Wenn die Perlzwiebeln und
Chalotten noch nicht gelegt sind, so muß es nun geschehen; doch läßt man
Chalotten auch bis zum Frühjahr und hebt sie frostfrei auf. Die Brunnenkresse wird durch in die Gräben geworfenen Schafmist oder Misterde gedüngt.

Mistbeete und Treiberei.

In den Mistbeeten befinden sich höchstens noch Buschbohnen, welche
jetzt mit Früchten bedeckt sein müssen, und Lattigsalat in verschiedener
Größe, zuweilen noch Cantaloup- und Wintermelonen. Noch kann man
einmal frühen Salat (Steinkopf, Treibsalat) säen, um ihn zu Ende des
Monats oder im November in kalte Beete zu verpflanzen, wo er zeitig im
Frühjahr benutzbar wird. Hat man noch Kopfsalat im Lande, welcher
nicht mehr gut wird, so kann man ihn mit Ballen ausheben und in ein
kaltes Mistbeet pflanzen, wo er unter Fenstern und später durch einen
Umsatz geschützt, im November schönen Kopfsalat liefert. Alle Mistbeete,
welche leer sind, werden ausgeräumt und der Mist auf den abgeleerten
Gemüsebeeten untergraben, um Composthaufen davon machen zu können.
Die Ananas, welche nur noch wenige Früchte haben, werden in das Winter-
lokal gebracht, wobei die jungen Pflanzen (Kindel) abgeschnitten und zum
Bewurzeln in einen warmen Kasten gebracht werden. Stehen die Frucht-
pflanzen in Töpfen, so kann man auch die Kindel daran lassen bis zum
Frühjahr (Gem. III, 90). Sollen die nächstjährigen Fruchtpflanzen und

die Stecklingspflanzen in einem Winterkaſten überwintert werden, ſo muß
dieſer neu angelegt werden, damit er warm genug wird (Gem. III, 92).
Im Treibhaus legt man wieder Bohnen und Gurken für die Winterkultur.
(Gem. III, 45 und 57).

Obſtgarten und Baumſchule.

Im Obſtgarten nimmt das Abernten der Früchte in der erſten Hälfte
des Monats in Obſtjahren alle Zeit in Anſpruch, denn außer Reinetten
und einigen andern Aepfeln, welche man gern ſo lange als möglich am
Baume läßt, wird alles Obſt abgenommen, um theils aufbewahrt, theils
ſogleich zu Moſt, Eſſig und zum Trocknen verwendet zu werden. Wirth-
ſchaftsobſt, welches bald verbraucht und verarbeitet wird, ſchüttet man auf
Haufen auf Böden, in Kammern ꝛc. Gutes Winterobſt, welches ſich
halten ſoll, bringt man am beſten ſogleich in den Keller oder die Obſt-
kammer auf das Lager. Weintrauben läßt man bis zum Eintritt ſtarker
Fröſte am Stocke, ebenſo Pflaumen, beſonders Zwetſchen. Sollten Trauben und ſpäte Pfirſiche noch nicht reif ſein und werden, ſo kann man
Fenſter an den Mauern anbringen. Nachdem das Obſt von den Bäumen
iſt, kann das Ausputzen, beſonders das Ausſchneiden des dürren Holzes
beginnen. Die Obſtſtützen werden weggenommen und aufbewahrt. Zum
Abhalten der unbeflügelten eierlegenden Schmetterlinge des Froſtnacht-
falters, woraus die ſchädlichen Spannraupen entſtehen, werden zu Ende des
Monats Klebringe angelegt, welche ſtets klebrig erhalten werden. (Obſtb.
S. 138.) Hat man Pflanzungen vor, ſo können die Pflanzgruben
(Baumlöcher) angefangen werden.

In der Baumſchule werden zunächſt die Saaten beſorgt, ſobald man
ſich Kerne verſchaffen kann. Zur Sicherheit gegen Mäuſefraß iſt es
immer gut, einen Theil der Kernobſtſamen und alles Stein-, Schalen-
und Nußobſt in feuchten Sand zu legen oder zu ſtratifiziren. (Baumſch. 40.)
Werden zeitig Bäume zum Verpflanzen gebraucht, ſo fängt man mit Ausgraben an, ſchneidet jedoch an den noch grünen Bäumen alle Blätter ab.
Das letzte Hacken wird beendet, wenn es noch nicht geſchehen. Gegen Ende
des Monats wird die Umzäunung nachgeſehen und wo nöthig ausgebeſſert,
um Haſen und Kaninchen abzuhalten. Die einer Stütze benöthigten Bäume
werden friſch angebunden, bei andern, wo die Pfähle entbehrlich ſind,
nimmt man ſie hinweg, um ſie trocken aufzubewahren. Wer die Wintercopu-

lation anwenden will, möge es jetzt thun. Das Winterobst wird in Kellern oder Kammern verschlossen gehalten, damit es nicht so stark dünstet. Die welschen Nüsse und Haselnüsse, Kastanien und Mandeln werden aus den Schalen genommen und luftig zum Trocknen aufbewahrt. Die zum Aufbewahren bestimmten Weintrauben werden, wenn sie am Stocke nicht mehr sicher sind, geschnitten und an Schnüren u. s. w. aufbewahrt. (Obstb. 150.)

Erzeugnisse.

Von Gemüsen giebt es alle Wintergemüse, doch ist der Krauskohl meist noch zu hart, bis er einen starken Frost bekommen hat. Man verbraucht zunächst alle beschädigten und nicht lange haltbaren Gemüse. Wenn keine Fröste zerstörend auftreten, so giebt es noch etwas spät gesäete Bohnen, als Seltenheit zuweilen Erbsen, meist noch etwas Lattigsalat, Kochgurken, Spinat, neuseeländer Spinat, Endivien, kurz einen großen Reichthum an Gemüsen aller Art. Ebenso reich sind wir an Obst. Außer Aepfeln, Birnen und Pflaumen giebt es noch Oktoberkirschen (Allerheiligenkirschen) und Schattenmorellen (Amarellen), sehr viele und gute Monatshimbeeren und neu hinzukommend Corneliuskirschen, Quitten, Mispeln und Elsbeeren.

November.

Gemüsegarten.

Der November bildet nur eine Fortsetzung der Arbeiten vom Oktober. Man erntet Gemüse ein und bewahrt es für den Winter auf, räumt alle Ländereien ab, düngt und felgt sie, soviel es angeht und nöthig ist. Tritt Kälte ein, so werden die Spargelbeete und die Artischocken gedeckt (212), oder letztere frostfrei eingeschlagen, die Gemüsepflanzen unter Glocken und auf Beeten geschützt, Carotten und Sauerkleerübchen, welche im Winter im Freien bleiben sollen, stark mit Laub oder Mist bedeckt, die Gruben gedeckt (Gem. I, 61), Petersilie, Körbel, Spinat, Rabinschen und Brunnenkresse, welche man auch bei Frost und Schnee haben will, mit Strohdecken, Streu, Mist, Bretern ꝛc. zugedeckt. Unterbricht Frost und Schnee das Felgen (grobes Umgraben), so wird es nach Eintritt anderer Witterung wieder fortgesetzt. Der Meerrettig wird 2 Fuß tief ausgigolt, damit alle Wurzeln herauskommen, weil jede keimfähig ist und die bleibenden Wurzeln das Land verderben. Das Rigolen kann aber auch noch bis zum Früh-

jahr unterbleiben. Dabei werden die zur Fortpflanzung tauglichen Wurzeln
ausgelesen und in der Erde bis zur Pflanzzeit aufbewahrt. Der Garten
wird gereinigt, die Wege werden noch einmal sauber hergestellt, damit sie
im Frühjahr nicht sogleich Arbeit machen. Meerkohl, welcher getrieben
werden soll, wird mit Mist zugedeckt. Man kann noch Körbelrübchen und
Pastinak säen. Gegen Ende des Monats kann man an einer warmen
Mauer auf trocknem Boden frühe Maierbsen säen, damit sie vor Eintritt
des Winters noch aufgehen, in welchem Falle sie sich gut halten. Dies ge=
schieht auch noch im Dezember.

Mistbeete und Treiberei.

Man pflegt und schützt die vorhandenen Mistbeete und Kästen mit
Salat, Wintermelonen und Ananas, räumt die überflüssigen ab und beginnt
neue für Spargel anzulegen (Gem. III, 73), um ihn im Dezember zu haben.
Braucht man viel Spargel, so kann man im November, so lange es nicht
sehr kalt ist, auch ein Beet im freien Lande treiben (Gem. III, 75), wodurch
man viel schönern Spargel erhält. Nachdem aber dieses abgetrieben, muß
es stark mit Mist oder Laub bedeckt bleiben bis zum April. Im Treibhause
wird nun wieder regelmäßig geheizt, so daß bei Tage 15—16 Grad, bei
Nacht 12—13 Grad Réaumur sind. Dabei wird täglich gespritzt. Man
legt neue Bohnen und Gurken, bindet die vorhandenen an, füllt sie mit
Erde auf und reinigt sie. (Gem. III, 47 und 57.)

Das Ananashaus, welches zugleich zum Treiben der Bohnen und Gur=
ken dienen kann, wird geheizt und besorgt, der Kasten im Freien gut mit
frischem Pferdemist erwärmt oder noch besser förmlich geheizt. Champig=
nons werden nach Bedürfniß angelegt.

Obstgarten und Baumschule.

Hier gilt es blos, die im Oktober angegebenen Arbeiten, nämlich Aus=
graben von Baumlöchern, alter Bäume, und alle schon vom Januar bis
März angedeuteten Erdarbeiten zu machen, zu graben, zu rigolen, zu drai=
niren u. s. w. In der Baumschule wird abgeräumt, so viel es geht, neu
gepflanzt (in leichtem Boden), wenn es viel zu pflanzen giebt. Sollten die
Pfirsichen und Aprikosen, welche nunmehr bedeckt werden müssen (wenn
überhaupt das Bedecken nöthig in der Gegend ist), noch Blätter haben, so
müssen diese abgestreift werden, weil sonst die Spitzen leichter erfrieren. Man

braucht erst, wenn die Kälte über 8 — 10 Grad steigt, zu bedecken, thut aber immer besser, nicht so lange zu warten, da sich diese Arbeit bei bösem Wetter schlecht verrichten läßt. Als Vorarbeit für das Frühjahr schneidet man Stecklinge von Quitten, Splitt- und Paradiesäpfeln und von Beeren= früchten und schlägt sie in der Erde oder im feuchten Keller ein, ohne sie jedoch fertig zuzuschneiden. Ebenso können Ende des Monats Edelreiser geschnitten werden. Bei Schneefall ist die Baumschule nachzusehen, ob Hasen eingedrungen sind. Die noch jungen Obstbäume in den Hasen zugänglichen Obstgärten werden mit Stroh oder Dornen eingebunden oder durch Bestreichen mit Kalk 2c. (Obstb. 94) gegen Hasenfraß geschützt. Zieht sich Wasser in die Baumschule oder an einzelne tiefstehende Bäume, so sind Vorkehrungen gegen ferneres Eindringen und für Entfernung desselben zu treffen.

Der Obstkeller oder die Obstkammer ist ganz anzufüllen und in Ord= nung zu bringen, wobei man so wenig wie möglich lüftet und immer die Fenster dunkel hält, um das Welken zu verhindern. Früchte, welche man früher reif haben will, können wärmer aufbewahrt, solche, die man bald ver= braucht, an beliebigen Orten aufgehoben werden. In der Obstkammer sind von den aufbewahrten Trauben und Zwetschen stets die schadhaften Beeren und Früchte auszulesen. Die Wallnüsse, Kastanien und Haselnüsse müssen luftig liegen und oft gewendet werden.

Erzeugnisse.

Die Erzeugnisse sind wie im Oktober, nur giebt es keine Kirschen mehr, es sei denn die fast werthlose Allerheiligenkirsche, und nur als Seltenheit noch Monatserdbeeren und Monatshimbeeren. Dagegen beginnt die Reife mehrerer köstlicher Birnen. Unter Schutz von Fenstern oder Säcken oder auch in der kühlen Kammer halten sich die spätern Weintrauben edelster Art, und die taigen Mispeln, Azarolen, Schneebirnen, Escheritzen (Sorbus domestica) und Elsbeeren (Pyrus torminalis) erfreuen den Liebhaber der= artiger Früchte. Auch ist jetzt die Zeit, wo der Kürbis vollkommen lager= reif und am wohlschmeckendsten ist. Die Mistbeete und Treibereien liefern noch Salat, gegen das Ende des Monats Spargel, aus dem Treibhause junge Bohnen und Gurken. Alle Wintergemüse sind zu haben und die Brunnenkresse ist in vollster Tracht.

Dezember.

Im Dezember iſt, je nachdem der Winter ſich einſtellt, die Arbeit der vom November und Januar gleich, oder es iſt faſt gänzlicher Stillſtand, wenigſtens im Freien.

Gemüſegarten.

Die Arbeiten beſtehen noch im Nachholen der vom November, beſonders Graben und Rigolen, Einbringen und Einſchlagen der Gemüſe. Bei den Erdarbeiten iſt zu beobachten, was im Januar angegeben wurde. Noch iſt es bei trockner Witterung Zeit, abgeräumte Stücke zu drainiren, obſchon es im Sommer noch beſſer geht. Die Wintergemüſepflanzen für das Frühjahr werden umgepflanzt oder pikirt, wenn ſie zu ſtark wachſen ſollten, was auch oft ſchon im November nöthig iſt. Die Gemüſe in Gruben und Kellern werden bei trocknem Wetter reichlich gelüftet, beſſer geordnet und noch einmal gegoſſen, wenn es nöthig ſein ſollte. Die Artiſchocken werden mit Eintritt des Winters mit Laub oder Miſt umgeben, um das Eindringen des Froſtes zu verhindern, wenn dies nicht ſchon im vorhergehenden Monat nöthig wurde. Man bleicht im Keller oder in Käſten mit Erde Cardonen und Staudenſellerie, legt Haufen zum Bleichen von Cichorienſalat an (Gem. II, 93). Im Freien eingeſchlagene Gemüſe werden gegen Haſen verwahrt. Wo Brunnenkreſſe an warmen Quellen mit nicht zufrierendem Waſſer gebaut wird, ſchlägt man bei Kälte die Spitzen täglich unter das Waſſer, damit ſie nicht braun und hart werden, während man zufrierende Gräben bedeckt (Gem. II, 90). Wenn noch keine Früherbſen gelegt wurden, ſo kann es bei gutem Wetter jetzt noch geſchehen. Selbſt Salat kann man verloren ſäen, um, wenn es glückt, ſehr frühe Pflanzen zu bekommen. Die Gemüſe, zu welchen man auch bei Eintritt des Winters gelangen will, werden gedeckt, wenn es noch nicht geſchehen iſt, jedoch nicht eher, als bis ſtarke Kälte eintritt oder Schnee fällt. Die Compoſthaufen werden umgearbeitet. Unter Dach giebt es Samen rein zu machen, Strohdecken zu flechten, Werkzeuge auszubeſſern. Zwiebeln ſind gegen Kälte zu ſchützen.

Miſtbeete und Treiberei.

Außer dem Treiben des Spargels in Miſtbeeten und im Lande, dem Treiben der Bohnen und Gurken im Treibhauſe fangen gegen Ende des Monats ſchon wieder andere Treibkulturen an, wenigſtens werden die Beete dazu mit frischem Pferdemist angelegt, wenn auch erst im Januar gepflanzt und gesäet wird. Gurken werden einstweilen in Töpfen herangezogen, um sie pflanzen zu können, wenn das Mistbeet dazu geeignet ist. In günstigen Gegenden mit gelinden Wintern können Melonen gesäet werden, um sie drei bis vier Wochen später zu pflanzen. Man kann Carotten, Salat und Radieschen säen oder auch bis zum Januar damit warten, je nachdem das Bedürfniß. Monatserdbeeren können in Töpfen getrieben werden, bei gelindem Wetter sogar im Lande. Das Bedecken und rechtzeitige Lüften der Mistbeete erfordert die größte Sorgfalt. Im Treibhause werden wieder neue Bohnen gelegt. Fehlt es an früher angelegten Champignonbeeten, so werden sie angelegt.

Obstgarten und Baumschule.

Die Arbeiten sind von denen des November kaum verschieden, und besonders sind es Erdarbeiten zur Baumpflanzung. Die Composthaufen werden umgestochen. Bedürftige Bäume werden gedüngt. Noch putzt man bei gutem Wetter große Bäume aus. In der Baumschule werden Pfropfreiser geschnitten. Abgeleerte Baumstücke können drainirt werden, wenn es nöthig ist. Noch können Stecklinge geschnitten und eingeschlagen werden. Die im Frühling zu pflanzenden Sämlinge und aus Ablegern und Stecklingen gezogenen Wildlinge und Obststräucher werden ausgegraben und eingeschlagen, um sie stets pflanzfertig zu haben. Ueberhaupt arbeite man in jeder Hinsicht vor, damit sich im Frühjahr die Arbeiten nicht zu sehr häufen. Obstkerne werden noch in feuchten Sand gelegt.

Erzeugnisse.

Es sind noch die des November. Nur fehlen oft Spinat und Radieschen aus dem Freien, und Blumenkohl beginnt seltener zu werden. Auch Endivien will sich oft nicht halten. Von Obst giebt es die köstlichsten Aepfel und Birnen, bei guter Aufbewahrung noch Trauben und als Seltenheit noch Pflaumen (Zwetschen), wenn es glückte, sie zu halten. Die Mistbeete liefern Spargel, Salat und Radieschen, das Treibhaus Bohnen, Gurken und Erdbeeren.